新能源汽车维修入门书系

电动汽车维修快速入门一本通

黄费智　编著

机械工业出版社

《电动汽车维修快速入门一本通》分上下两篇，上篇是电动汽车基础，下篇是电动汽车应用实操。全书共分八章，系统介绍了电动汽车基础知识、电动汽车动力蓄电池系统、驱动电机系统与高压系统、电气控制系统、电动汽车辅助电气系统，以及电动汽车检测、拆装、维护与故障诊断等内容。通过深入阅读本书，读者能迅速、全面、透彻地理解电动汽车的基础知识以及掌握电动汽车各系统和主要部件的结构、原理及检测、拆装、使用、维护和故障诊断排除方法。

针对电动汽车结构原理深奥难懂，以及检测、诊断和维修复杂的特点，本书采用了以"图说"为主的编写形式，力图使内容形式新颖、重点突出、生动活泼且通俗易懂。

本书主要面向汽车售后服务领域从事电动汽车维修的技术人员、管理人员以及电工、汽车驾驶人员等学习、了解、掌握与精通电动汽车基本结构原理与故障诊断的技术；同时也可作为高职高专类汽车运用、汽车维修、汽车电子运用、汽车营销服务、汽车保险与理赔、汽车评估与鉴定以及汽车交通运输管理等专业学习电动汽车的辅助用书，以及电动汽车维修电工培训或城乡再就业转岗培训用书；还可作为广大电动汽车爱好者学习了解电动汽车基本结构原理与故障诊断的参考书。

图书在版编目（CIP）数据

电动汽车维修快速入门一本通/黄费智编著. —北京：机械工业出版社，2019.5

（新能源汽车维修入门书系）

ISBN 978-7-111-62342-7

Ⅰ.①电… Ⅱ.①黄… Ⅲ.①电动汽车-车辆修理 Ⅳ.①U469.720.7

中国版本图书馆CIP数据核字（2019）第055733号

机械工业出版社（北京市百万庄大街22号 邮政编码100037）
策划编辑：母云红　责任编辑：母云红
责任校对：肖　琳　责任印制：张　博
三河市宏达印刷有限公司印刷
2019年6月第1版第1次印刷
184mm×260mm · 17.75印张 · 424千字
0001—3000册
标准书号：ISBN 978-7-111-62342-7
定价：69.00元

凡购本书，如有缺页、倒页、脱页，由本社发行部调换

电话服务　　　　　　　　　　网络服务
服务咨询热线：010-88361066　机工官网：www.cmpbook.com
读者购书热线：010-68326294　机工官博：weibo.com/cmp1952
　　　　　　　　　　　　　　金书网：www.golden-book.com
封面无防伪标均为盗版　　　　教育服务网：www.cmpedu.com

前言

我国出于能源安全和环境保护的需要，将发展新能源汽车确立为国家战略，我国政府在全球范围内较早地推行了先导性政策，提供持续支持。长期的努力逐渐取得成效，新能源汽车市场出现了举世瞩目的井喷式增长。2013 年，我国新能源汽车年销量不足 2 万辆；2015 年新能源汽车销售 33.1 万辆，同比增长 3.4 倍；2016 年新能源汽车销售 50.7 万辆，同比增长 53%；2017 年新能源汽车销售 77.7 万辆，同比增长 53.3%。2018 年，新能源汽车产销分别完成 127 万辆和 125.6 万辆，比上年同期分别增长 59.9% 和 61.7%。

《中国制造 2025》将纯电动和插电式混合动力汽车、燃料电池汽车、节能汽车作为我国汽车产业未来重点发展方向，并分别提出了 2020 年、2025 年的发展目标。《节能与新能源汽车技术路线图》将中国新能源汽车在 2020、2025 和 2030 年的销售目标分别定在 200 万、700 万和 1500 万辆。我国政府相关部门已明确以纯电动汽车作为我国汽车工业转型的主要战略方向，并重点推进纯电动汽车和插电式混合动力汽车的产业化。国家电网预计到 2020 年将建成 12 万个充电桩，目标是让汽车充电像加油一样方便。蓬勃发展的中国新能源汽车产业已经成为全球新能源汽车市场中一支重要的新生力量。同时，发展新能源汽车还承载着我国汽车工业"弯道超车"的梦想。

从国际市场看，新能源汽车也是大势所趋，德国、荷兰、挪威、法国、瑞典等国家分别制定了禁止燃油汽车销售的时间表。

在新能源汽车蓬勃发展的今天，目前一些使用年限较长的新能源汽车已逐渐进入保养修理期，乘用车售后服务人员开始接触新能源汽车的售后服务。原有传统汽车维修技术人员亟待补充新能源汽车维修技术知识。掌握一定的新能源汽车技术知识已经成为广大汽车维修技术人员的迫切需要。

但目前新能源汽车企业各自为阵、技术资料相互封锁，导致市面上可信的、价值较高的有关新能源汽车方面的技术资料与图书十分匮乏。正是在这种形势下，为使广大从事电动汽车维修的技术人员、管理人员等迅速学习、了解、掌握有关电动汽车结构原理、检测、维修与故障诊断技术，特别编写了这本《电动汽车维修入门一本通》。

本书共八章，系统介绍了电动汽车基础知识、电动汽车动力蓄电池系统、驱动电机系统与高压系统、电气控制系统、电动汽车辅助电气系统，以及电动汽车检测、拆装、维护与故

障诊断等内容。

  针对电动汽车结构原理深奥难懂,以及检测、诊断和维修复杂的特点,本书打破了以文字述叙为主的传统图书编写模式,采用了以"图说"为主的新的编写形式,力图使内容形式新颖、重点突出、生动活泼且通俗易懂。

  本书的重心是电动汽车检测、维修与故障诊断,为此,在六、七、八章以大量丰富的实例深入剖析了电动汽车各个系统的技术检测、维护与故障诊断的具体操作思路与方法,构成了关于电动汽车检测、维修与故障诊断比较科学的、完整的知识体系。通过深入阅读本书,读者能迅速、全面、透彻地理解电动汽车动力蓄电池系统,驱动电机系统与高压系统,电气控制系统,电动汽车充电、冷却、空调等辅助电气系统的基本结构原理,并将其应用于电动汽车的检测、维护和故障诊断中去。

  本书主要面向汽车售后服务领域从事电动汽车维修的技术人员、管理人员以及电工、汽车驾驶人员等学习、了解、掌握与精通电动汽车基本结构原理与故障诊断的技术;同时也可作为高职高专类汽车运用专业、汽车维修专业、汽车电子运用专业、汽车营销服务专业、汽车保险与理赔专业、汽车评估与鉴定专业以及汽车交通运输管理等专业学习电动汽车的辅助教材,以及电动汽车维修电工培训教材或城乡再就业转岗培训教材;还可作为广大电动汽车爱好者学习了解电动汽车基本结构原理与故障诊断的参考书。

  作者水平有限,本书难免存在错误与不足之处,敬请读者与同行专家批评指正,联系邮箱 13554833809@163.com。

编 者

目录

前言

* 上篇　电动汽车基本结构原理 *

 电动汽车基础 / 2

第一节　电动汽车的分类与定义 / 2
一、纯电动汽车 / 2
二、混合动力电动汽车 / 2
三、燃料电池电动汽车 / 3

第二节　纯电动汽车和燃料电池电动汽车的结构原理 / 3
一、纯电动汽车和燃料电池电动汽车的基本结构与传统内燃机汽车的区别 / 3
二、纯电动汽车电力驱动系统的结构类型 / 4
三、纯电动汽车和燃料电池电动汽车储能装置的结构类型 / 5
四、电动汽车的驱动系统布置形式 / 6
五、纯电动汽车的工作原理 / 8

第三节　混合动力电动汽车的结构原理 / 9
一、混合动力电动汽车概述 / 9
二、各类混合动力电动汽车的结构原理与优缺点 / 10
三、丰田普锐斯混合动力汽车的结构与工作模式 / 12
四、本田 IMA 混合动力汽车的结构与工作原理 / 19
五、通用双模混合动力汽车的结构与工作原理 / 22
六、我国具有独立知识产权的双转子电机混合动力系统 / 24

第四节　纯电动汽车典型车型介绍——比亚迪纯电动汽车 / 28
　　一、比亚迪纯电动汽车的整车结构与基本工作原理 / 28
　　二、比亚迪纯电动汽车电池管理系统 / 28
　　三、比亚迪纯电动汽车控制模块 / 29
　　四、比亚迪纯电动汽车驱动电机 / 30
　　五、比亚迪纯电动汽车其他高压辅助设备 / 31

电动汽车动力蓄电池系统 / 32

第一节　动力蓄电池的功能及种类 / 32
　　一、动力蓄电池系统的功能 / 32
　　二、动力蓄电池的种类 / 32
　　三、各类动力蓄电池的性能比较 / 33
第二节　动力蓄电池系统的组成与性能指标 / 34
　　一、动力蓄电池系统的组成 / 34
　　二、动力蓄电池系统的主要性能指标 / 34
　　三、两种常用动力蓄电池的性能参数比较 / 35
第三节　动力蓄电池系统的工作原理 / 35
　　一、动力蓄电池内部充电原理 / 35
　　二、动力蓄电池内部放电原理及绝缘监测 / 38
　　三、动力蓄电池系统的基本结构 / 38
　　四、BMS 的功能与拓扑结构 / 39
第四节　锂离子蓄电池 / 39
　　一、锂离子蓄电池概述 / 39
　　二、磷酸铁锂蓄电池 / 41
　　三、三元锂电池 / 46
第五节　动力蓄电池管理系统实例 / 48
　　一、普莱德动力蓄电池管理系统 / 48
　　二、SK 三元锂动力蓄电池管理系统 / 50
第六节　动力蓄电池典型实例——特斯拉动力蓄电池 / 51
　　一、特斯拉动力蓄电池系统的参数 / 51
　　二、特斯拉动力蓄电池系统的结构组成 / 52

电动汽车驱动电机、电机控制器和高压系统 / 55

第一节　驱动电机 / 55
　　一、电动汽车对驱动电机性能的要求 / 55
　　二、驱动电机的基本类型与技术性能参数 / 55
　　三、驱动电机的功能 / 55

四、各类车用驱动电机的结构特点与基本性能比较 / 56

五、驱动电机系统的工作条件与工作模式 / 60

第二节　电机控制器 / 62

一、电机控制器的功能 / 62

二、电机控制器的结构 / 62

三、电机控制器中的传感器和旋转变压器 / 65

第三节　电机的制动能量回收 / 68

一、电动汽车的电机再生制动原理 / 68

二、制动能量回收控制 / 68

第四节　电动汽车高压系统的构成及其功能 / 69

第四章　电动汽车的电气控制系统 / 72

第一节　电动汽车的整车控制系统 / 72

一、整车控制系统的结构框图与功能 / 72

二、电动汽车整车工作总流程及基本原理 / 74

三、整车控制系统与各子系统的控制逻辑关系 / 82

第二节　电动汽车的整车通信系统 / 86

一、控制器局域网概述 / 86

二、网络通信协议 / 89

三、基于 CAN 总线的电气系统结构原理 / 90

四、TTCAN 网络协议简介 / 90

五、FlexRay 网络协议简介 / 91

第三节　电动汽车整车高压电气防护 / 92

一、高压电气网络防护 / 93

二、高压电缆防护 / 94

三、插头的接触保护和插座的接触保护 / 95

四、维修开关 / 95

五、高压系统的高压互锁 / 96

六、DC/DC 变换器内部的安全防护 / 96

七、电容器的放电保护 / 96

第四节　与电动汽车安全驾驶有关的新技术 / 96

一、先进驾驶人辅助系统 / 97

二、车联网简介 / 105

三、自动驾驶简介 / 106

第五章　电动汽车辅助电气系统 / 110

第一节　电动汽车的快速充电系统 / 110

一、电动汽车快速充电系统的组成 / 110
二、电动汽车快速充电系统的工作原理 / 117

第二节 电动汽车的慢速充电系统 / 119
一、电动汽车慢速充电系统的结构组成 / 119
二、慢速充电系统工作原理、控制流程与充电条件 / 124
三、高低压直流电的转换系统 / 126

第三节 电动汽车的循环冷却系统 / 129
一、循环冷却系统的功能与特点 / 129
二、循环冷却系统的结构 / 130
三、循环冷却系统的冷却路径 / 133
四、循环冷却系统的控制策略 / 133

第四节 电动空调系统 / 133
一、电动空调系统概述 / 133
二、电动空调系统主要部件的结构原理 / 134
三、电动空调的送风和采暖系统 / 137
四、电动空调的控制原理 / 138

下篇 电动汽车检测、维护与故障诊断

第六章　电动汽车技术状况的检测 / 144

第一节 电动汽车检测概述 / 144
一、电动汽车故障检测的基本方法 / 144
二、电动汽车检测常用工具、仪器与设备 / 144
三、电动汽车主要性能项目的检测标准 / 145

第二节 电动汽车高压安全检测方法 / 147
一、车辆绝缘的检测方法 / 148
二、用钳形电流表检测电流的方法 / 149
三、通过断电检查故障的方法 / 150
四、高压互锁的检查方法 / 152

第三节 电动汽车技术状况的静态检测方法 / 152
一、电动汽车技术状况静态检测的主要内容、方法与要求 / 152
二、电动汽车静态检测方法实例 / 157

第四节 电动汽车技术状况的动态检测方法 / 168

第七章　电动汽车的拆装与维护 / 170

第一节 电动汽车使用维修安全操作规程与整车维护要点 / 170

一、电动汽车使用维修安全操作规程 / 170
　　二、国标对纯电动汽车和插电式混合动力汽车的特殊要求 / 172
　　三、电动汽车整车维护要点 / 173
第二节　动力蓄电池系统的拆装与维护 / 173
　　一、动力蓄电池的拆装与更换方法 / 173
　　二、更换动力蓄电池内部组件的方法 / 176
　　三、更换动力蓄电池 BMS 的方法 / 180
　　四、动力蓄电池系统维护的主要内容 / 181
第三节　驱动电机系统的拆装与维护 / 183
　　一、驱动电机与驱动电机控制器的更换方法 / 183
　　二、驱动电机系统维护的主要内容 / 185
第四节　其他高压系统、电气线束及转向制动系统维护的主要
　　　　内容 / 185
　　一、其他高压系统维护的主要内容 / 185
　　二、电气线束维护的主要内容 / 186
　　三、动力转向系统维护的主要内容 / 186
　　四、制动系统维护的主要内容 / 187

第八章　电动汽车的故障诊断 / 188

第一节　电动汽车故障诊断的基本方法 / 188
　　一、电动汽车故障诊断前的注意事项与操作准备 / 188
　　二、电动汽车故障诊断的基本流程 / 189
　　三、电动汽车故障诊断的具体步骤 / 190
　　四、电动汽车整车常见故障与排除方法 / 193
第二节　电动汽车整车控制系统的故障诊断 / 197
　　一、整车控制系统故障诊断概述 / 197
　　二、整车控制系统故障诊断实例 / 199
第三节　电动汽车动力蓄电池系统的故障诊断 / 216
　　一、动力蓄电池系统的故障显示 / 216
　　二、动力蓄电池系统常见故障类型分析 / 216
　　三、动力蓄电池系统故障诊断的基本思路与对外绝缘电阻的
　　　　要求 / 219
　　四、动力蓄电池系统的常见故障 / 219
　　五、动力蓄电池系统故障诊断实例 / 221
第四节　电动汽车驱动电机及其控制系统的故障诊断 / 234
　　一、驱动电机及其控制系统故障处理方法 / 234
　　二、驱动电机系统的低压插件 / 235

三、驱动电机系统的电路连接 / 236

四、驱动电机系统故障诊断的主要步骤 / 236

五、驱动电机控制器故障诊断方法 / 238

六、驱动电机常见故障诊断与排除方法 / 241

七、驱动电机与控制器冷却系统的故障诊断方法 / 242

八、旋转变压器的故障诊断 / 244

九、电机驱动系统常见故障与排除方法 / 248

第五节　混合动力汽车电机及驱动系统的故障诊断 / 250

一、混合动力汽车电机及驱动系统的故障表现形式 / 250

二、混合动力汽车电机及驱动系统故障码与数据流的具体内容 / 250

三、混合动力汽车电机及驱动系统典型故障的诊断方法 / 253

四、混合动力汽车电机及驱动系统典型故障的诊断实例 / 258

第六节　电动汽车充电、冷却、空调及其他电气辅助系统的故障诊断 / 258

一、电动汽车充电系统常见故障与处理方法 / 258

二、电动汽车冷却系统常见故障诊断 / 264

三、电动汽车灯光设备和组合仪表常见故障与处理方法 / 265

四、空调系统常见故障诊断基本方法 / 267

参考文献 / 272

上篇 电动汽车基本结构原理

第一章
电动汽车基础

第一节　电动汽车的分类与定义

电动汽车（electric vehicle，EV）分为纯电动汽车、混合动力电动汽车、燃料电池电动汽车。

一、纯电动汽车

纯电动汽车（battery electric vehicle，BEV）是指能量完全由电能提供、由电机驱动的汽车。电机的驱动电能来源于车载可充电储能系统或其他能量储存装置。我国市场上常见的纯电动汽车有比亚迪 e6、一汽奔腾 B50 EV、上海荣威 350、北汽 EV200/EV160/E150EV、吉利纯电动汽车等。

二、混合动力电动汽车

混合动力电动汽车（hybrid electric vehicle，HEV）是指能够至少从以下两类车载储存的能量中获得动力的汽车：可消耗的燃料、可再充电能/能量储存装置。混合动力电动汽车分类方式如下。

1. 按照动力系统结构形式分类

按照动力系统结构形式，混合动力电动汽车分为如下类型：
1) 串联式混合动力电动汽车，其驱动力只来源于电机。
2) 并联式混合动力电动汽车，其驱动力由电机及发动机同时或单独供给。
3) 混联式混合动力电动汽车，其同时具有串联式和并联式驱动方式。

2. 按照外接充电能力分类

按照外接充电能力，混合动力电动汽车分为如下类型：
1) 可外接充电式混合动力汽车，其正常使用情况下可从非车载装置中获取电能量。插电式混合动力电动汽车（plug in hybrid electric vehicle，PHEV）属于此类型。
2) 不可外接充电式混合动力汽车，其正常使用情况下从车载燃料中获得全部能量。

3. 按照行驶模式的选择方式分类

按照行驶模式的选择方式，混合动力电动汽车分为如下类型：
1) 有手动选择功能的混合动力汽车，车辆可选择的行驶模式包括纯电动模式、热机模式和混合动力模式。
2) 无手动选择功能的混合动力汽车，不具备手动选择行驶模式功能，车辆的行驶模式可根据不同工况自动切换。

4. 增程式电动汽车

还有一种混合动力电动汽车叫增程式电动汽车。它是一种在纯电动模式下可以达到其所有的动力性能，而当车载可充电储能系统无法满足续驶里程要求时，打开车载辅助供电装置为动力系统提供电能，以延长续驶里程的电动汽车，且该车载辅助供能装置与驱动系统没有传动轴（带）等传动连接。

三、燃料电池电动汽车

燃料电池电动汽车（fuel cell electric vehicle，FCEV）是指以燃料电池系统作为单一动力电源或以燃料电池系统与可充电储能系统作为混合动力源的电动汽车，分为燃料电池混合动力电动汽车和纯燃料电池电动汽车。

第二节 纯电动汽车和燃料电池电动汽车的结构原理

一、纯电动汽车和燃料电池电动汽车的基本结构与传统内燃机汽车的区别

纯电动汽车和燃料电池电动汽车的基本结构与传统内燃机汽车的区别如图1-1所示。

> 1）纯电动汽车和燃料电池电动汽车动力系统的基本结构
> ①动力系统：由车载能量系统、电机系统、电控系统组成。
> ②车载能量系统：由储能装置、电池箱、冷却系统以及温度传感器等组成。
> ③电机系统：由电机（永磁电机、直流电机、交流电机、磁阻电机）、温度传感器、冷却系统以及传动变速系统组成。
> ④电控系统：由整车控制器、电池管理系统、电机控制器、功率转换器及各辅助系统控制器组成。
> 2）电动汽车与传统燃油汽车的区别：首先在于动力系统的区别；其次是电动汽车的制动系统可进行制动能量回收。

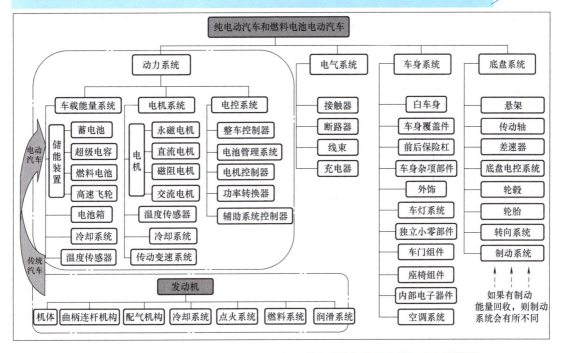

图1-1 纯电动汽车和燃料电池电动汽车的基本结构与传统内燃机汽车的区别

二、纯电动汽车电力驱动系统的结构类型

纯电动汽车电力驱动系统结构可分为以下六种基本类型，如图1-2所示。

图1-2a所示为用驱动电机M取代内燃机类型，对于高档电动汽车一般采用自动变速器。本类型主要优点是可以避免因电机转矩不足而影响汽车加速性能的问题。

图1-2b所示类型在图1-2a基础上采用固定传动比减速器，并去掉离合器。其优点是通过控制电机的转速来控制车速，可省去离合器。缺点是为提高爬坡能力而选择大传动比减速器，故车辆高速行驶性能较差。

图1-2c所示为将电机、减速器和差速器集成为一个整体类型，其优点是结构紧凑、质量小，有利于降低成本，适用于大批量生产的小型车。

图1-2d所示为电子差速模式类型，即采用两个电机分别与两个相同固定传动比的减速器连成一个整体，然后用半轴和直接连接的方式分别驱动两个车轮。由于每个电机均可独立控制调节，从而省略了差速器。电子差速器的体积和质量更小，可以实现更精确的转弯控制，提高电动汽车性能。此外，其整车布置简单，且易于实现驱动防滑、制动力分配、防侧滑等多种功能，适用于中型或大型客车。

图1-2e所示为轮毂电机类型，其减速器采用固定大传动比行星齿轮减速器，空间紧凑，质量较小。

图1-2f所示为低速外转子电机类型，其电机的外转子直接与车轮的轮毂设计为一体，故完全省去了机械减速器。其主要优点是车辆的布置不受限制，并可以方便地实现四轮驱动。唯一缺点是车辆的驱动力完全取决于电机转矩的大小，故目前仅适用于自重较轻的小型电动汽车。

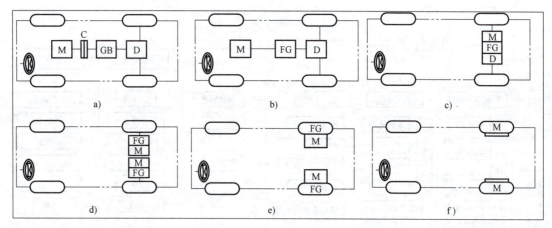

图1-2 电力驱动的六种结构形式

M—驱动电机　FG—（固定传动比）减速器　D—差速器　C—离合器　GB—变速器

双电机驱动桥如图1-3所示，电机置于两侧，分别控制驱动两侧车轮。其主要优点是：由于在驱动桥中间省去了一个巨大的差速器桥包，故有利于降低汽车重心和重量，特别适合于大型电动公交车采用。

图 1-3 双电机驱动桥

三、纯电动汽车和燃料电池电动汽车储能装置的结构类型

纯电动汽车和燃料电池电动汽车储能装置共有九种基本结构类型，如图 1-4 所示。

（1）单一蓄电池供电型　单一蓄电池供电型如图 1-4a 所示。动力蓄电池（俗称动力电池）种类繁多，有铅酸蓄电池、镍氢蓄电池、镍镉蓄电池、硅电池、锌空气电池等。电动汽车要求采用较高比能量和比功率电池，以分别满足续驶里程和加速性能的需要。

（2）两种蓄电池混合供电型　两种蓄电池混合供电型如图 1-4b 所示，其中，一种蓄电池提供高比能量，另一种蓄电池提供高比功率。故这种结构不仅解决了比能量和比功率的矛盾，而且比功率电池还可为制动能量回收起到显著的作用。

（3）燃料电池供电型　燃料电池供电型如图 1-4c 所示。氢燃料电池是最常见的燃料电池，其原理是在特定的介质和工况下，氢与氧结合产生水与电能。由于氢气很难液化，目前一般是以气态储存在高压车载气罐中；氧气可直接从空气中获得。燃料电池相当于一个小型发电机，可提供非常高的比能量，但却无法回收制动的再生能量。

（4）燃料电池与蓄电池混合供电型　燃料电池与蓄电池混合供电型如图 1-4d 所示，为解决燃料电池无法回收制动的再生能量的问题，将其与蓄电池一同使用。

（5）燃料电池带重整器与蓄电池混合供电型　燃料电池带重整器与蓄电池混合供电型如图 1-4e 所示。燃料电池所需氢气还可由常温的液态燃料（如甲醇、乙醇或汽油）随车产生。重整器是一种可随时分解液态燃料而产生氢气的小型装置。

（6）超级电容供电型　超级电容供电型如图 1-4f 所示。超级电容是以物理方式储存电能的装置。其优点是可以不受温度影响而大倍率地充分放电、维护简单、使用寿命长，且对制动再生能量的回收非常好。最大缺点则是比能量低、续驶里程短、占用空间大，故多用于公交车。

（7）超级电容与蓄电池组合供电型　超级电容与蓄电池组合供电型如图 1-4g 所示，为解决超级电容比能量低的问题，增加一个能够提供高比能量的蓄电池；同时还需要在二者之间采用一个 DC/DC 功率变换器，以解决超级电容使用电压比较低的问题。

(8) 超级电容与燃料电池组合供电型　超级电容与燃料电池组合供电型如图 1-4h 所示，此种方案可取二者之长，既取燃料电池的高比能量与高比功率之长，又取超级电容优良的制动再生能量回收性能之长。

(9) 高速飞轮与蓄电池组合供电型　高速飞轮与蓄电池组合供电型如图 1-4i 所示。高速飞轮也是一种高比功率和高制动能量回收性能的物理储能器。它一般是在一个高真空的密闭容器内高速旋转，既是一个发电机，又是一个电动机，可以实现电能与机械能的双向转换。此外，还需要在二者之间增加一个 AC/DC 变换器。

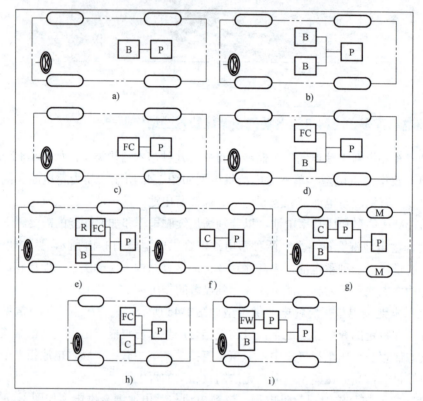

图 1-4　电动汽车储能装置的结构形式

B—动力蓄电池　C—超级电容　FC—燃料电池　FW—高速飞轮　P—功率变换器　R—重整器

四、电动汽车的驱动系统布置形式

电动汽车的驱动系统布置形式可分为集中驱动系统与轮毂分散驱动系统两大类。

1. 集中驱动系统

集中驱动系统包括传统驱动模式与电机驱动桥组合模式。

(1) 传统驱动模式　传统驱动模式详见图 1-5 及其注解。

(2) 电机驱动桥组合模式　电机驱动桥组合式驱动模式如图 1-5b 和图 1-5c 所示，它包括以下三种结构类型。

1) 平行式电机驱动桥组合式，详见图 1-6 及其注解。

2) 同轴式电机驱动桥组合式，详见图 1-7 及其注解。

第一章 电动汽车基础

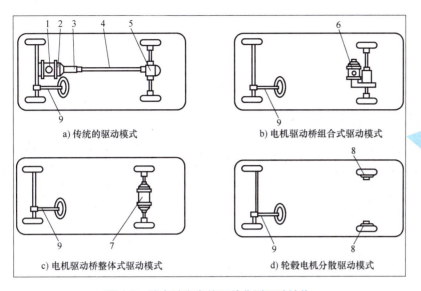

a) 传统的驱动模式　　b) 电机驱动桥组合式驱动模式

c) 电机驱动桥整体式驱动模式　　d) 轮毂电机分散驱动模式

图 1-5　纯电动汽车的四种典型驱动结构

1—电机　2—离合器　3—变速器　4—传动轴　5—驱动桥　6—电机驱动桥组合式驱动系统　7—电机驱动桥整体式驱动系统　8—轮毂电机　9—转向器

> 传统驱动模式如图 1-5a 所示，它仍然使用内燃机汽车的传动系统，仅仅用电机替代发动机。故其结构复杂、效率低下，且不能充分发挥电机的性能。因此，它缺乏生命力，只能是一种电动汽车的过渡形式。

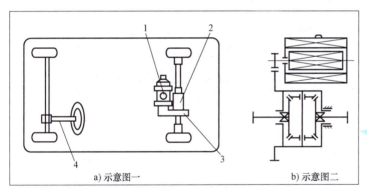

a) 示意图一　　b) 示意图二

图 1-6　平行式电机驱动桥组合式集中驱动系统

1—电机　2—差速器　3—减速齿轮　4—转向装置

> 平行式电机驱动桥组合式是在电机输出轴的下部配置齿轮减速器，然后通过差速器与半轴驱动车轮。其优点是结构紧凑，安装、使用和维护十分方便。它包括电机前置前轮驱动与电机后置后轮驱动两种驱动形式。

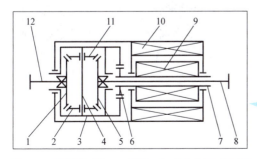

图 1-7　同轴式电机驱动桥组合式集中驱动系统

1、5—半轴齿轮　2、11—行星轮　3—差速器壳　4—行星轮支架　6—减速齿轮　7—空心电机轴　8、12—传动半轴　9—电机转子　10—电机定子

> 同轴式电机驱动桥组合式利用一种特殊的空心轴电机，在电机一端的外壳中安装一对内外齿轮的减速器，然后通过差速器带动半轴驱动车轮。电机与传动装置组合成为"机电一体化"的驱动桥。其特点是传动系统结构更为紧凑、簧载质量大大减轻，故有利于改善车辆的平顺性能。

7

3）双联式电机驱动桥组合式，详见图1-5c与图1-8及其注解。

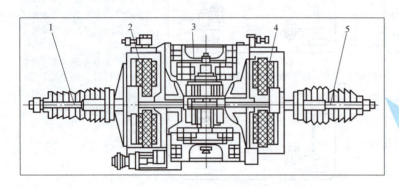

> 双联式电机驱动桥组合式通过左右两个永磁电机直接带动左右半轴，然后驱动车轮。而左右两个电机由中央控制器的电控差速模块控制，形成一种新式的"完全取消了齿轮传动的电控差速器"，不仅简化结构并显著减轻重量，且与相同功率单电机驱动桥相比，其电机直径要小得多，故可将驱动桥布置在汽车地板下面，有利于降低汽车重心。

图1-8 双联式电机驱动桥组合式集中驱动系统

1—左半轴 2—左驱动电机 3—电控差速器
4—右驱动电机 5—右半轴

2. 轮毂驱动系统

轮毂驱动系统详见图1-5d、图1-9与图1-10及其注解。

> 1）轮毂驱动系统可分为双前轮驱动、双后轮驱动与四轮驱动三种驱动方式，且可对每台电机的转速进行单独调节控制，故可实现电子差速。该系统不仅完全省去了机械差速器，而且可以改善转弯时的操纵性。
> 2）轮毂驱动系统包括两种结构：① 内定子外转子结构，如图1-10a所示；② 内转子外定子结构，如图1-10b所示。前者要求采用低转速和大转矩的电机；后者通过行星轮减速结构可提供较大的减速比来放大输出转矩。

图1-9 轮毂电机实物

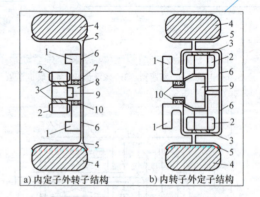

图1-10 轮毂驱动系统的基本结构

1—制动鼓 2—电机绕组 3—摩擦片 4—轮胎 5—轮毂
6—轮辐 7、10—轴承 8—行星轮 9—编码器

五、纯电动汽车的工作原理

纯电动汽车工作原理详见图1-11及其注解。

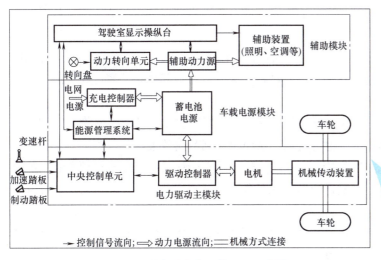

图 1-11　纯电动汽车工作原理示意图

1）纯电动汽车可分为电力驱动主模块、车载电源模块和辅助模块三大部分。重点部分是电力驱动主模块，其驱动控制器在中央控制单元的控制下，将来自蓄电池的电能经过功率转换后输送给电机，然后带动机械传动装置驱动车轮行驶；同时驾驶人通过中央控制单元操作电动汽车制动踏板和加速踏板。

2）辅助模块主要功能是进行动力转向控制、温度控制及电控系统控制等。

3）车载电源模块为电机提供电能。

第三节　混合动力电动汽车的结构原理

一、混合动力电动汽车概述

1. 混合动力电动汽车的基本结构与主要优点

（1）混合动力汽车的基本结构　双轴并联混合动力汽车的基本结构包括发动机、电机、动力蓄电池、动力分配装置、变速器和主减速器等，如图 1-12 所示。

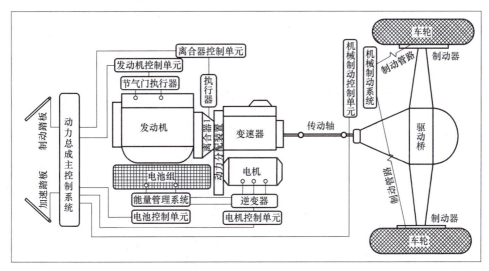

图 1-12　双轴并联混合动力汽车的基本结构

（2）混合动力汽车的主要优点

1）混合动力汽车只需采用能够满足汽车巡航所需要的比传统汽车功率较小的发动机，

而由电能提供车辆加速与爬坡时所需的附加动力,故可大大提高发动机的负荷率,从而达到节油效果。

2)车辆具有电能辅助系统,故可控制发动机在较高效率与低污染工作范围内运行。即当发动机功率不足时,可由电能来补充;而发动机功率过剩时,其剩余功率可向电池充电存储起来。

3)基于同样的理由,可利用电机与电源系统非常方便地实现制动能量回收。即回收车辆制动与下坡时车辆的部分动能,给电池充电,从而也达到节油效果。

4)当车辆处于交通拥堵的繁华市区,需较长时间低速行驶或怠速运转与频繁起动的高油耗与高污染工况下,可关闭发动机,而由电机单独驱动,从而节约了发动机怠速油耗并实现了"零排放"。

基于上述优点,混合动力电动汽车相对传统汽车能够明显提高燃油经济性且明显降低排放,且特别适用于交通拥挤的大中城市。

2. 混合动力系统中常用行星排的基本结构与原理

混合动力系统中常用行星排的基本原理详见图 1-13 及其注解。

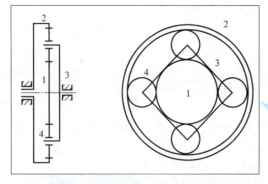

常用行星排的原理
1)在混合动力系统中,行星排被用作动力分配机构。它将发动机的动力分解成两部分:一部分直接驱动车轮,形成机械传输通道;另一部分用于发电,形成电力传输通道。
2)为减小发电机所承受的转矩和提高混合动力系统效率与功率密度,常将太阳轮与发电机转子轴连接,行星架与发动机输出轴连接,齿圈与动力总成输出轴连接。

图 1-13 混合动力系统常用行星排的基本结构与原理
1—太阳轮 2—齿圈 3—行星架 4—行星轮

二、各类混合动力电动汽车的结构原理与优缺点

1. 串联式混合动力汽车

(1)结构原理和工作模式 串联式混合动力汽车结构原理如图 1-14 所示。

1)工作原理如下。

① 串联式混合动力汽车由发动机、发电机、电机控制器、电机与动力蓄电池组成。它主用于城市公交汽车,节油率可达 20%。

② 发动机不直接驱动车辆的传动系统,而是先通过发动机将机械能转变为电能,然后通过电机驱动传动系统,故发动机、发电机、

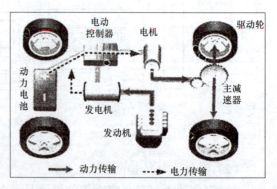

图 1-14 串联式混合动力汽车结构原理

电机与传动系统构成"串联的动力流"。

③ 系统中同时有两个电源（发电机与动力蓄电池），两个电源均通过电机控制器以电方式实现动力耦合，并通过电机控制器串联于整个动力回路中。

2）工作模式，分为以下六种。

① 纯电驱动模式：主要用于倒车与低速行驶。此时发动机关闭，全靠电池提供能源。

② 纯发动机驱动模式：主要用于中、高速行驶工况。此时动力蓄电池既不提供能量，也不接受能量，全靠发动机驱动。

③ 混合驱动模式：主要用于加速与爬坡行驶工况。此时两种能源通过电机控制器实现耦合，同时输送到电机，驱动车辆行驶。

④ 制动回收模式：在车辆制动与下坡工况时，发动机关闭，电机变成了发电机，将来自车轮的动能部分转变为电能给电池充电。

⑤ 发动机单独驱动并给电池充电模式：主要用于车辆低负荷行驶且电池荷电状态（state of charge，SOC，又叫剩余电量）偏低的工况。

⑥ 电池充电模式：主要用于车辆静止且电池 SOC 偏低的工况，此时急需发动机充电。

（2）优缺点

1）优点如下。

① 发动机与驱动轮无直接机械联系，故发动机可工作于其转矩与速度曲线图中的任意点上。因此可以根据车辆的驱动功率需求，通过特殊设计与控制技术来控制发动机总是工作在其最低油耗区域。

② 由于电机本身具有非常适合于汽车牵引需求的"转矩与速度曲线"，这使得车辆的多档位变速器成为多余，故可以大为简化车辆驱动系统的结构。如果进而采用轮毂电机，还可以完全取消机械式差速器，实现两个后驱动轮的解耦。倘若在四轮驱动的车辆中全部采用轮毂电机驱动，便可完全实现四个车轮的独立控制，从而大大提高车辆的机动性并改善牵引性能。

③ 由于串联方式的发动机与驱动轮之间可以实现完全的机械解耦，故动力总成的控制策略变得十分简单。

2）缺点如下。

① 发动机的动能经过发电与电动两次能量转换才到达驱动轮，导致能量损失大、转换效率低。

② 采用发电机本身增加了车辆重量与成本。

③ 为保证车辆的加速与爬坡性能要求，采用电机直接驱动的方式，需要加大电机自身的体积与重量。

2. 并联式混合动力汽车

（1）结构原理与工作模式　并联式混合动力汽车的结构原理如图 1-15 所示。

（2）优缺点

1）优点：并联方式应用较广，其中，采用带传动的发电起动一体式电机的节油率可达 5%，采用集成起动电机的汽车可达 15%，公交汽车可达 25%～30%。

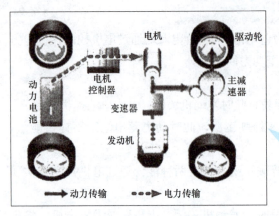

并联式混合动力汽车的结构原理
1）并联式混合动力汽车由发动机、变速器、电机、电机控制器与动力蓄电池组成。其中，电机既可以作为电动机使用，也可作为发电机使用。
2）具有发动机与电机两套动力系统，它们既可单独工作，也可协同工作。当它们同时工作时，其动力流为并联方式，且以机械方式实现动力耦合，故称为并联式混合动力系统。
3）并联式混合动力系统的工作模式：串联式混合动力的六种工作模式在并联结构中均可实现。

图 1-15　并联式混合动力汽车结构原理

① 发动机通过变速器直接驱动车辆，无能量转换，能量转换效率高。

② 电机可以实现"一机两用"，且可以采用较小功率与体积的电机，成本低。

2）缺点如下。

① 因发动机与驱动轮采用机械连接，其工作点不可能总是处于最佳区域，故其效率未能充分发挥。

② 必须搭载变速器，且最好是自动变速器，故增加了质量与成本。

③ 其混合度较低，且不便于采用插电式混合动力。

3. 混联式混合动力汽车

（1）工作结构　混联式混合动力汽车的结构原理详见图 1-16 及其注解。

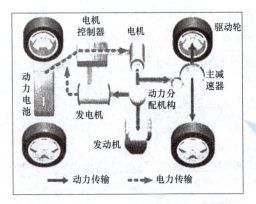

混联式混合动力汽车的结构原理
1）混联式混合动力汽车由发动机、动力分配机构、发电机、电机控制器、电机与动力蓄电池组成。
2）发动机动力经动力分配机构后分为两部分：一部分直接驱动车辆，构成机械传输通道；另一部分带动发电机发电，然后通过电机控制器提供给电机驱动车辆，形成电力传输通道。两种通道的动力分配比例可以通过调整发电机的转速予以实现。
3）此系统具有"双重特点"：其机械传输通道与电机动力流向为并联，而电力传输通道与动力蓄电池动力流向为串联，故称混联式混合动力系统。

图 1-16　混联式混合动力汽车结构原理

（2）优缺点

1）优点：混联式兼备串联式和并联式两者的优点，故其应用前景越来越好。在阿特金森循环工况下，其节油率可高达 40% 以上。

2）缺点：结构复杂，成本高。在长距离高速行驶工况下，其节油效果不明显。

三、丰田普锐斯混合动力汽车的结构与工作模式

首款量产普锐斯混合动力汽车于 1997 年推向市场，当年销售约 18000 辆。至 10 年后的

2007年，累计销售量突破 100 万辆，2011 年突破 300 万辆。普锐斯最新产品目前已经开发至第五代，其节油率已经达到 50% 以上。其结构特点与工作模式分述如下。

1. 普锐斯混合动力系统的基本特点

普锐斯混联式混合动力系统的结构及基本特点详见图 1-17 及其注解。

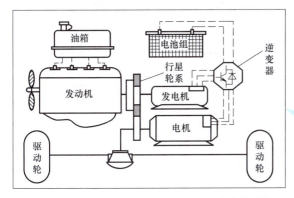

普锐斯混联式混合动力系统的基本特点
1）混联式混合动力系统兼有串联与并联的优点，具有综合性能优势。它既可实现车载能源环节的联合，也可实现传动系统环节的联合。
2）其结构复杂，不仅设计布置困难，而且实现串联与并联之间的切换对于控制系统的设计也提出了更高的要求。

图 1-17　丰田普锐斯混联式混合动力系统的结构

2. 普锐斯混合动力系统三代产品的结构性能比较

普锐斯混合动力系统三代产品的结构性能比较详见图 1-18 及其注解。

普锐斯混合动力系统三代产品的结构比较
1）丰田普锐斯混合动力系统目前已普及到第三代，即普锐斯Ⅰ、普锐斯Ⅱ、普锐斯Ⅲ。
2）普锐斯Ⅱ与普锐斯Ⅰ比较，最大差别是其采用了升压逆变器并提高了发电机最高转速。
3）普锐斯Ⅲ的主要特点是双电机、高压镍氢蓄电池、动力分配机构、650V 升压变换器、1.8L 高膨胀比循环发动机、冷却废气再循环系统、加热管理系统以及带减速机构的高速电机。以上特征中的前四项与普锐斯Ⅱ基本相同（除了升压器的电压不同外），而后三个方面则是新增的内容，但其总成进一步小型化与高速化，并提高了燃油经济性。
4）普锐斯Ⅲ的动力控制单元（含变换器＋升压逆变器＋DC/DC 变换器）和变速驱动桥（含两个电机＋动力分配机构＋减速机构）的体积更小，质量更小，效率更高。普锐斯Ⅲ与普锐斯Ⅱ动力控制单元的参数对比详见表 1-1。此外，普锐斯Ⅲ通过动力分配机构和电机减速齿轮的一体化以及取消驱动链条传动，进一步实现了传动系统的小型化与轻量化。

a) 普锐斯Ⅰ　　　　　　b) 普锐斯Ⅲ

图 1-18　普锐斯混合动力系统传动机构对比

表 1-1　普锐斯Ⅱ与普锐斯Ⅲ动力控制单元的参数对比

组成		普锐斯Ⅲ	普锐斯Ⅱ
发动机	排气量 /L	1.8	1.5
	最高输出 /kW	73	57
	最大转矩 /N·m	142	115
电机	最高输出 /kW	60	50
	最大转矩 /N·m	207	400
	最高转速 /(r/min)	13900	6400
	最高电压 /V	650	500
	齿轮减速比	2.636	无减速
电池	类型	镍氢蓄电池	镍氢蓄电池
	最高输出功率 /kW	27	25
系统	最高输出功率 /kW	100	82

3. 普锐斯Ⅲ混合动力系统主要部件及其功能

普锐斯Ⅲ混合动力系统主要部件及其功能详见表 1-2。

表 1-2　普锐斯Ⅲ混合动力系统主要部件及其功能

构成部件		功　能
整车控制器		以钥匙开关、加速踏板开度、档位、车速及其他各种传感器的信号为依据，计算符合运转状态的发动机、电机 MG1、电机 MG2 的运动状态，对发动机控制器、电机控制器、升压逆变器、DC/DC 变换器、电池管理系统、制动控制器发出控制要求，协调各系统高效、安全地工作
2ZB-FXE 发动机		采用阿特金森循环发动机，产生用于行驶的动力和用于发电的动力
混合动力总成	电机 MG1	依靠发动机驱动发电，发动机起动时起到起动机的作用
	电机 MG2	辅助发动机动力输出，提高汽车驱动力；起步时以电机 MG2 的动力行驶，减速时以发电机方式工作、实现制动能量回收
	动力分配机构	把发动机的动力分成供给驱动轮的动力和驱动电机 MG1 发电的动力两部分
	电机减速机构	使电机 MG2 的输出减速增矩
动力控制单元	电机控制器	根据整车控制器发出的要求驱动变换器及升压逆变器，控制电机 MG1 和电机 MG2，进行高压直流和三相交流的转换
	升压逆变器	实现电池 DC201.6V 和电机直流母线 DC650V 间的电压转换
	DC/DC 变换器	把高压直流降为 14V，给附件及附件电池供电
电池		起步或加速时给 MG2 供电，储存 MG1 发出的电能和减速时 MG2 发出的回收电能
系统主继电器		通过整车控制器发出的信号，进行电池高压回路的连接和断开
电池管理系统		把电池的状态信号发送给整车控制器，控制电池冷却风扇的风量
电机系统冷却泵		通过循环水冷却变换器、升压逆变器、DC/DC 变换器及电机
电池冷却风扇		保持电池适当的工作温度
加速踏板传感器		检测加速踏板开度，并向整车控制器发送信号

（续）

构成部件	功　能
变速杆位置传感器	检测档位，并向整车控制器发送
纯电动驱动模式开关	切换到只靠电机 MG2 驱动的 EV 模式下的行驶状态
PWR 模式开关	把车辆行驶模式切换为动力模式
ECO 模式开关	把车辆行驶模式切换为经济模式
发动机控制单元	根据整车控制器发出的要求来控制发动机系统
制动控制单元	制动时计算电机 MG2 的制动力矩，发送给整车控制器，同时控制油压制动力；TRC 或 VSC 工作时，向整车控制器发出要求的转矩值，控制驱动力
安全气囊控制单元	碰撞时把安全气囊展开信号发送给整车控制器
组合仪表	用 READY 指示灯表示混合动力系统的起动状态；用 EV 驱动模式指示灯、PWR 模式指示灯及 ECO 模式指示灯表示各模式的状态；系统发生异常时，根据具体的异常状态，发动机警告灯、总警告灯或充电警告灯点亮
多信息显示器	显示混合动力系统的输出状态，显示系统故障信息

4. 普锐斯Ⅲ混联式混合动力系统结构组成

普锐斯Ⅲ混联式混合动力系统结构组成详见图 1-19 及其注解。

普锐斯Ⅲ混合动力总成结构组成

1）普锐斯Ⅲ混合动力系统主要由电机 MG1 和 MG2、动力分配行星排、减速行星排、过渡齿轮以及主减速器与差速器（图中未画出）等组成。

2）在动力分配行星排中，行星架与发动机相连，太阳轮与电机 MG1 连接，而齿圈通过过渡齿轮与主减速器连接。发动机输出的动力被分成两部分，一部分直接驱动车轮（机械动力流）；另一部分用于驱动电机 MG1 发电（电动力流）。

3）在减速行星排中，行星架固定，太阳轮与电机 MG2 连接，齿圈与动力分配行星排的齿圈连接。电机 MG2 的动力经过减速行星排减速增矩后，也通过过渡齿轮向主减速器输出动力。

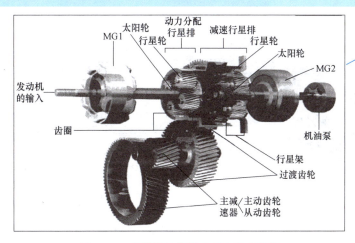

图 1-19　普锐斯Ⅲ的混合动力总成结构

5. 普锐斯混联式混合动力系统的工作模式

普锐斯混联式混合动力系统的工作模式详见图 1-20～图 1-27 及其注解。

（1）发动机停车起动模式　详见图1-20及其注解。

发动机停车起动模式
1）发动机停车起动模式下的总成组件工作情况和杠杆模拟图如图1-20所示。
2）在停车状态下，驱动轮停止转动，动力分配行星排的齿圈也停止转动。
3）此时电机MG1以电动机方式工作，带动太阳轮旋转，然后通过行星架起动发动机。

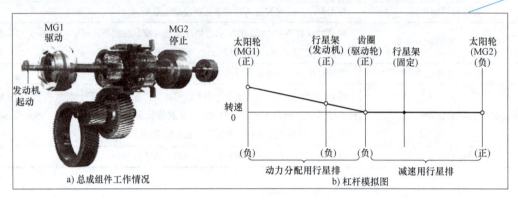

图1-20　发动机停车起动模式下总成组件工作情况和杠杆模拟图

（2）停车充电模式　详见图1-21及其注解。

停车充电模式
1）停车充电模式下的总成组件工作情况和杠杆模拟图如图1-21所示。
2）在停车状态下，如果电池SOC处于正常值范围内，则发动机、电机MG1与MG2均停止工作。但若SOC下降到设定值，控制系统会立即起动发动机，并通过动力分配行星排将发动机动力传递到MG1发电，给电池充电。

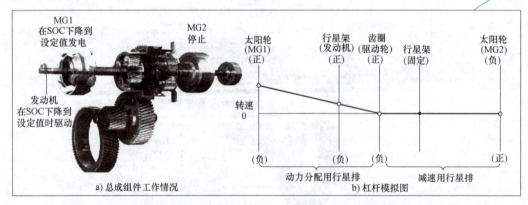

图1-21　停车充电模式下总成组件工作情况和杠杆模拟图

（3）起步和低负荷模式1（SOC正常）　详见图1-22及其注解。

（4）起步和低负荷模式2（SOC低）　详见图1-23及其注解。

（5）巡航模式　详见图1-24及其注解。

起步和低负荷模式1（SOC正常）

电池SOC处于正常范围时，发动机停止工作，电机MG1空转不发电。此时动力系统只靠电机MG2输出转矩，驱动车轮起步低速行驶。

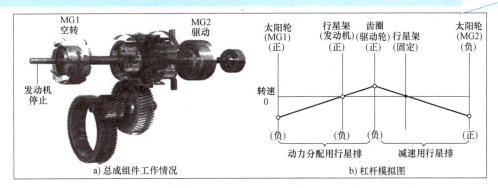

图1-22 起步和低负荷模式1（SOC正常）下总成组件工作情况和杠杆模拟图

起步和低负荷模式2（SOC低）

当SOC下降到设定值时，控制系统会立即起动发动机，其动力经动力分配行星排后，被分成两部分，其中一部分动力直接流向主减速器驱动车辆行驶；而另一部分动力带动电机MG1发电。MG1发出的电能经电机控制器后又被分成两部分，一部分提供给电机MG2驱动车辆，另一部分为电池充电。

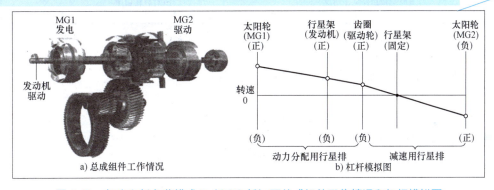

图1-23 起步和低负荷模式2（SOC低）下总成组件工作情况和杠杆模拟图

巡航模式

在车辆巡航模式下，主要靠发动机的动力驱动车辆。此时发动机在其高效率区域运转，且其动力也被动力分配行星排分为两部分，一部分直接驱动车辆；另一部分带动MG1发电，并以此电力驱动电机MG2运转，作为发动机的一种辅助力。

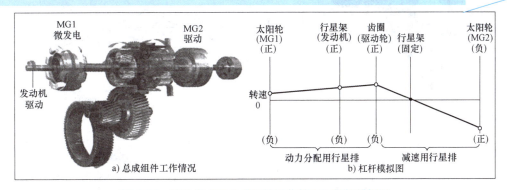

图1-24 巡航模式下总成组件工作情况和杠杆模拟图

（6）加速模式　详见图 1-25 及其注解。

加速模式
此时车辆从定速行驶开始实施加速。车辆控制系统一方面提高发动机输出功率与电机 MG1 发电量；另一方面控制电池向电机 MG2 提供电能，增大其驱动转矩，以满足车辆加速的动力需求。

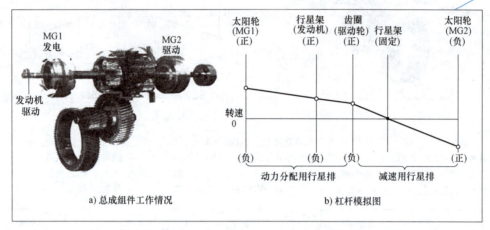

图 1-25　加速模式下总成组件工作情况和杠杆模拟图

（7）制动能量回收模式　详见图 1-26 及其注解。

制动能量回收模式
当车辆减速行驶或制动时，车辆控制系统在电池 SOC 允许的前提下，控制电机 MG2 以发电机方式工作，将车轮部分动能转换为电能，为电池充电，从而实现制动能量回收。

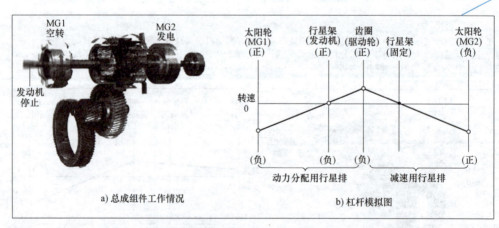

图 1-26　制动能量回收模式下总成组件工作情况和杠杆模拟图

（8）倒车模式　详见图 1-27 及其注解。

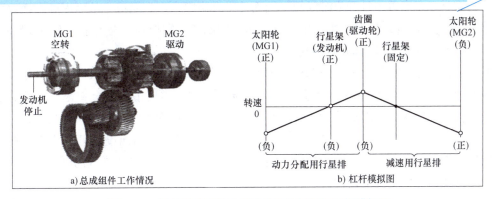

倒车模式

倒车模式下分为以下两种工作情况：
1）电池 SOC 处于正常值范围内，控制器直接控制电机 MG2 以电动机状态反转工作，驱动车辆倒车。
2）当电池 SOC 下降到设定值时，控制器控制发动机起动，带动电机 MG1 发电，然后驱动电机 MG2 以电动机状态反转工作，驱动车辆倒车。

图 1-27 倒车模式下的总成组件工作情况和杠杆模拟图

四、本田 IMA 混合动力汽车的结构与工作原理

本田公司混合动力汽车的基本特点是采取并联式，且以发动机为主要动力，结构设计简单，布置紧凑，重量较小。1999 年，本田第一代混合动力系统 IMA（Integrated Motor Assist）搭载于思铂睿双门混合动力汽车在美国首推。第二代 IMA 搭载于思域于 2003 年问世。第三代 IMA 搭载于雅阁上。第四代 IMA 搭载于思域上。目前本田公司已拥有 CR-Z、思域及思铂睿等多款混合动力车型，其已发展到第五代 IMA。

1. 本田 IMA 系统的结构组成

IMA 系统组成包括发动机、电机、电池、控制器（PCU）、变速器与驱动轮，如图 1-28 所示。

2. 本田 IMA 系统主要总成的结构性能特点

IMA 混合动力系统总成包括发动机、智能动力单元（intelligent power unit，IPU）、电机以及无级变速器（continuously variable transmission，CVT）等，下面以第四代 IMA 系统为例，分别介绍其主要总成的结构性能特点。

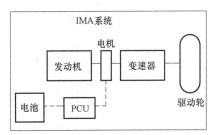

图 1-28 IMA 系统组成示意图

（1）发动机的结构性能特点　本田 IMA 混合动力系统的超低油耗主要靠发动机贡献。IMA 用发动机（图 1-29）主要通过以下三项先进技术来降低油耗：可变气门正时与升程控制（Intelligent-Variable Valve Timing and Lift Electronic Control，i-VTEC）技术、智能双火花塞顺序点火（intelligent dual sequential ignition，i-DSI）技术以及可变气缸管理（Variable cylinder management，VCM）技术。

图 1-29 本田 IMA 系统的发动机

1）可变气门正时与升程控制（i-VTEC）技术是利用进气凸轮轴上的主凸轮、次凸轮与中间凸轮及其相对应的三套摇臂机构组合控制同一气缸内的两个进气门的升程，并通过液压执行器来调节凸轮轴的相位，实现可变正时控制（VTC），实时获得最佳的配气相位。

① 当发动机低速运转时，主进气门由主凸轮控制，开度增大且开启时间长；辅进气门由次凸轮控制，开度很小且开启时间短，因而使得燃烧室内产生涡流，从而提高燃烧效率。

② 当发动机高速运转时，主、辅进气门由中间凸轮共同控制，增大了开度与开启时间，故能够获得足够的充气量来提高发动机功率。

2）智能双火花塞顺序点火（i-DSI）技术是在同一气缸内安装两个火花塞，分别设在进气门侧和排气门侧。其缩短了燃烧室内火焰传播的时间，实现了气缸全域范围内的急速燃烧，故使得大幅度提高压缩比成为可能。本田独有的双火花塞连续控制系统是根据发动机转速与负荷状况而实时控制的。① 当发动机低速运转时，燃烧室内温度较低的进气门侧先点火，促进了燃烧并降低了油耗。② 当发动机高速运转时，进气门侧和排气门侧同时点火，因而加快了燃烧速度，提高了功率。

3）可变气缸管理（VCM）技术，由于电机与发动机曲轴连接，故需要发动机在车辆减速时尽可能降低阻力，使得电机能够高效率地给电池充电。VCM 可实现四气缸全部停缸，因而大大降低了气缸活塞运转时的阻力，使得再生制动系统能提高能量回收效率。VCM 还能大大减小发动机起停时的冲击。

（2）电机的功能和结构特点　详见图 1-30 及其注解。

图 1-30　本田 IMA 系统的电机

IMA 系统电机的功能和结构特点

1）IMA 电机为三相超薄永磁同步电机，安于发动机与 CVT 之间。它能够提供 15kW 功率与 139N·m 的转矩。

2）电机具有双重功能：
① 作为电动机为车辆低速运行提供驱动力，或为发动机提供辅助动力。
② 也可作为发电机在车辆减速与车辆制动时，回收车辆动能为电池充电。

3）IMA 电机结构特点：它使用扁线圈缠绕，提高了线圈缠绕密度，将电机最大功率与最大转矩分别增加了 50% 与 14%，转换效率从 94.6% 提高到 96%。

（3）无级变速器的功能和结构特点　详见图 1-31 及其注解。

图 1-31　本田 IMA 系统的无级变速器

IMA 系统无级变速器的功能和结构特点

1）无级变速器的功能：它不但可以实现平滑的变速过程，而且相对传统固定传动比变速器，能够使得发动机与电机均可工作在最优区域，从而提高了系统的效率并降低了油耗。

2）无级变速器的结构特点：其新设计的起动离合器可以充分发挥 IMA 的优点，即在车辆低速时接合，可以提高起步的加速性能与燃油经济性。

（4）智能动力单元的功能和结构特点　详见图 1-32 及其注解。

> **IMA 系统智能动力单元的功能结构性能特点**
> 1）智能动力单元（IPU）的功能：它用于控制 IMA 系统的动力流向与工作模式。
> 2）IPU 的构成：IPU 由电池系统与动力控制单元（power control unit，PCU）相集成。后者又包括电池监控模块（battery control module，BCM）、电机控制模块（motor control module，MCM）和电机驱动模块（motor drive module，MDM）。
> 3）电池监控模块（BCM）的功能：主要监控电池 SOC、电池温度与电池保护需求等信息。通过温度传感器、电压传感器与电流传感器来采集电池状态信息，计算电池 SOC 并将信息提供给 MCM，并控制冷却风扇的开启、关闭与运行。
> 4）电机控制模块（MCM）的主要功能：①与发动机控制模块（engine control module，ECM）通信，决定与控制车辆的运行状态，并将 IMA 系统中检测到的问题传输给 ECM；②与 BCM 通信，获得电池模块荷电状态，用于保护电池模块并保持电池电量适当的平衡；③与仪表板连接，始终显示 IMA 系统条件与运行状况信息；④与 MDM 连接，接收电机的整流信息，并通过电压转换模块控制电机功率转换器（MPI）。
> 5）电机驱动模块（MDM）的功能：MDM 依据 MCM 的请求，控制电机与发动机的运行方式，以驱动车辆或给电池充电。通过电机功率转换（MPI）完成三相交流电与直流电的转换，控制三相电流的相位以确保电机的正确运行。并通过 DC/DC 变换器完成电池和电机直流母线之间的电压转换。

图 1-32　本田 IMA 系统的智能动力单元

3. 本田 IMA 系统的工作过程

IMA 混合动力系统的工作过程包括起步加速、急加速、低速巡航、轻加速或高速巡航、减速制动以及停车制动等工况。各个工况的具体描述如下。

（1）起步加速工况和急加速工况的基本情况

1）起步加速工况，如图 1-33 所示，此时发动机以低速配气正时运转，同时电机提供辅助动力，以达到快速加速起步与节油的双重要求。

2）急加速工况，如图 1-34 所示，此时发动机以高速配气正时运转，同时电池给电机供电，电机与发动机共同驱动车辆，以提高车辆加速性能。

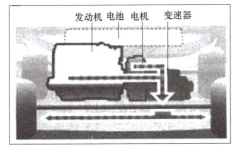

图 1-33　起步加速工况

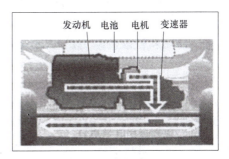

图 1-34　急加速工况

(2) 低速巡航工况和轻加速或高速巡航工况

1) 低速巡航工况，如图 1-35 所示，此时发动机四个气缸的进排气门全部关闭，发动机停止工作。同时电机以纯电动方式驱动车辆行驶。

2) 轻加速或高速巡航工况，如图 1-36 所示，此时发动机以低速配气正时运转，其工作效率较高，并单独驱动车辆（电机不工作）。

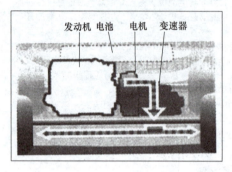

图 1-35　低速巡航工况

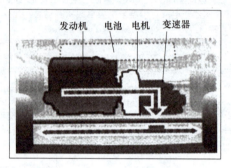

图 1-36　轻加速或高速巡航工况

(3) 减速制动工况和停车制动工况

1) 减速制动工况，如图 1-37 所示，此时发动机停止工作，控制器控制电机在驱动轮驱动下以发电机方式工作，将车辆动能最大限度地转换成电能，并存储到电池包中。车辆制动时，制动踏板传感器给 IPU 发出一个信号，IPU 控制制动主缸中的伺服单元，协调机械制动与电机能量回收之间的制动力，以达到最大程度的能量回收。

2) 停车制动工况，如图 1-38 所示，此时发动机自动关闭，以减少燃料消耗与排放污染。而在制动踏板松开时，会自动起动发动机。

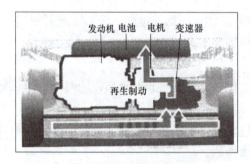

图 1-37　减速制动工况

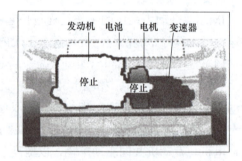

图 1-38　停车制动工况

五、通用双模混合动力汽车的结构与工作原理

通用公司混合动力汽车的独特之处是采用电控自动变速技术（electric variable transmission，EVT）。通用公司 20 世纪 60 年代开发出输入分配式单模式 EVT，2003 年生产出输入分配模式加复合分配模式的双模式 EVT，并搭载于公交车和 SUV 车型。

1. 通用双模混合动力系统的基本特点

通用双模混合动力系统的示意图及结构特点详见图 1-39 及其注解。

通用双模混合动力系统的组成、驱动方式与结构特点

1) 系统结构组成：如图1-39所示，它由三个行星排、两个电机和四个离合器组成。

2) 系统驱动方式：系统集成了两个动力分配模式和四个固定比传动系统。依据车速变化，车辆能够实现纯电动、低速混合动力驱动模式、一档驱动、二档驱动、高速混合动力驱动模式、三档驱动、四档驱动等驱动方式的相互切换。

3) 系统结构特点：①将三个行星排与两个电机集成在变速器内，使用常规液压湿式离合器自动换档，并实现六种机械组合。可以减少无级变速时机械能转换为电能的比例，提高了车辆加速、爬坡时的驱动力以及提高了行驶过程中的能量传递效率。②实现同步换档，换档时离合器相对速度为零，故消除了摩擦损失并减少冲击。③防止电机过热，在混合驱动模式下，一旦出现电机过热，控制系统立即进入固定换档模式，避免了电机过热。④减小电机峰值功率，低速时使用输入分配模式以较大传动比工作，故减小了电机的转矩；高速时使用复合分配模式以较小传动比工作，减小了电机的转速。故双模式可以减小电机峰值功率。⑤能量回收更充分，由于双模式分配可通过两种方式回收制动能量，故能在较宽的车速范围内，使发电机具有足够转速来发电，能够更高效地回收制动能量。

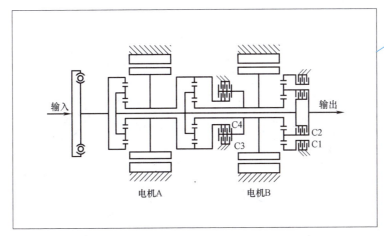

图1-39 通用双模混合动力系统的结构示意图

通用双模混合动力系统的实物、模型如图1-40和图1-41所示。

图1-40 通用Tahoe型双模混合动力变速器实物　　图1-41 双模变速器行星排和电机模型

2. 通用双模混合动力系统的工作过程

通用双模混合动力系统的工作过程详见图1-42及其注解。

通用双模混合动力系统的工作过程分析

1）车辆起步、低速行驶或倒车工况均由电机 MG2 驱动车辆，倒车时电机反转。

2）加速工况

①急加速时：由发动机八个缸驱动；电池提供辅助动力，且尽可能使用固定档位驱动（因固定档位采用并联混合动力），以使车辆迅速提速。

②缓加速时：由发动机四个缸驱动或以纯电动方式运行。随着车速增大，系统依据各离合器的同步接合条件进行控制，依次进入纯电动、输入分配模式、一档、输入分配模式、二档、复合分配模式、三档、复合分配模式、四档而完成加速过程，并实现踏板开度所能够达到的车速。缓加速时尽量使用输入分配模式和复合分配模式，以使发动机处于最佳工作点。此两种分配模式之间也可以达到无冲击切换（只需在三个行星排的行星架达到同步转速时，同时改变离合器 C1、C2 的接合状态）。

3）巡航工况：由发动机四个缸驱动，并以效率最大化为目标。依据车速决定是否使用两种混合动力模式或是使用四个固定档位模式行驶。①低速巡航时，尽量使用输入分配模式和复合分配模式，以提高发动机燃烧效率。②高速巡航时，尽量使用三档与四档模式，以提高动力传动效率。

4）减速工况：①车速较高时，由于受电机转速限制，发动机保持四缸运转，由电机 MG1 在复合分配模式下回收车辆动能。②车速较低时，关闭发动机，由电机 MG2 在输入分配模式下回收车辆动能。

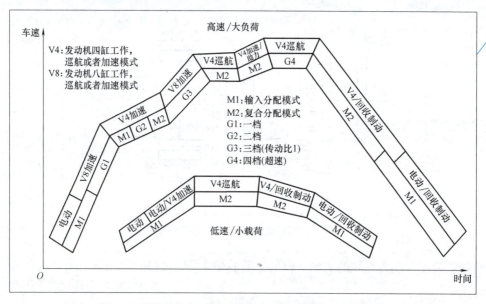

图 1-42　通用 Tahoe 型双模混合动力系统的工况分布图

六、我国具有独立知识产权的双转子电机混合动力系统

2004 年，我国研制出首辆双转子电机混合动力汽车样车，并获得国家发明专利授权。2010 年《深度混合动力客车产业化和动力系统平台建设》被列入"十二五 863 计划重点项目"并实现小批量生产。双转子电机混合动力汽车的结构与工作原理分述如下。

1. 双转子电机混合动力系统基本原理

双转子电机（Double Rotor Motor，DRM）是混合动力系统的核心，如图 1-43 所示。其功能是用作动力分配与动力耦合结构而形成混联式混合动力系统。

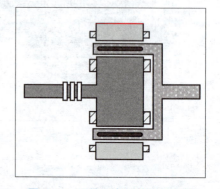

图 1-43　双转子电机结构示意图

（1）DRM 的基本组成　DRM 由内转子、外转子和定子组成。内转子与发动机相连，外转子与车辆传动轴相连。DRM 的内转子与外转子构成一个电机，称为内电机。外转子与定子构成另一个电机，称为外电机。DRM 系两个电机的高度集成。

（2）DRM 的结构与工作原理　在外转子上布置磁钢，在内转子与定子上设置绕组。内转子绕组通过集电环与外部电路连接。来自发动机的动力经内转子后分成两部分：一部分是发动机转矩通过内电机磁场作用在外转子上，再由外转子向传动轴直接输出机械动力；另一部分是利用内外转子的转速差，由内电机发电，经过电机控制器变频后送给外电机，再由外电机对其外转子提供一个附加电磁转矩，以增加车辆总驱动转矩。

（3）DRM 的主要技术优势

1）具有无级自动变速功能，即当发动机转速高于传动轴转速时，内电机以发电机方式工作，外电机以电动机方式工作，DRM 起到减速增矩的作用；当发动机转速低于传动轴转速时，内电机以电动机方式工作，外电机以发电机方式工作，DRM 起到减矩增速的作用。

2）DRM 成功实现了发动机与车轮之间的转速解耦，即解除了发动机与传动轴之间的机械连接。因而，可以通过控制内电机的转矩与转速来达到间接控制发动机转矩与转速的目的，使其处于高效率区间运行。

3）DRM 具有其他各类混联动力系统的全部优点：它相当于将串联动力系统中的发动机的机壳与电机的转子连成一体而共同运转，在吸纳串联系统中发动机工作点控制灵活的同时，还可以减小电机的能量转换比率、提高系统效率，以及大幅度减小电机的功率、质量、体积与成本，并提高比功率。

2. 双转子电机混合动力系统的结构方案

双转子电机混合动力系统的基本结构方案详见图 1-44 及其注解。

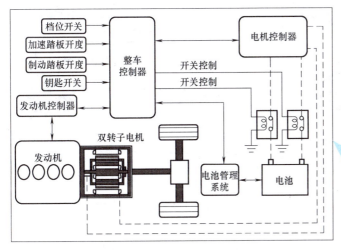

图 1-44　双转子电机混合动力系统的结构方案

DRM 混合动力系统的结构方案
1）DRM 系统组成：DRM 混合动力系统的结构方案主要包括发动机及其控制器、DRM、电机控制器、电池、电池管理系统以及整车控制器等。
2）DRM 系统控制原理：整车控制器根据钥匙开关、档位开关、加速踏板开度、制动踏板开度、电池 SOC 以及外转子转速等信息，计算发动机、内电机和外电机下一时刻应达到的运动状态，对发动机 ECU、电机控制器及电池管理系统发出控制要求，并协调各系统安全而高效率工作。

3. 双转子电机混合动力系统的工作过程

双转子电机混合动力系统工作过程如图 1-45 ～图 1-52 所示。

（1）发动机停车起动模式与停车充电模式

1)发动机停车起动模式。车辆停车时,DRM 外转子静止,电池驱动内电机以电动机方式工作,其动力流向如图 1-45 所示。要求内电机转矩大小能够将发动机拖动到怠速转速以上,使发动机起动。

2)停车充电模式。停车时,若电池 SOC 高于设定值,则发动机会关闭;如果 SOC 低于设定值,则发动机将带动内电机发电,并对电池充电,其动力流向如图 1-46 所示。

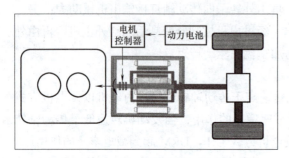

图 1-45　发动机停车起动模式

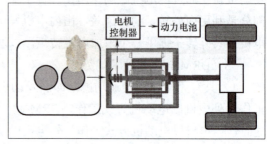

图 1-46　停车充电模式

(2)起步和低负荷模式(SOC 正常)以及起步和低负荷模式(SOC 低)

1)起步和低负荷模式(SOC 正常)。若电池 SOC 高于设定值,则发动机关闭,内电机不工作。由电池向外电机提供动力,驱动车辆,其动力流向如图 1-47 所示。

2)起步和低负荷模式(SOC 低)。若 SOC 低于设定值,则发动机起动带动内电机发电,一部分电能给电池充电,另一部分电能经电机控制器变频后送给外电机也参与驱动车辆。其动力流向如图 1-48 所示。

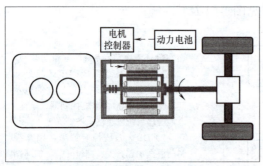

图 1-47　起步和低负荷模式(SOC 正常)　　　图 1-48　起步和低负荷模式(SOC 低)

(3)巡航运行模式

1)巡航运行模式 1($\omega_1 > \omega_2$)。当发动机转速高于传动轴转速时,内电机一方面向传动轴传递发动机转矩,一方面处于发电状态,电能经电机控制器送给外电机,外电机处于用电状态,同时也对传动轴施加转矩,DRM 起到减速增矩的作用。其动力流向如图 1-49a 所示。

2)巡航运行模式 2($\omega_1 < \omega_2$)。当发动机转速低于传动轴转速时,内电机处于用电状态,以反向电机形式工作(试图阻止发动机运转,但同时也驱动外转子运转)。外电机处于发电状态(试图阻止传动轴运转),电能通过电机控制器输给内电机,DRM 起到减矩增速作用。其动力流向如图 1-49b 所示。

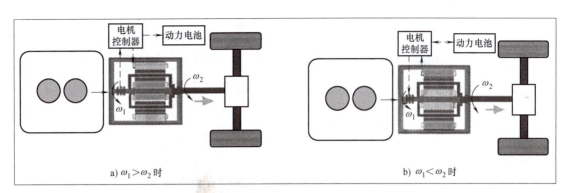

图 1-49　巡航运行模式

（4）加速模式和能量回收模式

1）加速模式。车辆加速时，控制系统一方面提高发动机功率，另一方面电池也会对外电机提供额外电能。车辆运行状态的瞬间变化主要依靠电池供电来完成，而提高发动机功率应缓慢进行，以免造成发动机转速波动。其动力流向如图 1-50 所示。

2）能量回收模式。此时发动机停止运转，传动轴反向带动外电机以发电机形式工作，将车辆的动能转换为电能，向电池充电，以实现制动回收。其动力流向如图 1-51 所示。

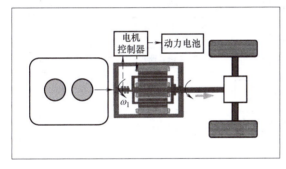

图 1-50　加速模式　　　　　　　图 1-51　能量回收模式

（5）倒车模式　若电池 SOC 高于设定值，则发动机关闭，仅由电池驱动外电机反转驱动车辆倒车，其动力流向如图 1-52 所示。若电池 SOC 低于设定值，则发动机起动，驱动内电机发电，产生的电力驱动外电机反转驱动车辆倒车。

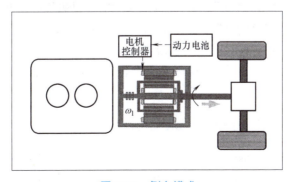

图 1-52　倒车模式

第四节 纯电动汽车典型车型介绍——比亚迪纯电动汽车

一、比亚迪纯电动汽车的整车结构与基本工作原理

1. 整车结构

比亚迪纯电动汽车的整车结构如图1-53所示,由动力蓄电池组、逆变器、驱动电机、传动系统、行驶系统以及控制系统和安全保护系统等组成。

2. 基本工作原理

比亚迪纯电动汽车的基本工作原理如图1-54所示。它保留了传统汽车的操纵控制系统(如加速踏板、制动踏板以及各种操纵手柄),但无离合器。当EV工作时,通过传感器将加速踏板和制动踏板机械位移的行程量转换成电信号,输入到中央控制器,经过中央控制器处理后,发出驱动信号,从而控制EV的运行。

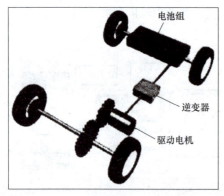

图1-53 比亚迪纯电动汽车的整车结构

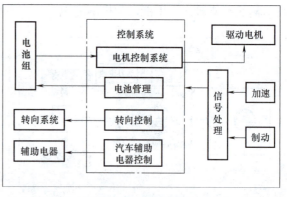

图1-54 比亚迪纯电动汽车基本工作原理

1)当EV前进时:动力蓄电池组输出高压直流电(direct current, DC),经过电机控制系统转变成交流电(alternating current, AC)后,供给驱动电机,驱动电机输出转矩经传动系统放大后驱动车轮行驶。

2)当EV减速时:车轮反过来驱动电机转动,通过电机控制系统将感应电机变成交流发电机产生电流,经过逆变器再将交流电变成直流电给动力蓄电池充电(即制动能量再生)。

3)同时,EV控制系统通过各种传感器与电压、电流检测器对动力蓄电池包与电机进行实时监控,及时反馈信息和报警并通过各类仪表(电压表、电流表、电功率表、转速表、温度表等)进行显示。

二、比亚迪纯电动汽车电池管理系统

1. 比亚迪e6电动汽车的电池组

采用磷酸锂钴铁电池,由90个单体蓄电池组成,布置在车辆底部。其总电压为307V,

电池容量220A·h，续驶里程300km。

2. 电池管理系统（battery management system，BMS）的结构

如图1-55所示，BMS包括自动高压开关、电池组监控系统模块、显示模块、电池热管理系统模块等。它布置在发动机舱的上部，同时还有动力配电箱与其配合。动力配电箱相当于一个由多个继电器并联的大型电闸，利用继电器的吸合来控制电流的通断，并将电流进行分流。

3. 电池管理系统的功能

详见表1-3，主要功能有电池温度控制、保持电池组件电压和温度平衡、防止电池过充与过放、防止电池短路与漏电及预测电池的SOC和剩余行驶里程等。

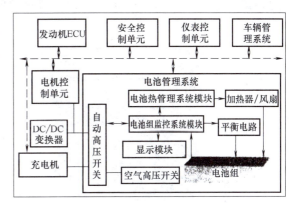

图1-55 电池管理系统（BMS）的结构框图

表1-3 电池管理系统的主要任务、输入信号及其执行部件

BMS的主要任务	输入的信号	执行部件
防止过充	电池、电源、温度	充电机
避免过放	电池电压、电流、温度	电机功率转换器
温度控制	电池温度	冷热空调（风扇等）
电池组件电压和温度的平衡	电池电压和温度	平衡装置
预测电池的SOC和剩余行驶里程	电池电压、电源、温度	显示装置

4. 电池管理系统的工作原理

BMS能够动态监测动力蓄电池组的工作状态，实时采集每块电池的端电压与温度、充放电电流以及电池包总电压，估算出各个电池的SOC和安全状态（SOE）。然后通过控制其他器件，避免电池过充与过放，同时及时给出电池状态，找出故障电池所在箱号与位号，以便更换缺陷电池，保持电池组可靠性与高效性。BMS还设定显示系统（包括剩余电量的续驶里程、自动报警与故障诊断等显示）。

BMS工作原理可归纳为：数据采集，ECU进行数据分析处理，并向执行部件发出执行指令。

三、比亚迪纯电动汽车控制模块

比亚迪纯电动汽车的控制模块主要有电机控制器和DC/DC变换器。

1. 电机控制器

电机控制器的功能是控制电机转速、转矩与转向，从而满足车辆前进、后退与坡道行驶等各工况对驱动力的需求。其关键部件叫IGPT，它实际上就是一个大电容器。IGPT的作用是控制电机电流大小，确保根据不同工况输出合适的电流。

2. DC/DC 变换器

DC/DC 变换器的功能是将 330V 的高压直流电转换成低压直流电，以满足低压用电器（包括蓄电池、EPS 等）的需求。DC/DC 变换器的外形结构如图 1-56 所示。

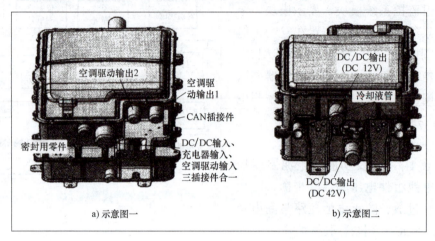

图 1-56　DC/DC 变换器的外形结构

四、比亚迪纯电动汽车驱动电机

比亚迪纯电动汽车的驱动电机为无刷交流轮毂电机，分外转子式与内转子式两种结构。

1. 外转子式轮毂电机

采用低速外转子电机，如图 1-57 所示。其最高转速为 1000～1500r/min，电机转速与车轮转速相等，故省去了减速装置。

2. 内转子式轮毂电机

如图 1-58 所示，采用高速内转子电机，并配备固定传动比的行星减速器（即轮边减速器）。为获得较高的功率密度，电机转速可达 10000r/min，减速器传动比为 10∶1。

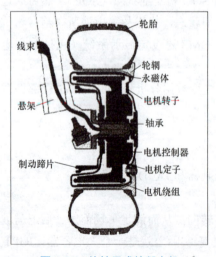

图 1-57　外转子式轮毂电机

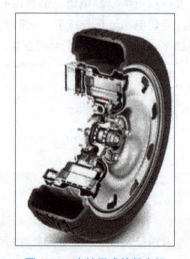

图 1-58　内转子式轮毂电机

五、比亚迪纯电动汽车其他高压辅助设备

1. 车载慢充系统

车载慢充系统主要考虑提升低压转高压的转化效率。当使用家用插座时,需要 10A 额定电流的单相 220V 高质量插座(以防低质量产品引起线路烧毁)。

2. 漏电保护器

比亚迪漏电保护器的功能是通过一端与车身连接,另一端与负极连接检测电流与电压。一旦发现有超出限制的电流和电压,就发出报警并切断控制模块,确保用电安全。比亚迪 e6 车型要求动力蓄电池系统的泄漏电流不超过 2mA,整车绝缘电阻需大于 100Ω/V。

3. 档位控制器

档位控制器是控制车辆前进、后退与停车动作的部件(类似自动档)。

4. 主控 ECU

主控 ECU 的功能是接收各高压监控系统信号并进行判断,然后对动力系统、冷却系统、制动系统、转向系统、空调系统等进行控制,以确保其正常工作。

5. 加速踏板

加速踏板通过控制励磁电流大小来达到控制电机转速的目的。

6. 应急开关

应急开关通常位于电池的正负极附近,以确保在紧急情况下,通过应急开关能够断开动力蓄电池电源。

7. 车载充电口

车载充电分快充与慢充。为了确保充电效率,使用特定的充电口进行充电。充电时,需确保整车防水密封性要求,并确保车载充电口能够承受瞬时大电流的充电过程。比亚迪 e6 充电口在汽车侧面,左侧为 380V 插口,右侧为 220V 插口。充电时,仪表板会亮起充电指示灯。

第二章 电动汽车动力蓄电池系统

第一节 动力蓄电池的功能及种类

电动汽车的动力储能装置包括动力蓄电池、超级电容、飞轮电池、燃料电池等储能元件及其各类电池的组合。它是影响电动汽车发展的关键技术和目前普及电动汽车的瓶颈。

一、动力蓄电池系统的功能

动力蓄电池系统的主要功能如下：
1) 为整车提供持续稳定的电能。
2) 计算整车的剩余电量并进行充电提醒。
3) 对电池进行温度、电压、湿度的检测。
4) 进行电池系统的漏电检测与异常情况报警。
5) 进行充放电控制与预充电控制。
6) 进行电池一致性检测。
7) 进行电池系统的自检。

二、动力蓄电池的种类

1. 物理电池

（1）超级电容　其优点是可不受温度影响而大倍率地充放电、维护简单、使用寿命长，且对制动再生能量吸收很好。

（2）高速飞轮　它一般是在一个高真空的密闭容器内高速旋转来储存动能，既是一个发电机，又是一个电动机，可以实现电能与机械能的双向转换。

2. 化学电池

（1）按电池的功能分类

1) 一次电池，即不能再充电的原电池。
2) 二次电池，即可充电的蓄电池。
3) 燃料电池，氢燃料电池原理是在特定介质和工况下，氢与氧结合产生水与电能。它相当于一个小型发电机，可提供非常高的比能量，但却无法回收制动的再生能量。
4) 储能电池，又称激活电池，在使用前才注入电解液使其激活，如锌银电池、镁银电池。其正负极活性物质在储存期不直接接触。

（2）按电池的工作介质分类

1）锂离子蓄电池，即利用锂离子作为导电离子，在阳极和阴极之间移动，通过化学能和电能相互转发实现充放电的电池。

2）铅酸蓄电池，即正极活性物质使用二氧化铅，负极活性物质使用铅，并以硫酸溶液为电解液的蓄电池。

3）金属氧化物镍蓄电池，即正极使用镍氧化物，负极使用可吸收释放氢的贮氢合金，以氢氧化钾为电解质的蓄电池。

4）超级电容器，即至少有一个电极主要是通过电极/电解液界面形成的双电层电容或电极表面快速氧化还原反应形成的赝电容实现储能的电化学储能器件。

三、各类动力蓄电池的性能比较

各类车用动力蓄电池的性能比较见表2-1。电动汽车未来的发展，在很大程度上取决于动力蓄电池的各项性能的优劣。

对电动汽车动力蓄电池的主要要求包括：比功率高（在大电流工况下能够平稳放电，以提高加速性能与爬坡性能）、比能量大（以延长续驶里程）、能量转换效率高、循环寿命长、安全可靠、成本低、对使用环境温度要求低、对环境污染小等。

表 2-1 电动汽车各类动力蓄电池性能比较

电池类别	单体蓄电池电压/V	比能量/(W·h/kg)	比功率/(W/kg)	寿命/次	优点	缺点
铅酸蓄电池	2.0	35～40	50	400～1000	技术成熟、原材料丰富、价格低、温度特性好	比能量和比功率较低、寿命短、铅有污染
锂离子电池	3.6	110	300	>1000	比能量大、寿命长	成本高
聚合物锂电池	3.8	150	315	>300	比能量大、电压高、自放电小、超薄	成本高
磷酸铁锂电池	3.2	100	—	2000	寿命长、安全性好	体积大
镍氢蓄电池	1.2	55～70	160～500	600	放电倍率高、免维护	自放电高、单体电压低
钠硫蓄电池	约2.4	109	150	1000	比能量高、转换效率高、寿命长	工作温度高、性能不够稳定、使用不安全
钠氯化镍电池	约2.58	100	150	1000	优点同钠硫蓄电池，但比钠硫蓄电池安全	工作温度较高
锌空气电池	—	180～230	小	短	比能量大	比功率低
铝空气电池	—	350	小	短	比能量大、成本低	比功率低
超级电容	—	小	1000	>10000	比功率大、寿命超长	比能量小
飞轮电池	—	小	大	长	比功率大、寿命长	比能量小
燃料电池	—	—	—	—	寿命长、效率高、污染小、噪声低，可快速补充能源和连续工作	存在制氢、储氢的成本和安全等问题

第二节　动力蓄电池系统的组成与性能指标

一、动力蓄电池系统的组成

动力蓄电池系统主要由动力蓄电池箱、动力蓄电池模组、BMS 以及辅助元器件四部分组成，如图 2-1 所示。

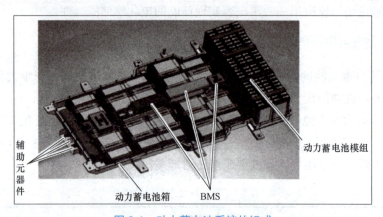

图 2-1　动力蓄电池系统的组成

二、动力蓄电池系统的主要性能指标

动力蓄电池系统的四项主要性能指标如下：

1. 动力蓄电池系统的额定电压（单位：V）

动力蓄电池系统的额定电压 = 电芯额定电压 × 电芯的串联数量

2. 动力蓄电池系统的容量（单位：A·h）

动力蓄电池系统的容量 = 电芯容量 × 电芯的并联数量

3. 动力蓄电池的总能量（单位：W·h）

动力蓄电池的总能量 = 动力蓄电池系统的额定电压 × 动力蓄电池系统的容量

4. 动力蓄电池系统的能量密度

1）质量能量密度 = 动力蓄电池总能量 ÷ 动力蓄电池系统总质量（单位：W·h/kg），也称作比能量或质量比能量。

2）体积能量密度 = 动力蓄电池总能量 ÷ 动力蓄电池系统总体积（单位：W·h/L），也称作体积比能量。

5. 充电效率

充电效率是库仑效率与能量效率的总称。

1）库仑效率（安时效率），指放电时从蓄电池中释放的容量与同循环过程中充电容量的比值。

2）能量效率（瓦时效率），指放电时从蓄电池中释放的能量与同循环过程中充电能量的比值。

6. 循环寿命

在指定的充放电终止条件下，以特定的充放电制度进行充放电，动力蓄电池在不能满足寿命终止标准前所能进行的循环数。

三、两种常用动力蓄电池的性能参数比较

两种常用动力蓄电池SK三元锂电池与普莱德PPST磷酸铁锂蓄电池的参数比较见表2-2。

表2-2 SK三元锂电池与普莱德PPST磷酸铁锂蓄电池的参数比较

项目	SK三元锂电池	普莱德PPST磷酸铁锂电池
额定电压	332V	320V
电芯容量	91.5A·h	80A·h
额定能量	30.4kW·h	25.6kW·h
连接方式	3P91S	1P100S
总质量	291kg	295kg
总体积	240L	240L
工作电压范围	250～382V	250～365V
比能量	104W·h/kg	86W·h/kg
体积比能量	127W·h/L	107W·h/L

第三节　动力蓄电池系统的工作原理

动力蓄电池系统的工作原理包括动力蓄电池内部充电原理、动力蓄电池内部放电原理以及BMS的结构与功能三部分内容。

一、动力蓄电池内部充电原理

动力蓄电池内部充电原理分为如下三种情况。

1. 充电之前加热

（1）充电之前加热原理　在充电初期，由从控盒监测到每个动力蓄电池组的温度，并反馈给主控盒。主控盒根据接收到的从控盒反馈来的实时温度，计算出其最大值和最小值，当监测到电芯温度低于设定值时，主控盒便控制加热继电器闭合，通过加热元件与加热熔断器接通加热电路对电池进行加热。

（2）慢充路线　充电桩→车载充电机→高压插接件→加热继电器→加热元件→加热熔断器→高压插接件→车载充电机→充电桩，形成充电回路，进行加热，如图2-2中箭头所示。

（3）快充路线　非车载充电机→高压插接件→加热继电器→加热元件→加热熔断器，形

成充电回路，进行加热。

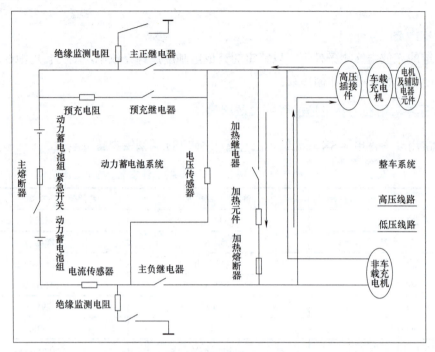

图 2-2 动力蓄电池内部充电原理（充电之前加热）

2. 充电初期预充电

（1）充电初期预充电原理 在充电初期，整车控制器唤醒 BMS，BMS 进行自检与初始化，自检与初始化完成后，上报给整车控制器。整车控制器控制主负继电器闭合，BMS 控制预充继电器闭合，对各个单体电芯进行预充电。当确定各个单体蓄电池无短路后，BMS 将断开预充继电器，预充完成。

（2）慢充路线 充电桩→车载充电机→高压插接件→预充继电器→预充电阻→动力蓄电池组→主熔断器→紧急开关→动力蓄电池组→电流传感器→主负继电器→高压插接件→车载充电机→充电桩，形成充电回路，进行预充，如图 2-3 中箭头所示。

（3）快充路线 非车载充电机→预充继电器→预充电阻→动力蓄电池组→主熔断器→紧急开关→动力蓄电池组→电流传感器→主负继电器→非车载充电机，形成充电回路，进行预充。

3. 充电

（1）充电原理 当预充完成后，BMS 断开预充继电器并闭合主正继电器，对动力蓄电池组正式进行充电。

（2）慢充路线 充电桩→车载充电机→高压插接件→主正继电器→动力蓄电池组→主熔断器→紧急开关→动力蓄电池组→电流传感器→主负继电器→高压插接件→车载充电机→充电桩，形成充电回路，进行慢充，如图 2-4 中箭头所示。

（3）快充路线 非车载充电机→主正继电器→动力蓄电池组→主熔断器→紧急开关→动力蓄电池组→电流传感器→主负继电器→非车载充电机，形成充电回路，进行快充。

第二章　电动汽车动力蓄电池系统

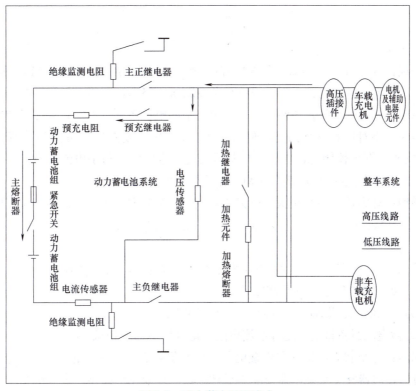

图 2-3　动力蓄电池预充电

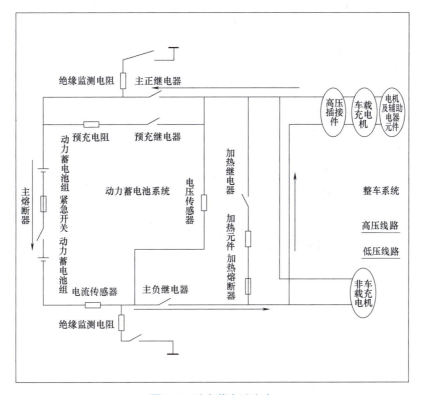

图 2-4　动力蓄电池充电

二、动力蓄电池内部放电原理及绝缘监测

1. 动力蓄电池内部放电原理

放电初期需要对各个控制器内部的电容进行预充。整车控制器唤醒 BMS，BMS 进行自检与初始化，自检与初始化完成后上报给整车控制器。整车控制器发出高压供电指令，BMS 开始按顺序控制继电器的闭合与断开。由于电路中的电机控制器和空调压缩机控制器等部件均含有电容（若不对电容进行预充，则电容可能在高压下被击穿），故在放电模式初期，需要 BMS 控制预充继电器闭合，对各个控制器的电容进行低压与小电流预充，而当电容两端的电压接近动力蓄电池的总电压时，BMS 断开预充继电器。

预充路线：动力蓄电池组正极端→紧急开关→主熔断器→电池组正极→预充电阻→预充继电器→高压插接件→车载充电机→电机及辅助读取元件。

2. 动力蓄电池的绝缘监测

动力蓄电池 BMS 具有高压回路的监测功能，即监测动力蓄电池组与箱体及车体等之间的绝缘情况，如图 2-5 所示。其监测路径是：

1）动力蓄电池组正极端→绝缘监测电阻→绝缘继电器→搭铁。
2）动力蓄电池组负极端→绝缘监测电阻→绝缘继电器→搭铁。

放电路线：非车载充电机→主正继电器→动力蓄电池组→主熔断器→紧急开关→动力蓄电池组→电流传感器→主负继电器→非车载充电机，形成充电回路，进行快充。

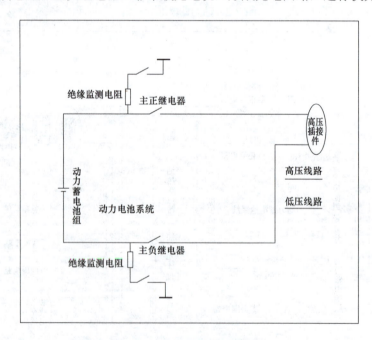

图 2-5　绝缘监测回路

三、动力蓄电池系统的基本结构

动力蓄电池模组放置在一个密封且屏蔽的动力蓄电池箱内，动力蓄电池系统使用可靠的

高压插接件与高压控制盒相连。

动力蓄电池输出的直流电通过电机控制器转变为三相交流高压电,驱动电机工作。

四、BMS 的功能与拓扑结构

1.BMS 的功能

动力蓄电池系统的关键部件是电池管理系统(BMS)。BMS 的功能是实时采集各个电芯的电压、各温度传感器的温度值、动力蓄电池系统的总电压与总电流值等数据,实时监控动力蓄电池的工作状态;并通过低压插接件与 CAN 总线相连,从而与整车控制器或车载充电机进行通信,并对动力蓄电池系统进行充放电等综合管理。

2. BMS 的拓扑结构

图 2-6 所示是一种典型的 BMS 拓扑结构,BMS 由主控模块和从控模块组成。通过内部 CAN 总线实现各模块间及与外部设备间通信。

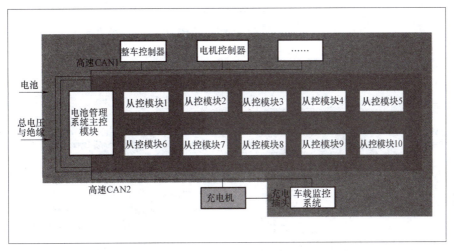

图 2-6　一种典型的 BMS 拓扑图

基于各个模块的功能,BMS 能够实时检测动力蓄电池的电压、电流和温度等参数。

BMS 还能计算动力蓄电池剩余电量、充放电功率及蓄电池容量、健康度、性能状态(state of health,SOH)从而实现对动力蓄电池包的热管理、均衡管理及安全保护(过电流保护、过充过放保护、过热保护及绝缘监测)等功能。

第四节　锂离子蓄电池

一、锂离子蓄电池概述

1. 锂离子蓄电池的特点与分类

锂离子蓄电池的特点与分类详见图 2-7 及其注解。

1）锂离子蓄电池的特点：它是采用一种液态有机电解质的充电电池，具有能量密度高和大功率放电能力强等优势，故迅速发展成目前电动汽车动力蓄电池的首选。

2）锂离子蓄电池的分类：①按照正极材料分类，有镍、钴、锰三元锂电池，钴酸锂、锰酸锂、磷酸铁锂等；②按照外形分类，有圆柱形和方形。

3）北汽EV200使用镍、钴、锰三元锂电池；EV150和EV160使用磷酸铁锂蓄电池。特斯拉使用18650型钴酸锂蓄电池。

图2-7　特斯拉和北汽新能源电动汽车的动力蓄电池类型

2. 锂离子蓄电池的工作原理

锂离子蓄电池的工作原理详见图2-8及其注解。

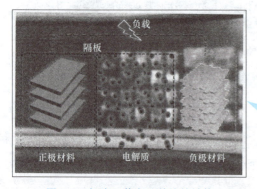

1）锂离子蓄电池的工作原理：它是通过锂离子在正负极之间的运动，而实现化学能与电能之间的直接转换。

2）锂离子蓄电池的结构：由正极材料、负极材料、电解质以及外壳等组成。

3）锂离子蓄电池的正负极材料：正极由含有锂离子的金属氧化物组成；负极则是由石墨构成的晶格，其中有很多微孔。

图2-8　锂离子蓄电池单体的结构

3. 锂离子蓄电池的充放电过程

锂离子蓄电池的充放电过程详见图2-9及其注解。

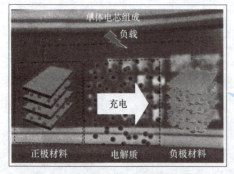

充电过程：当充电时，在电池正极上有锂离子产生，它穿过电解液运动到负极，并嵌入到负极碳晶格的微孔中，而嵌入的锂离子越多，就表明电池的充电容量越高。

锂离子蓄电池的放电过程与充电过程中锂离子的运动方向相反。

图2-9　锂离子蓄电池的充电过程

第二章 电动汽车动力蓄电池系统

4. 锂离子蓄电池不能过充与过放的原因

1）锂离子蓄电池不能过放电的原因：放电时，不能使锂离子全部移向正极，必须保留一部分锂离子留在负极，以确保下一次充电时锂离子能够畅通地嵌入通道。否则，电池的寿命会很短。

2）锂离子蓄电池不能过充的原因：应限制其最高充电电压，否则会由于正极材料中的锂离子拿走过多而造成晶格坍塌导致电池寿命终结。

必须严格控制充放电的百分比，既不能过充，也不能过放。

二、磷酸铁锂蓄电池

磷酸铁锂动力蓄电池的组成部件包括动力蓄电池箱、动力蓄电池模组和辅助元器件三部分。

1. 动力蓄电池箱

动力蓄电池箱外形及结构如图 2-10、图 2-11 所示。

图 2-10　动力蓄电池箱的外形　　　　图 2-11　快换动力蓄电池箱体的结构

2. 蓄电池模块

蓄电池模块的构成详见图 2-12 及其注解。

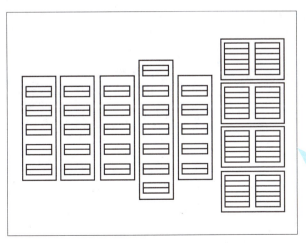

图 2-12　蓄电池模块的内部布置

1）单体蓄电池：是构成蓄电池模块的最小单元，也称作电芯。其额定电压一般为 3.2V。

2）蓄电池电芯组：是指一组并联的单体蓄电池。

3）蓄电池模块：将一个以上单体蓄电池按照串联、并联或串并联方式组合，并作为电源使用的组合体。也称作蓄电池组。

4）例如特斯拉 Roadster 电动汽车的电池组是由 6831 节 18650 型锂离子电芯组成。其中每 69 节并联为一组，再将 9 组串联为一层，最后串联堆叠 11 层构成。

5）图 2-15 所示为北汽 EV150 电动汽车采用的普莱德电池，它由 100 个单体蓄电池串联而成。

3. 辅助元器件

辅助元器件主要包括主继电器、预充继电器与预充电阻、加热继电器与加热熔断器、电流传感器、熔丝、高低压插接件、高低压线束等。

（1）主继电器　主继电器的功能详见图 2-13 及其注解。

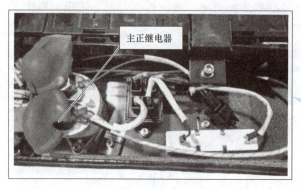

图 2-13　主正继电器

> 1）主继电器主要包含主正继电器和主负继电器。主正继电器如图 2-13 所示。
> 2）在普莱德电池中，主继电器由 BMS 控制，主负继电器则由整车控制器控制，其作用是控制回路的通断。

（2）预充继电器预充电阻与预充电回路

预充继电器预充电阻与预充电回路详见图 2-14 和图 2-15 及其注解。

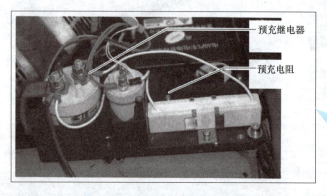

图 2-14　预充继电器和预充电阻

> 1）预充继电器与预充电阻如图 2-14 所示，它们的闭合与断开由 BMS 控制。
> 2）在电池充放电初期，必须闭合预充继电器对各个单体电芯进行预充电，并确定它有无短路。同时在放电初期需要以低压和小电流对各个控制器的电容充电，而当电容两端电压接近电池总电压时，即预充电完成后才能断开预充电继电器，闭合总正继电器。

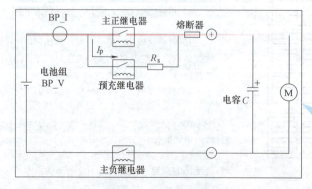

图 2-15　预充电回路

> 为什么要进行预充电：因为在电路中的各个控制器以及空调压缩机的控制器都包含有电容，如果不进行预充电，则主正、主负继电器会直接与电容器闭合，而此时的电池组为 300V 以上的高压，而电容器 C 两端的电压却为 0，即相当于电容器发生了瞬时短路，使得主正、主负继电器很容易被烧坏。

第二章 电动汽车动力蓄电池系统

（3）加热继电器与加热熔丝

加热继电器与加热熔丝如图 2-16 所示。

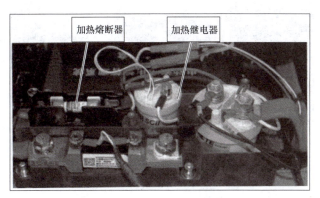

图 2-16 加热继电器和加热熔断器

动力蓄电池的电芯必须在一定的温度范围才可以充电（通常是在 0～55℃范围）。当温度范围低于 0℃或高于 55℃时，BMS 会自动切断充电回路，故此时将无法充电。在充电过程中，电芯的温度低于 0℃时，BMS 将会控制加热继电器闭合，通过加热熔断器接通加热膜回路，启动加热模式：即闭合加热片，进行加热内循环，而当所有的电芯温度高于 5℃时停止加热，启动充电程序。

（4）磷酸铁锂蓄电池在不同电芯温度下的充电性能

磷酸铁锂蓄电池在不同电芯温度下的充电性能详见表 2-3。

表 2-3 磷酸铁锂蓄电池在不同电芯温度下的充电性能

电芯温度 /℃	标准充电	快速充电	猛烈充电
＜ 0	不允许充电	不允许充电	不允许充电
0～5	充电电流 0.1C	不允许充电	不允许充电
5～10	充电电流 0.1C	充电电流 0.2C	不允许充电
10～25	充电电流 0.2C	充电电流 0.3C	不允许充电
25～45	充电电流 0.5C	充电电流 0.75C	允许电压低于 3.65V 时 1.0C 充电
45～50	0.1C 充电		
＞ 50	不允许充电		

1）磷酸铁锂蓄电池的温度特性：磷酸铁锂蓄电池的额定电压为 3.2～3.3V，具有很高的安全性能及良好的循环寿命，其高温性能较好。

2）磷酸铁锂蓄电池的低温充放电性能较差：低温充电对磷酸铁锂蓄电池的寿命有很大的影响，低温时其放电容量与功率均有所下降，导致电动汽车的低温动力性与续驶里程下降。

3）改善磷酸铁锂蓄电池低温性能的措施：额外增加加热继电器、加热电阻和加热片。

（5）电流传感器与分流器的原理

电流传感器与分流器的原理详见图 2-17 与图 2-18 及其注解。

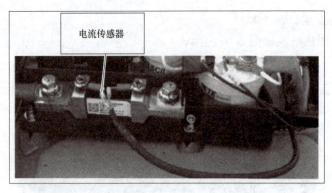

图 2-17　电流传感器

图 2-18　分流器

1）分流器的原理：分流器其实就是一个阻值很小的电阻，用来测量直流电流的大小，如图 2-18 所示。

2）无感分流器是指分流器的电感非常小，在特定频率范围内可以忽略。它广泛用于扩大仪表测量电流的范围。

（6）熔断器

熔断器的规格与功能详见图 2-19 及其注解。

1）此熔断器的功能：防止制动能量回收过程中过电压、过电流或放电过程中的过电流现象。

2）规格：图 2-19 所示为串联在电池组中的熔断器，其规格是 250A、500V。

图 2-19　串联在电池组中的熔断器

（7）高低压插接件

高低压插接件的功能与其端子的定义详见图 2-20 及其注解。

		H1P	H1P	T17		
器件名称	插接件名称	端子号	功能定义	线束走向	对应插接件
动力电池	H1P	A	电机控制器输入"-"	高压控制盒	HT2/A
	H1P	B	电机控制器输入"+"		HT2/B
	T17	A	12V正极供电BAT	低压熔丝盒	
		B	12V负极搭铁GND	搭铁点100	
		C			
		D	12V正极供电BAT	低压熔丝盒	
		E	12V负极搭铁GND	低压熔丝盒	
		F	快充口连接确认	快充接口	CC2
		G	12V正极供电IG	低压熔丝盒	
		H	12V正极供电	快充接口	A+
		J	—		
		K	CAN H	CAN 1	电机控制器
		L	CAN屏蔽线		
		M	CAN H	CAN 2	快充口
		N	CAN L	CAN 2	
		P	CAN屏蔽线		
		T	CAN L	CAN 1	电机控制器
		R	CAN H	CAN 3	
		S	CAN L	CAN 3	

插接件功能：动力蓄电池系统通过使用可靠的高压插接件"总正""总负"与高压控制盒相连。而低压插接件则连接总线与整车控制器或车载充电机之间的通信。

图 2-20 动力蓄电池高低压插接件端子的定义

（8）高低压线束

高低压线束如图 2-21 所示。

图 2-21 高低压线束

1）图 2-21 所示浅色（实际为橙色）波纹管为高压动力线束。
2）图 2-21 所示黑色波纹管为低压动力线束。

三、三元锂电池

1. 动力蓄电池组

以北汽 EV200 型电动汽车所用 SK 动力蓄电池组为例,其构成代号为 3P91S,即 3 个电芯并联成为一个独立的电池电芯组,然后再将 91 个独立的电池电芯组相串联。代号中 P 表示并联,S 表示串联。三元锂电池的单体电芯的额定电压为 3.7V 左右。

2. 辅助元器件

动力蓄电池系统中的辅助元器件包括继电器集成器,电流传感器,维修开关、熔断器、高压互锁信号,高低压插接件以及高低压线束等。

(1) 继电器集成器　SK 动力蓄电池的继电器集成器详见图 2-22 及其注解。

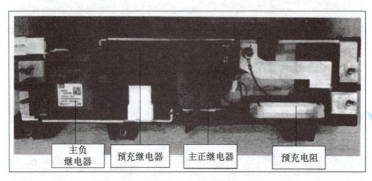

图 2-22　SK 动力蓄电池的继电器集成器

SK 动力蓄电池继电器集成器的特点
1) SK 动力蓄电池的继电器集成器将主正继电器、主负继电器、预充继电器和预充电阻进行了集成。
2) 由于三元锂电池的低温性能比磷酸铁锂蓄电池更好、能量密度更大,故无须加热,因而减少了加热片、加热继电器和加热熔断器。

(2) 电流传感器　SK 动力蓄电池的电流传感器的功能与类型详见图 2-23 及其注解。

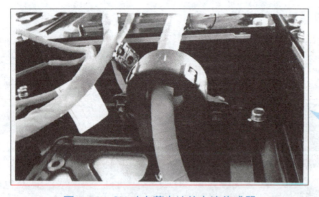

图 2-23　SK 动力蓄电池的电流传感器

SK 动力蓄电池电流传感器的功能与类型
1) 功能:SK 动力蓄电池电流传感器的功能与普莱德电池相同。
2) 类型:SK 动力蓄电池采用了霍尔式电流传感器,它通过测量霍尔电动势大小来间接测量截流导体电流大小,因而实现了电—磁—电的隔离转换。

(3) 维修开关、熔断器和高低压互锁信号
① 维修开关的使用操作方法详见图 2-24 注解。
② 熔断器的规格和功能详见图 2-25 注解。
③ 高低压互锁信号

高低压互锁信号是指当低压断电时,通过低压信号的控制能够同时将高压回路切断。维修开关内置两套高低压互锁信号的目的是保护高压系统的安全。

第二章　电动汽车动力蓄电池系统

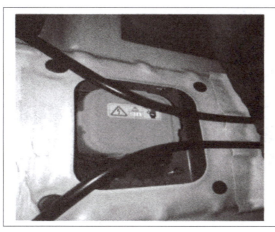

维修开关使用操作方法
1）拔下点火钥匙，且必须将钥匙移开智能充电钥匙系统的探测范围。
2）断开低压蓄电池的负极端子。
3）确认绝缘手套不漏气后，戴上绝缘手套。
4）断开紧急维修开关（北汽 EV200 电动汽车的维修开关可在后排座椅脚下找到）。
5）将维修开关保存于自己的口袋内。
6）等待至少 10min 以上时间，以便高压部件总成内部电容放电完毕。
7）开始维修操作。

图 2-24　维修开关

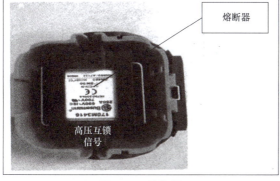

1）规格：图 2-25 所示为安装于维修开关内部的 250A 熔断器。
2）功能：在电动汽车高压系统出现短路的危险情况下，维修开关内置的熔断器将熔断，从而起到保护高压系统安全的作用。

图 2-25　熔断器

（4）高低压插接件

高低压插接件端子的定义如图 2-26 所示。

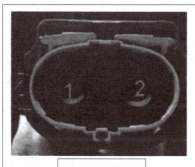 

电池低压线束线端21芯插件T21
A-未使用
B-BMS供电正极
C-唤醒
D-未使用
E-未使用
F-负极继电器控制
G-BMS供电负极
H-继电器供电正极
J-继电器供电负极
K-未使用
L-高低压互锁信号
M-未使用
N-新能源CAN屏蔽
P-新能源CANH
R-新能源CANL
S-动力蓄电池内部CANH
T-动力蓄电池内部CANL
U-快充CANH
V-快充CANL
W-动力蓄电池CAN屏蔽
X-未使用

接动力电池端
1号端子：电源负极
2号端子：电源正极
中间互锁端子

a) 高压插接件　　　　　　　　　　　　　b) 低压插接件

图 2-26　高低压插接件端子的定义

47

（5）高低压线束

高低压线束如图2-27所示。

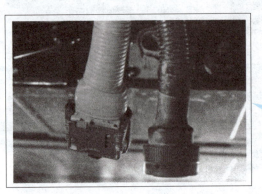

SK动力蓄电池的高压线束为橙色（图中为浅色），低压线束为黑色。

图 2-27　高低压线束

第五节　动力蓄电池管理系统实例

一、普莱德动力蓄电池管理系统

1. BMS 的功能

BMS 的功能详见图 2-28 及其注解。

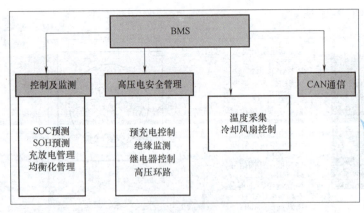

图 2-28　BMS 的功能

BMS 的功能
1）检测电压与电流：通过电压、电流传感器采集动力蓄电池组串联模块电压、总电压与总电流。控制动力蓄电池组充放电，监测其状态，防止电池出现过充电、过放电，延长电池使用寿命。
2）检测动力蓄电池系统基本性能参数：向整车控制器报告电池系统的基本参数、剩余电量以及故障信息。
3）检测高压回路绝缘：检测电池组与箱体、车体等之间的绝缘情况。
4）温度检测：通过温度检测实现对动力蓄电池的温度保护，以及控制动力蓄电池的加热功能。

2. BMS 的组成

1）按功能分类，BMS 有数据采集单元和控制单元。

2）按性质分类，BMS 有硬件和软件系统。

BMS 软件包括监测电池的电压、电流、SOC 值、绝缘电阻值、温度值的软件；通过与整车控制器和充电机的通信来控制动力蓄电池系统充放电的软件等。

BMS 硬件包括高压盒、从动盒、主控盒以及采集电压、电流与温度等数据的电子器件等。

3. BMS 的部件

BMS 的部件主要有高压盒、从控盒、主控盒等。

（1）高压盒　高压盒的功能详见图 2-29 及其注解。

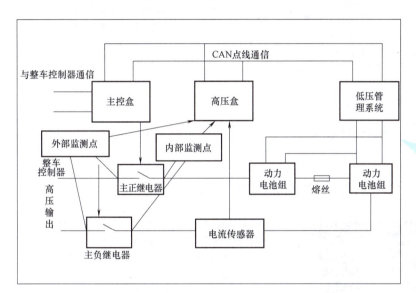

图 2-29　高压盒的功能示意图

高压盒的功能

高压盒用以监控电池总电压，包括主继电器内外四个监测点。

（2）从控盒　从控盒的功能详见图 2-30 及其注解。

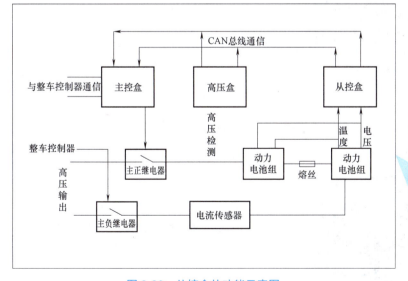

图 2-30　从控盒的功能示意图

从控盒的功能

主要用于监控动力蓄电池的单体电压和动力蓄电池组的温度，故又称电压温度采集单元。其功能如下：

1）监控每个单体蓄电池的电压。

2）监控每个动力蓄电池组的温度。

3）电量值（整车剩余电量 SOC）监测。

（3）主控盒　主控盒的功能详见图 2-31 及其注解。

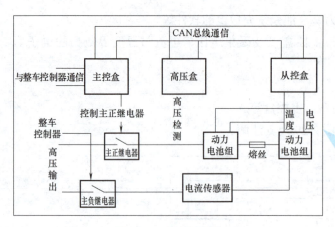

图 2-31 主控盒功能

主控盒的功能

主控盒是连接外部通信和内部通信的部件，其功能如下：
1）接收从控盒反馈的实时温度和单体电压（并计算其最大值和最小值）。
2）接收高压盒反馈的总电压和电路情况。
3）控制与整车控制器的通信。
4）控制主正继电器。
5）控制电池加热。
6）控制充放电电流。

二、SK 三元锂动力蓄电池管理系统

1. BMS 的组成与功能

SK 三元锂动力蓄电池 BMS 的外观、组成与功能详见图 2-32 及其注解。

图 2-32 SK 三元锂动力蓄电池的 BMS 外观

1）BMS 的组成：与普莱德电池相比，SK 动力蓄电池的 BMS 采用了高压盒、从控盒和主控盒集成的方式。图 2-40 所示为 SK 三元锂动力蓄电池 BMS 的外观。
2）BMS 的功能：
① 与外部通信，包括整车控制器、充电机、快充桩等。
② 控制负极继电器。
③ 检测内外部总电压。
④ 检测充放电电流。
⑤ 监测电芯电压与电芯温度。
⑥ 保护动力蓄电池安全与延长其寿命。
⑦ 控制预充继电器。

2. BMS 的主要部件

（1）电压采集板　电压采集板的外观和功能详见图 2-33 及其注解。

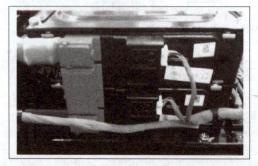

电压采集板压装在电池组上，用来采集电芯的电压。

图 2-33 SK 三元锂动力蓄电池电压采集板的外观

第二章　电动汽车动力蓄电池系统

（2）温度采集板　温度采集板的外观和功能详见图 2-34 及其注解。

> 温度采集板压装在电池组上，用来采集电芯的温度。

图 2-34　SK 三元锂动力蓄电池温度采集板的外观

第六节　动力蓄电池典型实例——特斯拉动力蓄电池

一、特斯拉动力蓄电池系统的参数

特斯拉 Roadster 纯电动跑车动力蓄电池系统的外观如图 2-35 所示，其参数见表 2-4。

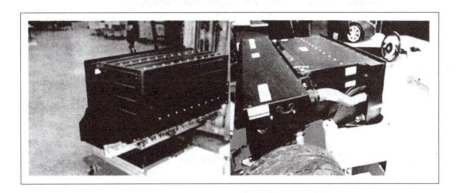

图 2-35　特斯拉 Roadster 纯电动跑车动力蓄电池系统的外观

表 2-4　特斯拉 Roadster 动力蓄电池系统的参数

电芯类型	18650（电芯 3.7V，2.17A·h）
电芯数量	6831 节
串并形式	11S 9S 69P
可用能量	53kW·h
容量	150A·h
质量	450kg

（续）

电芯类型	18650（电芯 3.7V，2.17A·h）
比能量	120W·h/kg
持续输出功率	53kW
额定电压	366V（297min，411V_{max}）
充电时间	3～5h

二、特斯拉动力蓄电池系统的结构组成

1. 电池组

电池组的结构层次详见图2-36及其注解。

1）特斯拉使用的是18650型电芯（18表示直径为18mm，65表示长度为65mm，0表示外形为圆柱形电池）。整个电池系统由6831个电芯组成。

2）动力蓄电池系统的结构层次分为四层，即电芯、电芯组、电池组、电池系统，由69节电芯并联成一个电芯组；再由9个电芯组串联成电池组；最后，由11个电池组再串联成电池系统（69×9×11=6831；3.7V×9×11=366.3V）。

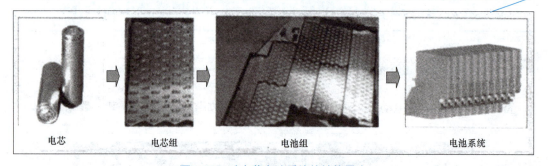

图2-36 动力蓄电池系统的结构层次

2. 电芯熔丝

每个电芯的正负极均设有熔丝，当个别电芯发生短路时，可切断该电芯与系统之间的电路。

3. 电池箱体

电池箱体采用铝材，既轻，结构强度又高。为防止电池箱体内部气压过高，在箱体后部设有通气孔，如图2-37所示。

图2-37 电池箱体后部的通气孔

4. 电芯正负极限位

电芯正负极限位详见图 2-38 及其注解。

> 电池组的上模架通过图 2-46 所示的绝缘垫片和圆形48帽对电芯的电极端面进行限位。

图 2-38　用于电芯限位的绝缘垫片和圆形帽

5. 电压采集点

电压采集点通过铆接方式与极板相连，如图 2-39 所示。

图 2-39　采集板及其采样点的连接方式

6. 电池组的连接及熔丝装置

熔丝装置的结构详见图 2-40 及其注解。

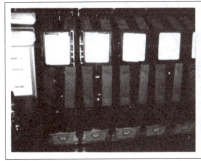

> 电池组之间用金属贬值的铜排串联，外部通过橙色的塑料外壳进行绝缘保护。
> 部分电池组设有熔丝装置，一旦电池组电流超过限值，熔丝会立刻熔断，从而保证系统安全。

图 2-40　电池组的连接

7. 电池监控板和电池系统监控板

电池监控板和电池系统监控板详见图 2-41、图 2-42 及其注解。

> 每个电池组均设有电池监控板，用以监控每个电芯组的电压和温度以及整个电池组的输出电压。
> 电池系统内设有系统监控板，如图 2-50 所示。它通过相应的传感器监控整个电池系统的工作环境，包括电流、电压、温度、湿度、烟雾和惯性加速度（即监控碰撞是否发生）。
> 电池系统监控板还有通过标准 CAN 总线与整车监控板通信的功能。

图 2-41 电池的监控板

图 2-42 电池系统监控板

8. 电池系统内部的冷却装置

电池系统内部冷却管路的结构详见图 2-43、图 2-44 及其注解。

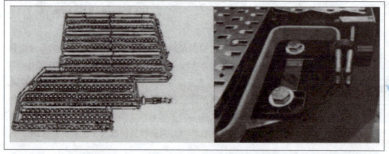

> 每只电芯附近均布置有冷却管路。冷却管路与电芯之间用绝缘导热的胶质材料填充，该胶质固化后非常坚硬。

图 2-43 电芯冷却管路的布置

> 电芯外部冷却管路布置如图 2-44 所示，冷却液采用比例为 1:1 的乙二醇与水的混合物。

图 3-44 电芯外部冷却管路的布置

第三章
电动汽车驱动电机、电机控制器和高压系统

第一节 驱动电机

一、电动汽车对驱动电机性能的要求

（1）体积小、重量轻　重量尽可能轻，同时控制装置的各元器件布置应尽可能集中，以节省空间。

（2）效率高　即电机在整个运行范围内效率高。一次充电的续驶里程长，特别是当路况复杂以及行驶方式频繁改变时，处于低负荷运行时也应具有较高的效率。

（3）具有低速大转矩特性和较宽范围内的恒功率特性　在无变速器情况下，仅凭电机本身也能满足所需转矩特性，以获得起动、加速、减速、制动等所需的功率及转矩。电机具有自动调速功能，能减轻驾驶人操纵强度并提高舒适度，且能达到与内燃机汽车加速踏板同样的控制响应。

（4）高可靠性　即在任何情况下均能确保高安全性。

（5）高电压　即在允许的范围内应尽可能采用较高电压，以减小电机尺寸和导线等装备的尺寸，特别是能够降低变换器的成本。

（6）电气系统高安全性　由于各种动力蓄电池和电机的工作电压均可到达300V以上，故要求电气系统与控制系统的安全性都必须符合相关标准的规定。此外，还要求电机耐高温与耐潮湿性强、噪声低、能够在比较恶劣的环境下长时间工作、结构简单，适合于大批量生产且维修方便。

二、驱动电机的基本类型与技术性能参数

驱动电机类型与八项性能参数见图3-1及其注解。

三、驱动电机的功能

1. 驱动电机的主要功能

驱动电机是电动汽车取代内燃机汽车的关键能量转换装置。它在电机控制器与整车控制器的控制下，将电能转化为机械能，驱动电动汽车的传动装置与车轮行驶。

2. 驱动电机的辅助功能

驱动电机同时还具有能量回收功能。当电动汽车滑行或制动时，电动汽车的车轮反拖电

机转动而发电,将电能回收到电池中储存,并以此延长电动汽车续驶里程。

电机八项主要技术性能参数

1)额定电压 U_e(V):是指电机在额定情况运行时,电机定子绕组应输入的线电压值。通常小型直流电机为 36~48V,单相交流电机为 220V,三相交流电机为 380V,特种电机可达 500V。

2)额定电流 I_e(A):是指电机在额定电压下,其轴上输出的机械功率为额定功率时,电机定子绕组通过的线电流值。

3)频率 f(Hz):三相交流电的频率。我国为 50Hz,国外多采用 60Hz。

4)额定转速 n(r/min):是指电机在指定的频率和额定电压下,其输出轴上输出的机械功率是额定功率时电机的转速。通常电机的转速有:低速电机,3000~6000r/min;中速电机,6000~10000r/min;高速电机,10000~15000r/min。

5)额定功率 P_e(kW):是指电机在额定工况运行时,其轴上输出的机械功率。

6)峰值功率 P_{max}(kW):是指电机在额定转速运行时,其轴上输出的最大机械功率。一般为 2~3 倍额定功率。

7)效率 η_e:电机输出功率与输入功率之比(%)。要求电机机械效率大于 85% 的高效区占其整个运行区间的 50% 以上。

8)温升(K):电机运行时所允许升高的最高温度。

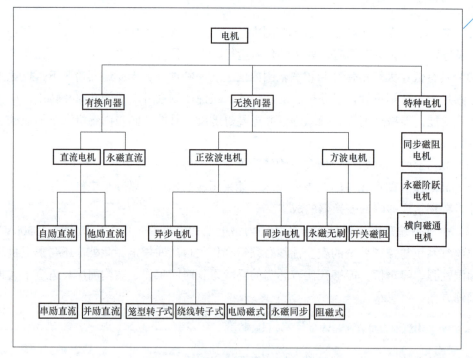

图 3-1 电动汽车用电机的基本类型

四、各类车用驱动电机的结构特点与基本性能比较

1. 各类车用电机的结构特点

车用电机主要包括以下五种类型,各类车用电机的结构特点分述如下。

(1)无刷直流电机 详见图 3-2 及其注解。

(2)异步电机 异步电机详见图 3-3~图 3-5 及其注解。

第三章 电动汽车驱动电机、电机控制器和高压系统

无刷直流电机结构特点
1）直流电机分有刷与无刷。有刷电机因维护不便而被无刷电机取代，成为入门级电动汽车最普遍的一种类型。图示为江淮某电动汽车使用的直流电机。
2）由于受到直流电机转速范围的制约，车辆行驶的最高速度较低，故此种电机主要用于微型与小型电动汽车领域。

图 3-2 江淮某电动汽车使用的直流电机

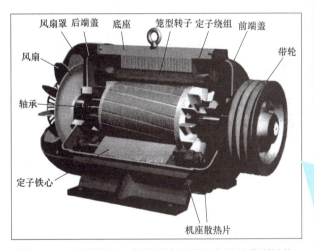

三相笼型交流异步电机工作原理与结构性能特点
1）工作原理：给三相笼型交流异步电机的定子绕组通入三相交流电后，将产生一个旋转磁场，它切割转子绕组，使其产生感应电流。而载流的转子导体在定子旋转磁场作用下将产生电磁力与电磁转矩，并驱动电机转子与定子旋转磁场同向旋转。
2）结构特点：一般为四个磁极，铁心用具有良好导磁性能的硅钢板制造，水冷全封闭式结构。
3）性能特点：①小型轻量化；②高转速（可超过 10000r/min）且具有变频调速与正反转能力；③在高速低转矩时的运转效率高；④在低速时有高转矩，且其速度范围宽广；⑤结构简单可靠；⑥制造工艺性好，成本低。
故异步电机广泛用于大型高速电动汽车中。

图 3-3 一般用途的三相笼型交流异步电机的典型结构

图 3-4 电动汽车用异步电机的外形示例与性能特点

图 3-5　特斯拉推出的异步电机所构成的后驱动桥结构

（3）永磁同步电机　详见图 3-6～图 3-8 及其注解。

转速范围:4000～10000 r/min
功率密度:高
电机重量:轻,体积:小
可靠性:优良
结构紧固性:好
控制器成本:高

永磁同步电机的结构性能特点
1）结构特点：①用永磁材料替代转子励磁绕组，为克服磁通量不变的缺点，又在其转子中嵌入笼型电磁绕组，形成永磁复合式电机；②永磁同步电机定子嵌有绕组，转子用径向永久磁铁作磁极且在定子旋转磁场作用下随其同步旋转。
2）性能特点：具有体积小、重量轻、效率高、免维护、调速范围广、功率密度高、转子转动惯量小、电枢电感小、无刷等优点，故在电动汽车上得到广泛应用。

图 3-6　永磁同步电机外形示例与性能特点

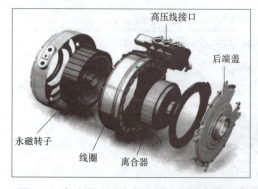

图 3-7　奥迪混动系统永磁同步电机结构分解

图 3-8　同步电机定子绕组（端部）

（4）开关磁阻电机　其结构原理与性能特点详见图 3-9～图 3-11 及其注解。

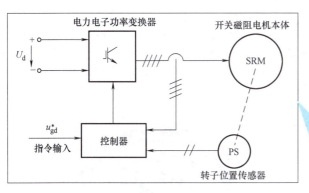

图 3-9 开关磁阻电机构成

开关磁阻电机驱动系统组成和优点

1）开关磁阻电机（switched reluctance electrical machine，SRM）是一种典型机电一体化的新型电机，又称开关磁阻电机驱动系统（switched reluctance driver，SRD）。它由开关磁阻电机本体、转子位置传感器、电力电子功率变换器以及控制器四部分组成。

2）优点：结构简单、转子无绕组、转动惯量小、动态响应快、控制灵活、调速范围宽广（最高转速可达 15000r/min）；效率高，其运行效率与可靠性均优于感应电机和同步电机；可在高温、强振、化学污染恶劣环境下运行；制造维修方便。

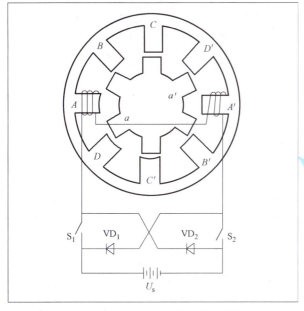

图 3-10 四相 8/6 极开关磁阻电机结构原理

开关磁阻电机结构原理

1）由图 3-11 可知，当 A 相绕组电流控制开关 K_1、K_2 闭合时，A 相通电励磁，其磁场力趋使转子旋转至 $a—a'$ 轴线与定子轴线 $A—A'$ 相重合的位置，从而产生磁阻性质的电磁转矩。

2）如果按照 A、B、C、D 的顺时针方向通电，则转子将按照逆时针方向转动起来。

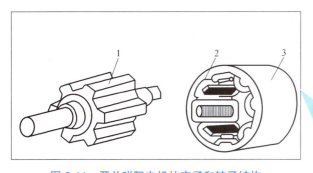

图 3-11 开关磁阻电机的定子和转子结构
1—转子凸极 2—定子凸极及绕组 3—定子

开关磁阻电机的结构特点

1）如图 3-12 所示，开关磁阻电机采用定子和转子双凸极结构，均由硅钢片叠压而成，单边励磁，即只有定子凸极采用集中绕组励磁；而转子凸极上既无永磁体又无绕组。定子绕组径向相对的一对凸极绕组串联构成一相。

2）开关磁阻电机定子与转子的相数不同，常见的有三相 6/4 极结构、四相 8/6 极结构、三相 12/8 极三种结构。图 3-12 所示为四相 8/6 极结构。

(5) 轮毂电机　详见图3-12、图3-13及其注解。

> **轮毂电机结构特点**
>
> 1) 轮毂驱动系统可分为双前轮驱动、双后轮驱动与四轮驱动三种驱动方式。且可对每台电机的转速进行单独调节控制,故可实现电子差速。不仅完全省去了机械差速器,而且可以改善转弯时的操纵性。
>
> 2) 轮毂驱动系统有两种结构:内定子外转子结构、内转子外定子结构。前者要求采用低转速大转矩电机;后者通过行星轮减速机构可提供较大减速传动比来放大转矩。

图3-12　轮毂电机的结构

图3-13　米其林电动汽车轮毂电机

2. 车用电机的基本性能比较

电动汽车用电机的基本性能比较详见表3-1。

表3-1　电动汽车用电机的基本性能比较

电机类型 性能参数	直流电机	交流异步电机	永磁电机	开关磁阻电机
功率密度	低	中	高	较高
过载能力(%)	200	300～500	300	300～500
峰值效率(%)	85～89	94～95	95～97	90
负荷效率(%)	80～87	90～92	85～97	78～86
功率因数(%)	—	82～85	90～93	60～65
恒功率区	—	1:5	1:2.25	1:3

五、驱动电机系统的工作条件与工作模式

1. 驱动电机系统正常工作需要满足的八项条件

驱动电机系统由驱动电机、电机控制器与冷却系统等组成。它通过高低压线束和冷却管路与整车其他系统连接。驱动电机系统正常工作需要满足的条件详见图3-14及其注解。

2. 驱动电机系统的工作模式

整车控制器根据加速踏板、制动踏板、档位开关等信号通过局域网络(controller area network,CAN)向电机控制器发送指令,实时调节驱动电机的转矩输出,以实现整车的怠

速、加速、停车以及能量回收等功能。

> 驱动电机系统正常工作需满足的八项条件
> 1）高压电源输入正常：其绝缘性能要求为绝缘电阻＞20MΩ。
> 2）低压电源（12V）供电正常：要求其电源电压范围为9～12V。
> 3）驱动电机系统与整车控制器通信正常。
> 4）驱动电机系统内部的电容放电正常。
> 5）测量电机转速的旋变传感器信号正常。
> 6）三相交流输出电路正常。
> 7）电机与电机控制器的温度正常。
> 8）开盖保持开关的信号正常。

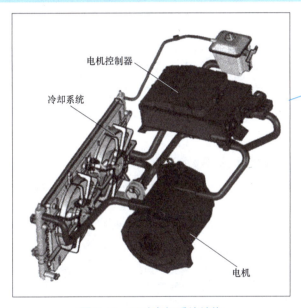

图 3-14 驱动电机系统结构

电机控制器同时能够对自身温度、电机的运行温度以及转子位置等进行实时监测，且将相关信息送给整车控制器，从而调节水泵与冷却电子风扇工作，使电机保持在理想状态下工作。

驱动电机系统的工作模式包括 D 位加速行车、R 位加速行车与制动时的能量回收与 E 位行驶等，分述如下。

（1）D 位加速行车　当驾驶人挂 D 位并踩加速踏板时，档位信息与加速信息通过信号线路送给整车控制器，整车控制器又将驾驶人操作意图通过 CAN 总线传递给电机控制器。电机控制器结合旋变传感器的转子位置信息，向永磁同步电机的定子通入三相交流电。三相交流电的电流在定子绕组的电阻上产生电压降并建立旋转的电枢磁场以其磁场力矩拖动转子以同步转速正向旋转。随着加速踏板行程不断加大，电机控制器控制绝缘栅双极型晶体管（insulated gate bipolar transistor，IGBT）导通频率上升，因而电机的转矩随着电流的增加而增加。随着电机转速的增加，电机的功率也增加，同时电压也增加。因而整车随着加速踏板行程不断加大而不断地加速前进。

（2）R 位加速行车　当驾驶人挂 R 位时，R 位请求信号送给整车控制器，整车控制器又将驾驶人 R 位操作意图通过 CAN 总线传递给电机控制器。此时电机控制器结合旋变传感器当前的转子位置信息，通过改变 IGBT 模块的通电顺序，控制电机反转，从而实现倒车。

（3）制动时的能量回收与 E 位行驶　当驾驶人松开加速踏板时，电机在惯性作用下继续旋转，但随着电机转速的下降，当车轮转速 $v_tK > v_d$（K 为车轮与电机的传动比，v_d 为车轮速度）时，电机被车轮反拖旋转，变成发电机，并在电机控制器的调节下，将发出的电量全部输送到蓄电池。同时，因发电机的负荷较大，对车轮形成阻力矩，使车辆减速加快。故 E 位行驶的滑行距离比 D 位要短些（E 位与 D 的主要区别在于整车控制器的控制策略不同，E 位更注意能量回收）。

第二节　电机控制器

一、电机控制器的功能

电机控制器的功能详见图 3-15 及其注解。

图 3-15 所示为某电动汽车电机控制器的外观及其核心元件 IGBT 模块和电流传感器。

> 电机控制器的功能
>
> 电机控制器就是控制主牵引电源与电机之间的能量传输装置。它一般由电机控制电路、电机驱动电路和由外界控制的接口电路等组成。
>
> 电机控制器主要功能包括：①车辆怠速控制（爬行）；②电机正转（前进）控制；③电机反转（倒车）控制；④驻坡（防溜车）控制；⑤能量回收（将交流电转换为直流电）控制；⑥驱动电机系统保护功能（实时进行状态与故障检测）；⑦通信功能（故障反馈）等。

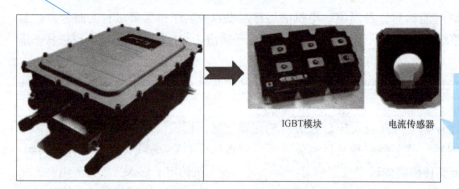

> 电机控制器传感器包括：电流传感器、电压传感器、温度传感器。

图 3-15　某电动汽车电机控制器的核心元件

二、电机控制器的结构

电机控制器的结构详见图 3-16 ~ 图 3-20 及其注解。

第三章 电动汽车驱动电机、电机控制器和高压系统

1. 电机控制器的基本结构

> **电机控制器的结构**
> 电机控制器主要由控制主板、IGBT 驱动模块、超级电容、放电电阻、电流传感器、接口电路与插件、冷却水道以及壳体等组成。

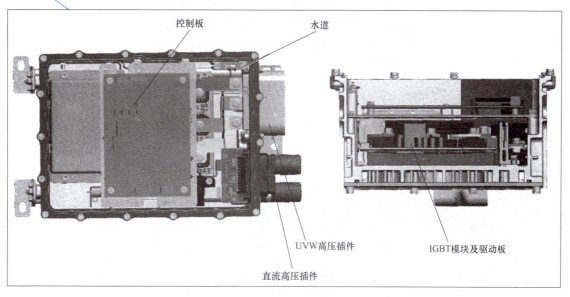

图 3-16 某电动汽车电机控制器的结构

2. 控制主板的主要功能

> **控制主板的主要功能**
> 1）与整车控制器通信。
> 2）检测直流母线电流。
> 3）控制 IGBT 模块。
> 4）监控高压线束连接情况。
> 5）反馈 IGBT 模块温度。
> 6）为旋变传感器的励磁供电。
> 7）旋变信号分析。

图 3-17 电机控制器内部的超级电容、控制主板和接口电路

63

3. 电机控制器内部的三相输出和直流高低压输入母线

图 3-18　电机控制器内部的三相输出和直流高低压输入母线

4. 电机控制器内部的 IGBT 模块和电流感应器

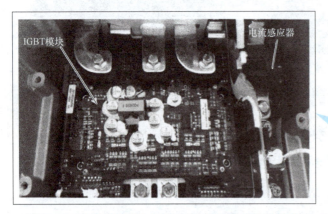

图 3-19　电机控制器内部的 IGBT 模块和电流感应器

IGBT 模块的主要功能
1）监测直流母线电压。
2）将直流电转换为交流电及变频。
3）监测相电流的大小。
4）监测 IGBT 模块温度。
5）将交流电整流为直流电。

5. 超级电容与放电电阻的主要功能

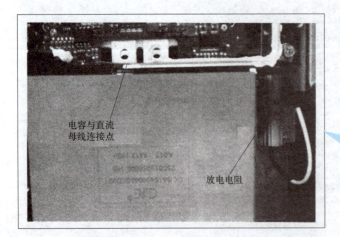

图 3-20　电机控制器内部电容与直流母线的连接和放电电阻

超级电容与放电电阻的主要功能
1）当接通高压电路时给电池充电。
2）在电机起动时，保持电压稳定。
3）放电电阻的作用是当断开高压电路时，通过电阻给电容放电。

三、电机控制器中的传感器和旋转变压器

电机控制器中的传感器主要有电机温度传感器和旋转变压器,分述如下。

1. 电机温度传感器

电机温度传感器详见图 3-21 及其注解。

电机温度传感器
1)电机温度传感器的功能是检测电机定子绕组的温度,并提供散热风扇起动信号。
2)常用的温度传感器为 Pt100 型热敏电阻传感器,其性能指标如下。
① 当温度在 0℃时的阻值为 100Ω。
② 温度每增加 1℃,阻值约增加 0.39Ω。
3)电机散热风扇起动的温度范围。
① 当 45℃≤电机绕组温度＜50℃时,风扇低速起动。
② 当电机绕组温度≥50℃时,冷却风扇高速起动。
③ 当电机绕组温度降至 40℃时,冷却风扇停止工作。

图 3-21 电机温度传感器

2. 旋转变压器的工作原理与结构

(1)旋转变压器的工作原理 详见图 3-22 和图 3-23 及其注解。

旋转变压器的工作原理
1)旋转变压器的功能:旋转变压器是安装在驱动电机上的一种电磁式传感器,用来测量旋转物体转轴的角位移和角速度。电动汽车用旋转变压器是作为测量驱动电机的转速元件,并将转速信号送给电机控制器。
2)旋转变压器工作原理:旋转变压器的一次、二次绕组随转子角位移发生相对位置改变,因而其输出电压大小也随转子角位移而发生变化,且输出绕组电压幅值与转子转角成正弦、余弦函数关系。其中,定子绕组作为变压器的一次侧,并接收励磁电压;转子绕组作为变压器的二次侧,它通过电磁耦合得到感应电压。

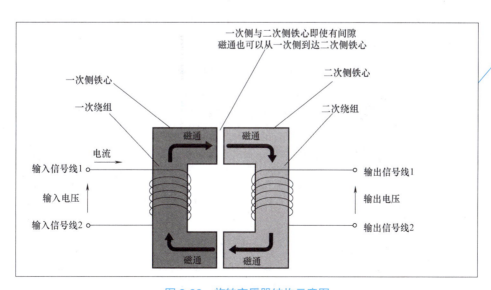

图 3-22 旋转变压器结构示意图

电动汽车维修快速入门一本通

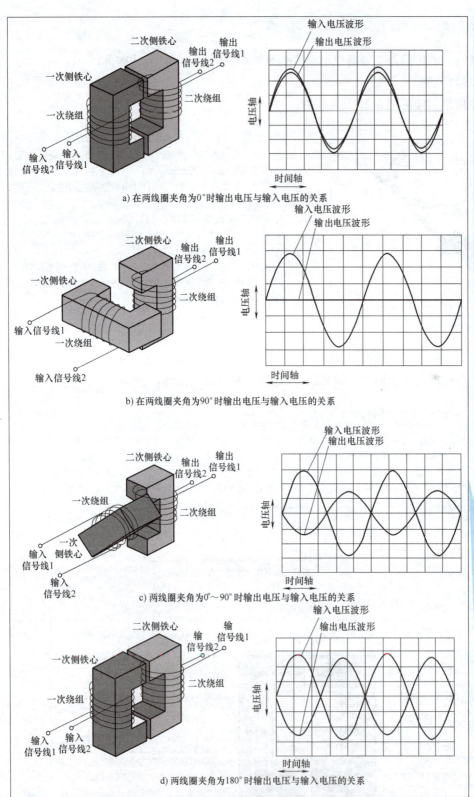

图 3-23 旋变的转动位置与输出电压的关系

（2）旋转变压器的结构　详见图3-24及其注解。

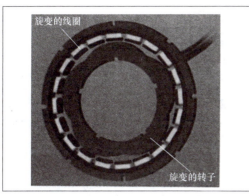

旋转变压器的结构

电动汽车上所用的旋转变压器由传感器线圈与信号齿圈两部分组成：
1) 传感器线圈固定在壳体上，它由励磁、正弦和余弦三组线圈组成。
2) 信号齿圈固定在转子上。

图 3-24　旋转变压器的结构

3. 旋转变压器结构实例（比亚迪 E6 电动汽车的电机解角器）

（1）比亚迪 E6 电动汽车电机解角器的安装位置和功能　比亚迪 E6 电动汽车电机解角器的安装位置和功能详见图3-25及其注解。

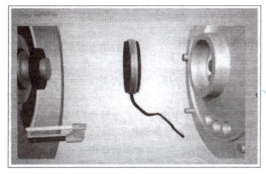

比亚迪 E6 解角器安装在电机后壳体上，用来测量电机转子的角度和检测磁极位置，并将这些信号发送到电机控制器。

图 3-25　比亚迪 E6 电机解角器的安装位置

（2）比亚迪 E6 电动汽车电机解角器的结构　比亚迪 E6 电动汽车电机解角器的结构详见图3-26及其注解。

1) 比亚迪 E6 电机解角器的结构如图3-26所示。它包含一个励磁线圈、两个驱动线圈和一个不规则形状的金属转子。
2) 金属转子以机械方式固定在电机轴上。

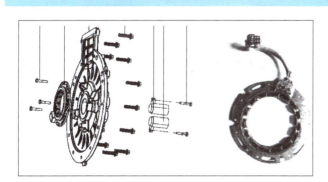
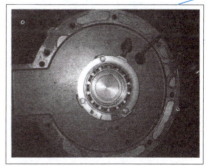

图 3-26　比亚迪 E6 电机解角器的结构

(3) 比亚迪 E6 电动汽车电机解角器的工作原理 比亚迪 E6 电动汽车电机解角器的工作原理详见图 3-27 及其注解。

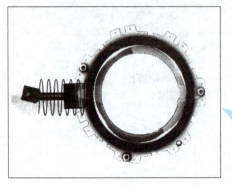

1) 比亚迪 E6 电机解角器的工作原理如图 3-27 所示。当点火线圈置于 ON 位置时，电机控制模块输出一个 5V 的交流电（即一个一定频率的励磁信号）至驱动线圈。
2) 然后，驱动线圈励磁信号生成一个环绕两个从动线圈和不规则形状转子的磁场。
3) 进而，电机控制器模块监测两个从动线圈电路，并获取一个返回信号。
4) 因不规则形状金属转子的位置而引起两个从动线圈电磁感应返回电压信号发生大小和形状的变化。
5) 通过比较两个从动线圈的信号差异，电机控制器就能够确定电机于各个时点的确切的具体转角、转速与转向。

图 3-27 比亚迪 E6 电机解角器的工作原理

第三节 电机的制动能量回收

电动汽车电机可工作在再生制动状态，对制动能量进行回收是电动汽车与传统汽车主要区别之一。

一、电动汽车的电机再生制动原理

电动汽车电机再生制动原理见图 3-28 及其注解。

电动汽车的电机再生制动

1) 再生制动是电动汽车所独有的，现在几乎所有的电动汽车都安装了再生液压制动系统，在为驾驶人提供常规制动性能的同时，可以回收与节约部分制动能量，以延长电动汽车的续驶里程。
2) 图 3-29 所示为电动汽车能量转换示意图。图中最下面部分表示电动汽车通过再生制动回收汽车动能，此时，电机成为发电机发电，并为蓄电池或超级电容充电。
3) 若储能器已被完全充满则再生制动无法实现，只能由常规液压制动系统提供汽车所需制动力。

图 3-28 电动汽车电机再生制动能量转换示意图

二、制动能量回收控制

1. 制动能量回收控制的具体方法

电动汽车整车控制器根据行驶速度、驾驶人制动意图和动力蓄电池组状态（如电池

第三章　电动汽车驱动电机、电机控制器和高压系统

SOC 值）进行综合判断后，对制动能量回收进行控制。若达到回收制动能量的条件，整车控制器向电机控制器发送控制指令，使电机工作在发电状态，将部分能量储存于动力蓄电池中，提高车辆的能量利用率和续驶里程。

2. 制动能量回收的原则

1）制动能量回收不应干预制动防抱死系统（ABS）的工作。
2）当 ABS 进行制动力调解时制动能量回收不应工作。
3）当 ABS 报警时制动能量回收不应工作。
4）当驱动电机有故障时，制动能量回收不应工作。

第四节　电动汽车高压系统的构成及其功能

电动汽车高压系统的构成主要包括动力蓄电池系统、集成式控制器、驱动电机、电机控制器、车载充电机、DC/DC 变换器、高压控制盒以及电动空调系统等。

电动汽车机舱高压电器布置典型实例详见图 3-29 及其注解。

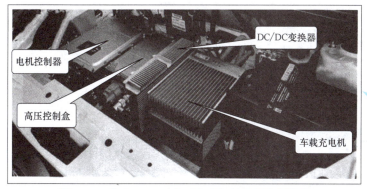

图 3-29　北汽 EV200 电动汽车机舱高压电器布置

电动汽车高压系统由高压动力蓄电池系统和高压电器部件组成。而高压电器除高压电机之外，还包括整车控制器、电机控制器、高压控制盒、DC/DC 变换器及车载充电机等高压部件。

1. 动力蓄电池系统

电动汽车动力蓄电池详见第二章。动力蓄电池系统的典型结构详见图 3-30 及其注解。

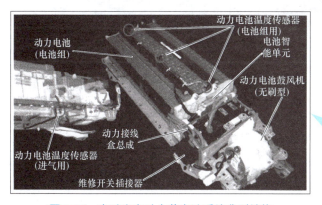

图 3-30　电动汽车动力蓄电池系统典型结构

1）图 3-31 所示为一种动力蓄电池系统的典型结构。动力蓄电池系统主要由动力蓄电池箱、动力蓄电池模组、BMS 以及辅助元器件四部分组成。

2）由于动力蓄电池受到电压与温度的影响，故在动力蓄电池系统中必须有电压和温度传感器进行数据采集，并将数据传给 BMS 进行控制。

2. 集成式控制器

集成式控制器的结构详见图 3-31 及其注解。

图 3-31 集成式控制器的结构

> 1）集成式控制器结构：图 3-31 所示为一种电动汽车集成式控制器的典型结构。
> 2）集成式控制器的组成：AC/DC（车载交流／直流充电机）、DC/DC（直流／直流充电机，其功能是为蓄电池充电）、电机控制器等模块均集成在一个壳体内，如图 3-31 所示。如比亚迪 EV300 等很多品牌电动汽车均采用集成式控制器。

3. 驱动电机

驱动电机详见本章第一节。

4. 电机控制器

电机控制器详见本章第二节。

5. 车载充电机

车载充电机的功能与外观详见图 3-32 及其注解。

图 3-32 电动汽车车载充电机的外观与布置

> 车载充电机的功能：车载充电机一般与车辆的慢充口（交流充电口）相连，它具有通信功能，当收到允许充电的信号后，会将输入的 220V 交流电经过整流和滤波后，通过各种升压与降压电路，输出合适的直流电压与电流给电池充电。

6. DC/DC 变换器

（1）DC/DC 变换器的功能　DC/DC 变换器是电动汽车中将动力蓄电池中的电能传递给低压蓄电池的电气部件。其主要功能是在车辆起动后，将动力蓄电池输入的高压电转变成 14V 左右的低压电给蓄电池充电。以保障行车过程中低压用电设备用电的正常工作需求。

（2）DC/DC 变换器的布置形式　由于 DC/DC 变换器的相对功率较小，故常见与其他高压电气部件集成布置。

7. 高压控制盒

（1）高压控制盒的功能　高压控制盒的功能是完成动力蓄电池电源的输出与分配，并实现对支路用电器的保护及切断。某些电动汽车常将高压控制盒的功能集成到电机控制器中。

（2）高压控制盒中的高压部件熔丝　高压部件的熔丝有空调系统、DC/DC 变换器或 PTC 加热电阻等的熔丝。

8. 电动空调系统

（1）电动空调系统的组成　电动空调系统一般分为制冷与制热两部分。制冷系统由高压电动空调压缩机、冷凝器总成、蒸发器等组成；而暖风系统的主要加热元件为高压正温度系数（positive temperature coefficient，PTC）加热电阻。

（2）电动空调系统的控制　电动空调系统的工作由整车控制器、高压电动空调压缩机控制器（EAS）以及 PTC 控制模块共同控制。

第四章 电动汽车的电气控制系统

第一节 电动汽车的整车控制系统

一、整车控制系统的结构框图与功能

1. 整车控制系统的组成与结构框图

整车控制系统的组成与结构框图详见图4-1及其注解。

> **整车控制系统的组成与结构**
>
> 整车控制系统（vehicle control unit，VCU）承担电动汽车能量与信息传递的功能，关系其动力性、经济性、安全性与舒适性，是电动汽车的神经中枢。它包括低压电器控制系统、高压电器控制系统和整车网络化控制系统三部分。
>
> 1）低压电器控制系统：由辅助蓄电池和仪表、灯光助力转向电机、制动气泵电机等低压设备组成。系统采用12V或24V直流电源，一方面为车辆常规低压电器供电，另一方面为整车控制器、高压电器设备的控制电路与辅助部件供电。辅助蓄电池由动力蓄电池通过DC/DC转换器来充电。
>
> 2）高压电器控制系统：由动力蓄电池、驱动电机和功率转换器等高压大功率电气设备组成，根据车辆行驶功率需求完成从动力蓄电池到驱动电机的能量转换与传输过程。
>
> 3）整车网络化控制系统：包括整车控制器、电机控制器、BMS、车身控制管理系统、信息显示系统和通信系统等组成。它必须具备可靠性、容错性、电磁兼容性和环境适应性，以保障整车安全可靠运行。
>
> 4）整车控制器是整车网络化控制系的核心，承担着数据交换与管理、故障诊断、安全监控、驾驶人意图解析等功能。

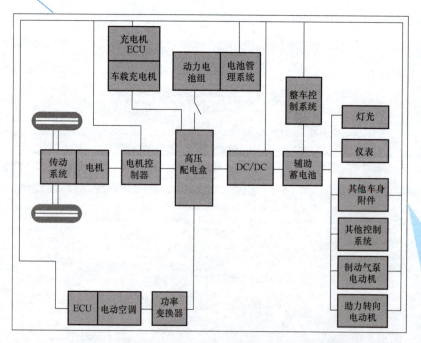

图4-1 纯电动汽车整车控制系统的组成与结构框图

2. 整车控制系统的功能

电动汽车整车控制系统的功能详见图 4-2 及其注解。

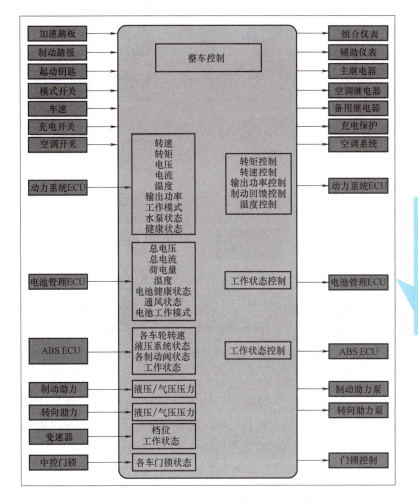

图 4-2 电动汽车整车控制系统的功能框图

整车控制系统的功能分述如下。

（1）整车的控制模式判断和驱动控制　整车控制器通过各种状态信息（起动钥匙、充电信号、加速/制动踏板位置、当前车速、整车故障信息等）来判断当前需要的整车工作模式（充电模式或行驶模式），然后根据当前参数和状态及前一段时间的参数及状态，计算出当前车辆的转矩能力，最后按当前车辆需要的转矩计算出最终实际输出的转矩。例如：当驾驶人踩下加速踏板时，整车控制器向电机控制单元发送电机输出转矩信号，机电控制系统控制电机按照驾驶人的意图输出转矩。

（2）整车能量的优化管理　电动汽车有多种用电设备，整车控制器可以对能量进行合理优化来提高电动汽车的续驶里程。例如，当动力蓄电池组电量较低时，整车控制器发送关闭部分只起辅助作用的电器设备，使电能优先保证车辆安全行驶。

(3) 整车的通信网络管理　详见图4-3及其注解。

> 整车的通信网络管理
> 1) 整车控制器是整个整车网络管理的信息控制中心，负责信息的组织与传输，网络状态的监控、网络节点的管理、信息优先权的动态分配以及网络故障的诊断与处理等功能。
> 2) 整车控制器通过CAN总线协调BMS、电机控制器及空调系统等模块的相互通信。

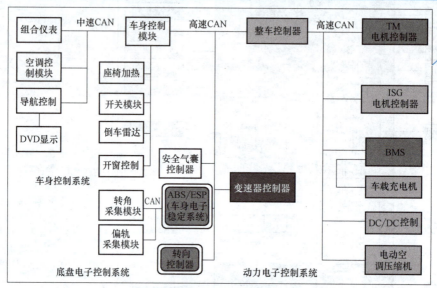

图4-3　电动汽车整车通信网络管理系统

(4) 故障诊断和处理

1) 连续监测整车电控系统进行故障诊断，并及时进行相应的安全保护处理。根据传感器的输入，以及其他通过CAN总线通信得到的电机、电池、充电机等信息，对各种状态进行判断、等级分类、报警显示、储存故障码，供维修时查看。

2) 故障指示灯指示出故障类型和部分故障码，对不太严重的故障能做到"跛行回家"。

(5) 车辆状态监测和显示

1) 整车控制器能对车辆的状况进行实时检测，将各个子系统的信息发送给车辆信息显示系统。

2) 其过程是通过传感器和CAN总线检测车辆状态，将状态和故障诊断信息通过数字仪表显示出来。

3) 显示内容：车速、里程、电机转速、温度、电池电量、电压、电流和故障信息等。

(6) 制动能量回收控制　对制动能量回收进行控制。

二、电动汽车整车工作总流程及基本原理

1. 电动汽车整车工作总流程（供断电流程）

整车工作总流程（供断电流程）如图4-4所示。图中表示了电动汽车从低压起动、高压起动、车辆行驶检测、安全防护、信息提示直至停车的多个工作状态的流程。整个流程可分为起动、行驶和充电三个阶段。

为保障电动汽车安全运行与符合国家相关标准，必须对电动汽车的起动控制、行驶控制与安全故障控制等都提出并执行一系列严格的要求。

（1）起动阶段　首先，电动汽车必须有一个合理的起动过程，此过程不再是内燃机的起动运转，而是电动汽车从低压电控系统工作至高压电器部分的接通，均可使车辆达到可以行驶状态的过程。在电动汽车起动过程中，为保障车辆与乘员的安全，需要对控制系统进行一系列动作和相应的检测。

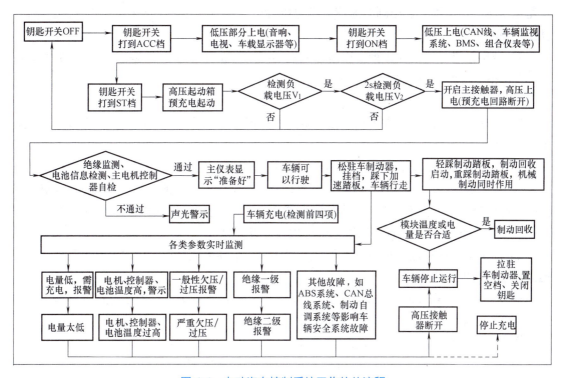

图 4-4　电动汽车控制系统工作的总流程

电动汽车起动阶段与传统汽车相似。

① 当钥匙打到 ACC 档位时，车辆部分低压电器如音响、视频等娱乐系统启动。

② 当钥匙打到 ON 档位时，车辆主要低压电器基本全部开始工作。此时需对车辆部分系统供电（如 CAN 总线、倒车监视系统、行车电脑、BMS 系统、组合仪表系统、ABS 及车辆升降系统等）；此时多数低压辅助系统全部工作，为高压起动进行准备工作。但此时车辆动力系统还不能起动，故车辆仍然不能移动。

③ 当钥匙打到 ST 档位时，车辆的高压起动系统开始工作，进行一系列充电与自检后，方能将主接触器接通，起动高压系统。为保障车辆安全，还要进行一系列绝缘监测、电池系统检测以及主电机控制器等项检测，只有这些检测全部通过后，车辆才能进入可行驶状态。

（2）行驶阶段　为保障车辆安全，车辆在行驶中，需要随时监测各种参数（如电量参数、温度参数、电压参数、绝缘性能参数以及车辆其他关键辅助系统的参数等），这些参数都将影响车辆的行驶性能、行驶距离和行驶安全。为了保障安全，电量参数、温度参数、电压参数、绝缘性能参数均设有两级报警。

(3) 充电阶段　充电过程中，需要进行电量参数、温度参数、绝缘性能参数检测，一旦有部分参数出现故障，就会提示立即断开充电系统，以避免出现安全隐患。

2. 电动汽车行驶过程中三类参数的控制过程

电动汽车行驶过程中三类参数是电量参数、温度参数和绝缘性能参数。

（1）电量参数控制

1）当车辆行驶过程中电量处于水平较低时，控制器会自动提示驾驶人车辆电量低，需要充电。此时，可以采取控制车速或控制电机输出转矩的方式，保证车辆处于低能耗状态，以使车辆能够安全行驶到附近的充电站。

2）若电量进一步消耗，剩余电量过低，再继续行驶有可能导致电池过放电，此时系统将会发出指令，使车辆立即停止运行。

（2）温度参数控制

1）电动汽车的温度参数主要是指电机、控制器与电池的温度参数。一旦温度处于较高水平，车辆会发出警示。

2）如果温度达到或超过设定的界限，则会强制车辆立即停车。

（3）绝缘性能参数控制　绝缘性能参数控制主要检测漏电电流的大小，根据车辆高压系统的漏电电流的水平将绝缘性能分为绝缘性能良好、一般性漏电与严重漏电三个等级。

1）当车辆检测到一般性漏电时，只提供漏电信息提示。

2）如果达到或超过严重漏电水平，系统在提示车辆出现严重漏电的同时，将断开主接触器，以防发生意外。

此外，系统还需要对ABS、制动自调系统、电控悬架系统等可能影响车辆安全的装备进行检测，一旦发现故障，也需停车检修。

3. 电动汽车整车供断电全过程的基本工作原理

整车供断电全过程包括低压供电与断电、唤醒与取消唤醒、高压供电与断电。其控制功能涉及整车所有控制单元（含整车控制器、电机控制器INV/MCU、动力蓄电池内部的电池管理系统BMS、空调系统、DC/DC变换器、组合仪表系统、远程终端控制器、充电机等）。整车供断电过程是由整车控制器协调各个控制器，使其按照一定的顺序合理地接通或断开低压控制电信号，致使动力蓄电池继电器接通或断开，从而使得车辆能够正确地完成"起动"和"关闭"动作，同时进行故障检测与信息交换的全过程。整个过程必须保证逻辑正确、顺序正确与故障检测合理有效。整车供断电过程基本工作原理分述如下。

（1）低压供电及唤醒原理　为了保证供电安全，整车控制系统必须在保证整车主要高低压部件正常的情况下，才能使动力蓄电池的正负极继电器闭合而对外供电。整车控制器被唤醒后，将对各子系统进行一系列唤醒，且经检验正常之后才会使动力蓄电池的正负极继电器闭合而对外供电。

唤醒整车控制器方式有四种：点火开关唤醒、快充唤醒、慢充唤醒和远程App唤醒。

1）整车低压供电原理：车辆低压控制器的供电途径有三种，详见图4-5及其注解。

2）非充电模式下各控制器唤醒原理：包括ON档继电器唤醒和整车控制器唤醒，见图4-6及其注解。

1）由蓄电池直接供电：有整车控制器（VCU）、组合仪表点火控制模块（ignition control module，ICM）、数据采集终端 RMS、DC/DC 和电池管理系统（BMS）五个部件。

2）由 ON 档（IG1）继电器供电：当点火开关转到 ON 档后，ON 档继电器线圈被接通，将 12V 蓄电池电压送到档位控制器和电动助力转向（electric power steering，EPS）控制器。

3）由整车控制器向低压继电器供电：当蓄电池向整车控制器供电后，其内部的部分电路开始工作，从而控制空调（air conditioner，AC）继电器、电机控制器继电器和倒车灯继电器接通，并对其相应的控制器供电。

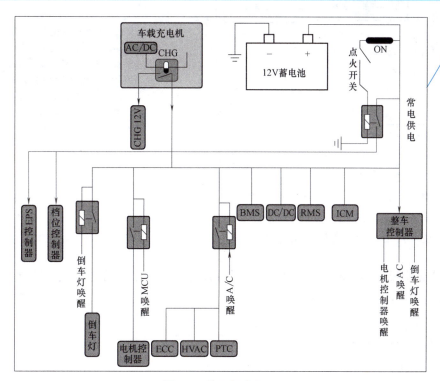

图 4-5　低压供电原理

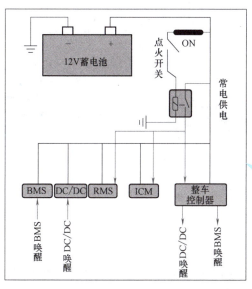

1）由 ON 档继电器唤醒：由整车控制器、ICM、RMS。

2）由整车控制器唤醒：当整车控制器被唤醒后，它将送出唤醒信号电压给 BMS 和 DC/DC。

图 4-6　非充电模式下各控制器唤醒原理

3）慢充电模式下各控制器唤醒原理：包括慢充（charge，CHG）唤醒和整车控制器唤醒，见图 4-7 及其注解。

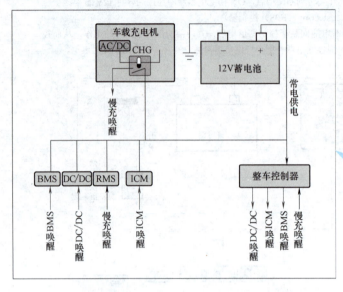

1) 慢充唤醒信号：是当充电桩与车载充电机建立充电关系后，车载充电机控制其内部继电器接通后送出，分别送给整车控制器和 RMS。
2) 由整车控制器唤醒：当整车控制器被唤醒后，它将送出唤醒信号电压给 BMS、ICM 和 DC/DC。

图 4-7　慢充电模式下各控制器唤醒原理

4）快充电模式下各控制器唤醒原理：包括快充唤醒（直流充电桩直接输出）和整车控制器唤醒两种，详见图 4-8 及其注解。

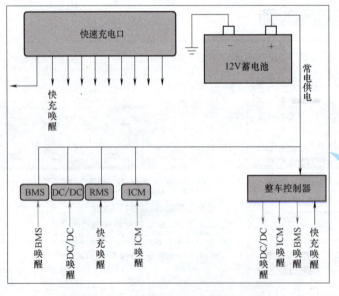

1) 快充唤醒：是当快充桩与车辆建立充电关系后，快充桩送出快充唤醒信号给整车控制器（VCU）和 RMS。
2) 由整车控制器唤醒：当整车控制器被唤醒后，它将送出唤醒信号电压给 BMS、ICM 和 DC/DC。

图 4-8　快充电模式下各控制器唤醒原理

5）远程模式下各控制器唤醒原理：包括远程 App 唤醒、远程唤醒和整车控制器唤醒三种，详见图 4-9 及其注解。

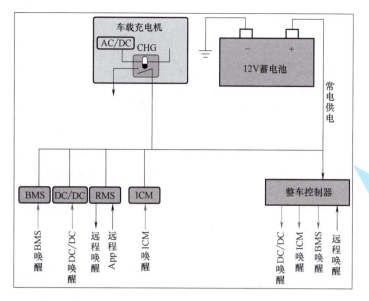

图 4-9　远程模式下各控制器唤醒原理

（2）高压供电原理　电动汽车的高压部件包括动力蓄电池、高压控制盒、电机、电机控制器、车载充电机、空调压缩机、PTC、DC/DC 等。其中，只有动力蓄电池是供电部件，其余均为用电部件，由动力蓄电池为其提供工作电压。

动力蓄电池的内部控制系统中，包含多个高压检测点（V_1、V_2、V_3）、预充电电路、正（负）极继电器、电流传感器、手动维修开关熔断器、手动维修开关以及绝缘检测电路等。

高压检测点和预充电电路功能及三个高压接触器（K_1、K_2、K_3）控制顺序见图 4-10 及其注解。

（3）整车供断电流程　整车控制器共有四种唤醒方式，唤醒之后的控制过程相似，故下面仅以点火开关唤醒整车控制器的方式来介绍整车的供断电流程，如图 4-11 所示。

1）整车供电流程

① 点火开关旋转至 START 档，松开后回到 ON 档，整车开始高压供电检测。

②"整车控制器在进行初始化"时，它会进行整车的模式判断，若此时充电口上连接了充电枪，则将整车模式评定为充电模式，故此时不会进入行车模式，而是继续后面的供电逻辑，整车控制器初始化不能完成。

③ 当整车模式被评定为运行模式后，整车控制器进行初始化并完成自检；之后整车控制器闭合电机控制器、低压继电器、空调控制面板、PTC 低压继电器，并唤醒 BMS，"新能源低压供电"开始。

④ 当"新能源低压供电"开始后，进行"新能源低压自检"，在此过程中，BMS 和电机控制器完成初始化和自检，自检完成后，自检计数器由"0"置为"1"，并发给整车控制器；自检完成后，整车控制器"闭合动力蓄电池包内部的负极继电器"，否则进行高压掉电检测。

1)高压检测点的功能

①高压检测点1（V_1）：位于高压总正（负）继电器内侧，测量动力蓄电池包的总电压，用于评定手动维修开关是否断路。

②高压检测点2（V_2）：位于负极继电器外侧，另一点位于预充电阻和预充电继电器之间，用于判定预充继电器是否粘连、负极继电器是否断路、预充电阻是否断路、预充继电器是否断路。

③高压检测点3（V_3）：位于动力蓄电池直流母线输出两端，用于判定正极继电器是否粘连。

2）预充电电路功能：是为了防止在高压接触器闭合瞬间形成从强电流与高电压对动力电机驱动系统的高压器件形成冲击，而导致在接通电路瞬间造成器件损毁。它通过整车控制器（VCU）控制相应高压接触器通断时序，达到高压系统安全供电的目的。

3）三个高压接触器（K_1、K_2、K_3）控制顺序：首先是整车控制器控制负极接触器接通，再由BMS控制预充电接触器闭合，当预充电结束后，再由BMS控制正极接触器闭合，同时预充电接触器断开，从而完成电池的高压供电。

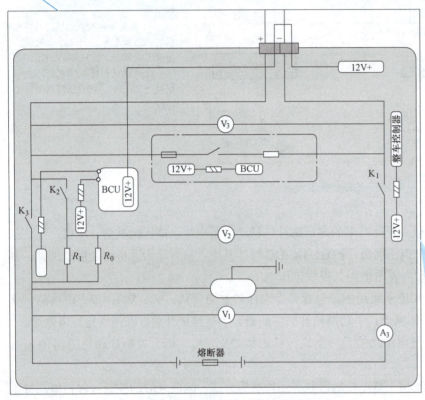

图4-10 动力蓄电池内部的控制系统

⑤负极继电器闭合后，BMS完成"动力蓄电池高压自检"，自检通过后自检计数器由"1"置为"2"，并发给整车控制器；否则整车控制器断开电池负极继电器，各高压控制器检测高压，零功率输出。

⑥BMS完成预充电并闭合电池内的正极继电器，完成电池高压分步检测，检测成功后自检计数器置为"3"，并发给整车控制器。

⑦否则BMS断开电池内正极继电器，自检计数器由"3"置为"2"，并发给整车控制器。

⑧"高压系统预充电"完成后，变换器（INV）、空调控制器（ECC）、空调面板系统（HVAC）及暖风加热器进行"高压系统检测"，检测通过后，置"高压检测完成标志位"，并发给整车控制器。

⑨该状态下开始判断高压故障，否则断开电池正极继电器。

⑩"高压系统检测"通过后，正常供电完成，车辆处于"待行车状态"，绿色Ready指示灯亮。

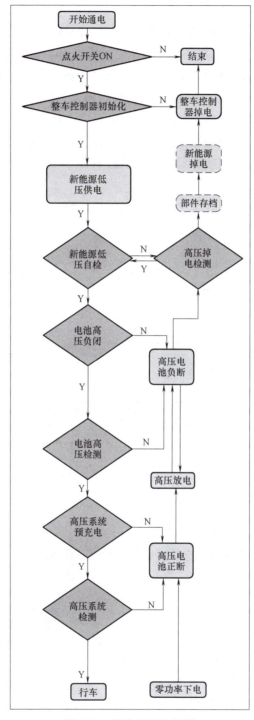

图 4-11 整车供断电流程

2)整车断电流程

① 当系统检测到高压总电流小于 5A 且持续 600ms 以上时,整车控制器进行"断电流程":BMS 断开电池正极继电器,自检计数器置为"2"并发给整车控制器;各高压电器检

测高压，不判断故障，零功率输出。

② 正极继电器断开后，BMS 进行正极继电器粘连检测，各高压电器零功率输出，进行高压回路放电，当电机控制器检测到高压回路电压低于 36V 后，置"放电完成标志位"，并发给整车控制器；整车控制器断开电池负极继电器，各高压电器检测高压，零功率输出；BMS 进行"高压掉电检测"，完成后 BMS 自检计数器置"1"，发给整车控制器。

③ 当部件"存档"时，BMS 及各高压电器写"EEPROM"（电可擦除只读存储器），BMS 自检计数器置"0"，发给整车控制器；电机控制器写"EEPROM 完成标志位"；当存档完成后，整车控制器依次给 BMS、电机控制器、HVAC、PTC 进行"新能源系统掉电""散热系统延时掉电"。

④ 整车控制器写"EEPROM"，整车控制器掉电，整车断电完成。

三、整车控制系统与各子系统的控制逻辑关系

1. 整车控制器的控制分级

整车控制器的控制分级详见图 4-12 及其注解。

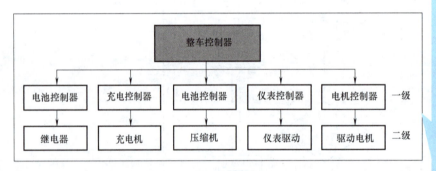

图 4-12 整车控制器的控制分级

> 整车控制器的控制分级
> 1) 整车控制器对其控制对象进行分级管理，如图 4-12 所示。
> 2) 各子系统（如电机、空调压缩机、充电机、动力蓄电池组内的正负极继电器和预充继电器等）均具有各自独立的控制能力与控制条件，从而达到对于子系统实施独自管理的目的。

2. 整车控制系统与档位传感器的连接

整车控制系统与档位传感器的连接详见图 4-13 及其注解。

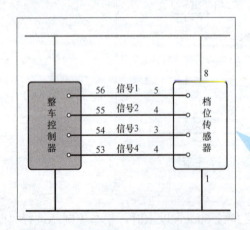

图 4-13 整车控制器与档位传感器的连接

> 整车控制系统与档位传感器的连接
> 1) 整车控制器通过档位传感器获取档位信息，二者之间的连接关系如图 4-13 所示。
> 2) 当整车控制器收到四个从档位传感器送来的信号，进行运算与比较分析后，确定驾驶人此刻选档意图（是前进、倒车还是空档）。
> 3) 档位传感器信号电压参考值见表 4-1。

第四章 电动汽车的电气控制系统

表 4-1　档位传感器信号电压参考值　　　　　　　　　　　　（单位：V）

档位	信号1	信号2	信号3	信号4
R	0.3	4.5	4.5	0.3
N	0.3	4.5	0.3	4.5
D	4.5	0.3	4.5	0.3

3. 整车控制系统与加速踏板位置传感器的连接

整车控制系统与加速踏板位置传感器的连接详见图 4-14 及其注解。

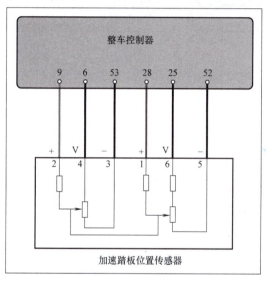

整车控制器与加速踏板位置传感器的连接
1）整车控制器根据加速踏板位置传感器来获得加减速信息，从而改变电机转矩，控制电机转速，进而改变车速。
2）加速踏板位置传感器提供两组信号，让整车控制器进行比较。

图 4-14　整车控制器与加速踏板位置传感器连接电路

4. 整车控制系统与车载充电机的连接

整车控制系统与车载充电机的连接详见图 4-15 及其注解。

整车控制器与车载充电机的连接原理
1）车载充电机在充电过程中与整车控制器进行通信，当车身充电口接入充电枪后，充电连接确认信号 CC 与 PE 之间导通。
2）此刻，车载充电机对整车控制器发出信号，整车控制器再向仪表发出信号，仪表指示灯亮。
3）同时，车载充电机发出充电唤醒信号给整车控制器，控制车辆不能行驶。

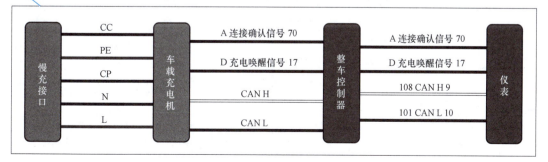

图 4-15　整车控制器与车载充电机的连接原理框图

5. 整车控制系统与 DC/DC 变换器的连接

整车控制系统与 DC/DC 变换器的连接详见图 4-16 及其注解。

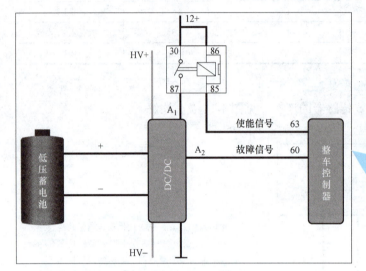

整车控制系统与 DC/DC 变换器的连接

1) DC/DC 变换器接到整车控制器发出的使能信号，在充电或起动车辆时将高压直流电降压后给低压蓄电池充电。

2) 同时，整车控制器对 DC/DC 变换器进行监控，当 DC/DC 变换器出现故障时，及时通报仪表报警。

图 4-16　整车控制器与 DC/DC 的连接关系

6. 整车控制系统与电机控制器的连接

整车控制系统与电机控制器的连接见图 4-17 及其注解。

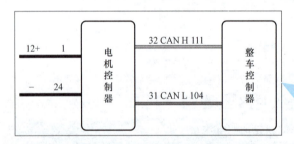

整车控制器与电机控制器的连接

1) 整车控制器对电机控制器发出转矩需求与故障信息，电机控制器再将信息反馈给整车控制器。

2) 反馈给整车控制器的信息包括电机转速、电机温度、控制器温度等，都是通过 CAN 总线来实现的。

3) 制动能量回收启动与停止也是由整车控制器控制的。

图 4-17　整车控制器与电机控制器的连接

7. 整车控制系统与动力蓄电池管理系统（BMS）的连接

整车控制系统与动力蓄电池管理系统连接详见图 4-18 及其注解。

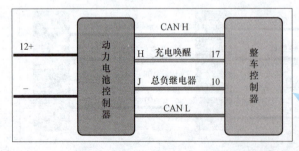

整车控制系统与 BMS 的连接

1) 整车控制系统对 BMS 发出电能需求与故障信息。

2) BMS 反馈给整车控制系统的信息包括动力蓄电池电量、动力蓄电池温度、电压、电流等，都是通过 CAN 总线来实现的。

3) 动力蓄电池包内的总负继电器由整车控制系统控制，而总正继电器则由 BMS 控制。

图 4-18　整车控制系统与 BMS 的连接

8. 整车控制系统与高压控制盒的连接

整车控制系统与高压控制盒的连接详见图 4-19 和图 4-20 及其注解。

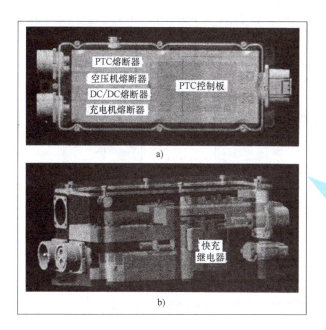

> 整车控制器与高压控制盒的连接
> 1) 高压控制盒是完成动力蓄电池电源的输出与分配，实现对其支路用电器的保护及切断的部件。
> 2) 其内部有快充继电器和空调熔断器、PTC 熔断器，如图 4-19a、b 所示。

图 4-19 高压控制盒的内部结构

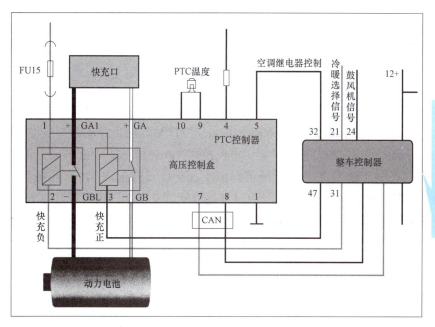

> 整车控制系统与高压控制盒的基本控制原理
> 1) 当车辆进行快充时，高压控制盒内部的两个快充继电器闭合。
> 2) 当按下空调开关 A/C 时，空调继电器闭合。

图 4-20 整车控制系统与高压控制盒的基本控制原理

9. 整车控制系统与空调压缩机控制器的连接

整车控制系统与空调压缩机控制器的连接详见图 4-21 及其注解。

整车控制系统与空调压缩机控制器的连接

1）整车控制系统接到空调开关 A/C 请求后，首先要确认空调系统的压力信号、蒸发器温度信号、冷暖选择信号、鼓风机信号等是否满足起动空调压缩机的要求。

2）只有当以上条件均满足以后，整车控制系统对空调压缩机发出起动指令，通过 CAN 总线传递给空调压缩机控制器，空调压缩机控制器控制压缩机的驱动电路（包括控制压缩机的起动和转速），如图 4-21 所示。

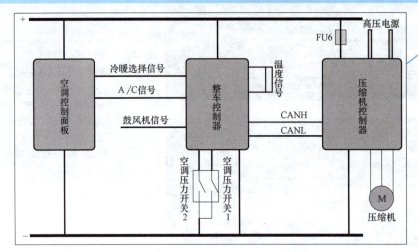

图 4-21　整车控制器与空调压缩机控制器的基本控制原理

第二节　电动汽车的整车通信系统

一、控制器局域网概述

1. 控制器局域网基本概念

纯电动汽车控制系统中，每个微控制器都对应着各自要实现的应用，如制动（ABS/ASR）控制应用、动力总成控制（powertrain control module，PTCM）应用、动力蓄电池管理（battery pack control module，BPCM）应用、驱动电机控制（driver motor control module，DMCM）应用、动力转向控制及仪表控制（instrument pack control module，IPCM）应用等。这些应用（微控制器）之间的信息及数据交换通过 CAN 通信网络实现，以达到数据共享并使它们协调工作，提高和改善车辆性能，如图 4-22 所示。

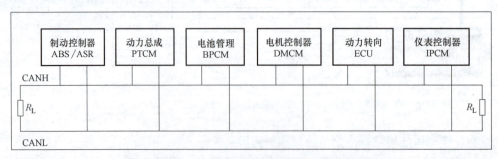

图 4-22　电动汽车控制系统 CAN 通信网络拓扑图

2. 控制器局域网（CAN）的功能

控制器局域网（can）是一种实时应用的串行总线（serial bus）网络，用于连接于该网络中的多个 8 位或 16 位嵌入式微控制器节点之间的通信；这些微控制器实时控制系统中或子系统中的设备、传感器、执行器和人机界面，如图 4-23a、b 所示。

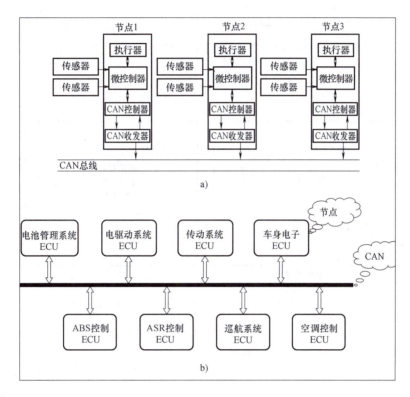

图 4-23 控制器局域网（CAN）的结构示意图

3. 控制器局域网（CAN）的结构组成

（1）嵌入式微控制器 这里所说的嵌入式微控制器（embedded microcontroller）是指面向测控对象，嵌入到实际应用系统中，实现嵌入式应用的微控制器。人们经常在毫无察觉的情况下，使用着嵌入于汽车、手机、家用电器、医疗设备等设备中的小巧的计算机系统，这种"看不见"和"无所不在"的特性，使得嵌入于实际应用系统中的计算机系统有别于传统的计算机系统。

为了实现 CAN 通信，每个应用节点的组成除了对应有各自的微控制器外，硬件还必须包含有 CAN 控制器和 CAN 收发器，详见图 4-23a。

（2）节点（Node） 连接到 CAN 总线网络上并能够发送/接收数据的任何组件或单元称节点，且能通过总线实现各个单元（节点）间的通信，以实现复杂的控制过程。CAN 总线节点由以下部分组成。

1）微控制器：接收来自传感器和 CAN 总线的信号，对执行器输出工作信号。

2）CAN 控制器：其功能是接收控制单元中微处理器发出的数据，处理数据并传给

CAN 收发器。即在微处理器与 CAN 收发器之间接收、处理传递数据。

3）CAN 收发器：它是一个发送器和接收器的组合，功能是将 CAN 控制器提供的数据转化为电信号并通过数据线发送出去，以及接收总线上的数据，并将数据传送到 CAN 控制器。

4. 采用和不采用 CAN 两种情况的连接线路对比

控制器局域网使用双绞线来传输信号，图 4-24 所示为采用和不采用 CAN 的两种情况。通过对比可知，汽车中各种不同控制单元之间采用 CAN 通信，可以取代昂贵而笨重的配电线束。

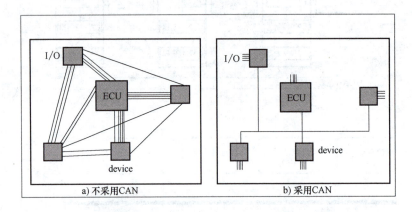

图 4-24　采用和不采用 CAN 两种情况的连接线路对比

5. CAN 通信网络节点连接图的组成

（1）负载电阻 R_L　图 4-25 所示是某电动汽车车载 CAN 通信网络节点连接图，双绞线总线两个末端均接有抑制反射的负载电阻 R_L。负载电阻 R_L 连接在 CANH 和 CANL 之间。

（2）CAN 驱动器　图 4-25 中电机控制 DMCM 节点、动力转向控制节点和制动控制节点采用独立 SJA1000 控制器，CAN 驱动器全部采用 PCA82C250 控制器。

（3）动力总成和电源管理节点　采用 32 位高性能微处理器 MC68376，实现 CAN 通信协议的 CAN 控制器 TouCAN 模块则是内嵌在这个 MC68376 中的。

（4）仪表控制器　IPCM 应用节点采用的 CAN 控制器则是集成在 FUJ 32 位高性能微处理器上的。

（5）CAN 总线收发器　提供 CAN 协议控制器与物理总线之间的接口，控制从 CAN 控制器到总线物理层或相反的逻辑电平信号。它的性能决定了总线接口、总线终端、总线长度和节点数，是影响整个总线网络通信性能的关键因素之一。

（6）CAN 控制器　执行在 CAN 规范里规定的完整的 CAN 协议，它通常用于报文缓冲和验收滤波，对外具有与主控制器和总线收发器的接口。

（7）微控制器　负责执行应用功能，例如发送设备控制命令、读传感器和处理人机接口等。它通过对 CAN 控制器进行编程，来控制 CAN 总线的工作方式和工作状态，以及进行数据的发送和接收。

第四章　电动汽车的电气控制系统

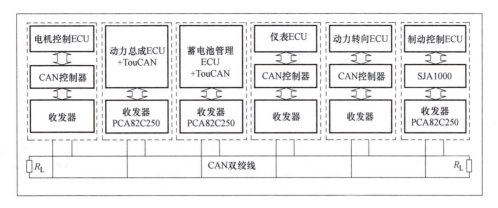

图 4-25　电动汽车的车载 CAN 通信网络节点连接图

6. 基于 CAN 总线控制的车辆驱动电机应用节点的实际构成

基于 CAN 总线控制的车辆驱动电机应用节点的实际构成如图 4-26 所示。

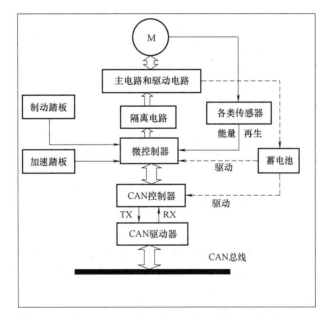

图 4-26　基于 CAN 总线控制的车辆驱动电机应用节点构成

二、网络通信协议

控制器区域网是由许多具有信息交换和处理能力的节点互连而成的，两个节点要成功地通信，必须在通信内容、通信方式、通信时间三方面遵守相互可以接受的一组约定和规则。这些约定和规则的集合称为通信协议。通信协议的功能是控制并指导两个对话节点的对话过程，发现对话过程中出现的差错并确定处理策略。网络上各节点之间交换信息，就像我们说话需要用某种语言一样，网络上各节点之间也有一种语言，不同的节点之间必须使用相同的网络协议才能进行通信。

89

三、基于 CAN 总线的电气系统结构原理

基于 CAN 总线的电气系统的结构原理框图详见图 4-27 及其注解。

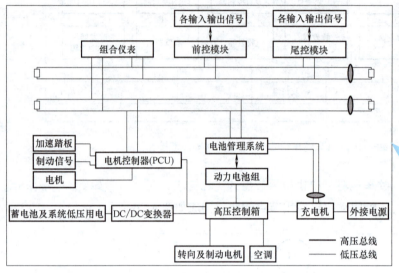

1) 电动汽车若采用 CAN 总线技术，则可将各个分系统（模块）以通信方式连接，从而实现整车控制。

2) 采用 CAN 总线技术的电气系统更加简洁，且布置更为简单。

图 4-27　基于 CAN 总线的电气系统的结构原理框图

四、TTCAN 网络协议简介

在一些对实时性要求很高的控制系统中，传统的事件触发（event-triggered）型 CAN 协议已经无法满足控制要求。在采用 X-By-Wire 技术的下一代汽车中，CAN 总线已经不能满足要求，尤其是涉及安全的分布式控制系统对通信确定性和可靠性的要求。在这样的背景下，出现了一些新的数据传输速率高、可靠性高、通信时间离散度小并且延迟固定的车用网络协议。这些协议都支持时间触发通信方式。例如 TTCAN、TTP/C、FlexRay、Bytefright 等。

1996—1998 年，Esprit 的 TTA（time triggered architecture）项目和 Brite-Euram 的 X-By-Wire 项目均促进了时间触发（time triggered）型通信协议的发展。2000 年 12 月，由国际标准化组织将 TTCAN（time triggered CAN）标准化，作为 ISO11898 协议的一部分，即 ISO11898-4。

TTCAN 中，消息的发送和接收都是基于时间过程来完成的。

TTCAN 存在一个主节点（master node），它基于自己的时间控制器（time controller）发送包含有全局时间的参考帧，网络中的其他节点都要求与此全局时间同步。

每两个参考帧之间的时间段称为一个基本循环，它包含有多个时间窗口。时间窗口可以分为独占时间窗、仲裁时间窗和空闲时间窗三类。其中，独占时间窗只允许某个特定的消息发送；仲裁时间窗允许多个消息帧在这段时间内传送，但它们对总线的访问仍然基于优先级仲裁完成；而空闲时间窗则用于今后系统的扩展。

整个网络需要传送的消息帧和发送时间都预先定义，因而构成一个系统矩阵（system matrix）。消息的发送与接收都将按照这个矩阵而有序地进行。此种方法使得消息的响应时间大大缩短，因而有效地满足了系统对实时性的要求。

五、FlexRay 网络协议简介

为了满足未来的车内通信需求，各大汽车公司以及半导体公司联合成立了 FlexRay 协会，并制定了 FlexRay 通信协议，以实现高性能的网络通信。

例如宝马公司在其新一代 X5 系列产品上，已经将 FlexRay 技术应用于悬架系统控制，并即将应用于发动机和底盘控制。

FlexRay 网络上一个节点的组成如图 4-28 所示。

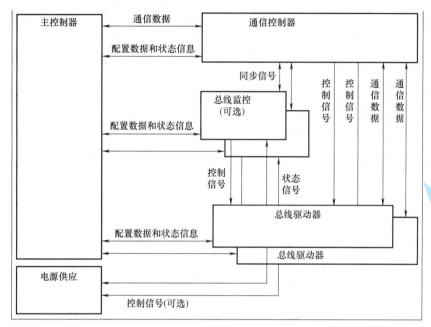

图 4-28　FlexRay 的节点组成示意图

1. FlexRay 的设计特点

FlexRay 为了保证高的数据传输量和可靠性，在设计上有如下特点：

1) 支持静态时间和动态事件驱动两种通信机制。
2) 高的数据传输速率和网络使用效率。
3) 灵活的容错能力，支持单通道与双通道操作。
4) 可靠的错误检测功能，包括时域的总线监测机制和数字 CRC 校验。
5) 能够满足汽车环境要求和质量要求的控制器和物理层。
6) 可采用多种网络拓扑结构，包括总线结构、星型结构以及多星型结构。

2. FlexRay 网络协议

FlexRay 遵循开放系统互连结构模型（open system interconnection，OSI），FlexRay 使用了其中四层，分别为物理层、数据链路层、传输层和应用层，如图 4-29 所示。

FlexRay 的通信调度也分为四层，分别为通信周期层、仲裁网络层、全局时间单元层和本地时间单元层，如图 4-30 所示。而每个通信周期由静态段、动态段、符号窗以及网络空闲时间构成。

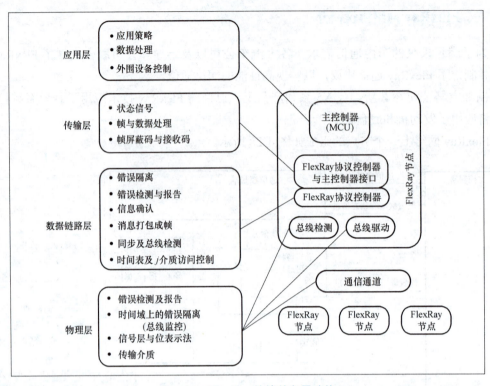

图 4-29 FlexRay 协议的各层功能

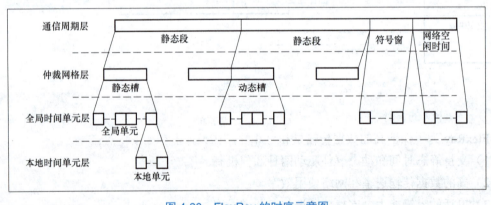

图 4-30 FlexRay 的时序示意图

第三节 电动汽车整车高压电气防护

由于电动汽车上有高压存在,为了保证乘客、驾驶人与维护人员的安全,必须设置必要的电气防护。电动汽车整车电气防护的主要措施如下:

1)高压正极与高压负极使用各自单独的高压线。

2)系统带有等电位线,用于引开接触电压。

3)插头和连接均有接触保护。

4）动力蓄电池上有可控的高压正极触点和高压负极触点。

5）动力蓄电池上安装有维修开关，在拔下维修开关后，高压电断电或电压下降。

6）采用电绝缘式 DC/DC 变换器。

7）高压部件内的中间电容器会进行放电。

8）高压元件上有互锁安全线。

9）高压元件采用绝缘监控。

10）在识别出碰撞时，动力蓄电池上的高压触点就会断开。

电动汽车高压防护的七种主要电气防护措施简述如下。

一、高压电气网络防护

电动汽车高压系统的电气网络结构决定了从供电器到用电器的电能传输路径。常用的三种电气网络结构类型是 TN 网络系统、TT 网络系统和 IT 网络系统，如图 4-31 所示。

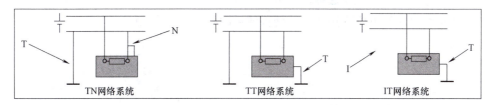

图 4-31　常用的三种电气网络结构类型

电气网络结构类型一般用两个大写英文字母表示，其中，第一个英文大写字母表示供电器是否与车身连接（T- 已连接；I- 绝缘）；第二个英文大写字母表示用电器壳体是否与车身连接（T- 已连接；N- 未连接）。电器网络的结构说明详见表 4-2。

表 4-2　电器网络的结构说明

第一个字母（供电器）	第二个字母（用电器）
是否与车身连接	壳体是否与车身连接
T 是，已连接	N 否，但与起保护作用的不带电搭铁线连接
I 否，绝缘的	T 是，以电位补偿方式（等电位）连接

1. TN 网络系统和 TT 网络系统

TN 网络系统和 TT 网络系统的结构详见图 4-32 及其注解。

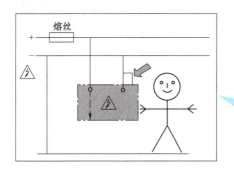

对于 TN 网络系统和 TT 网络系统，若从正极到壳体的导线出现故障，那么无论当前是何种行驶状态，高压系统都会立即被断电。

图 4-32　TN 网络系统和 TT 网络系统

2. IT 网络系统

IT 网络系统的结构详见图 4-33 及其注解。

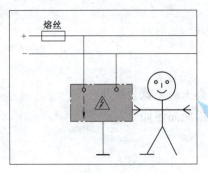

1) 电动汽车网络就是一种 IT 网络系统：如图 4-33 所示。
2) IT 网络系统的特点：其高压电系统有单独的回路，与壳体绝缘。故不会有电流经汽车车身，而是流向动力蓄电池的负极。
3) IT 网络系统的优点：若从正极到壳体的导线出现故障，则无论当前是何种行驶状态，IT 网络系统都不会被断电。

图 4-33 IT 网络系统

3. IT 网络系统出现等电位连接故障情况的处置

IT 网络系统出现等电位连接故障的处置详见图 4-34 及其注解。

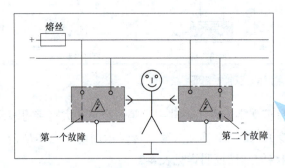

1) 当第一个故障出现时：系统仍能够工作，但会有报警信息。
2) 当第二个故障出现时：动力蓄电池系统 BMS 会切断高压系统，同时系统内部会短路，功率电子装置内部的熔丝和维修开关的熔丝会爆开，组合仪表上会有报警信息，高压系统无法工作，也无法重新启动。

图 4-34 IT 网络系统出现等电位连接故障

4. IT 网络系统出现非等电位连接故障的处置

IT 网络系统出现非等电位连接故障的处置详见图 4-35 及其注解。

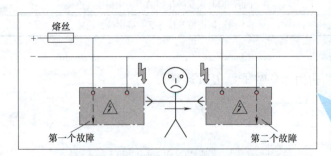

1) 当第一个故障出现时，系统仍能够工作，且无安全风险，但会有报警信息。
2) 当第二个故障出现时，故障电流可能会流经人体全身，其电流路径是：正极电路→第一个用电器壳体→人体→第二个用电器壳体→负极电路。

图 4-35 IT 网络系统出现非等电位连接故障

二、高压电缆防护

高压电缆防护结构详见图 4-36 及其注解。

第四章 电动汽车的电气控制系统

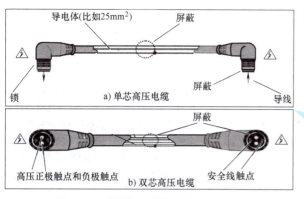

图 4-36 单芯与双芯高压电缆和结构

1)电动汽车的高压电缆通常都是橙色的,且具有一层绝缘可靠的屏蔽。分单芯与双芯两种,如图 4-36 所示。
2)单芯高压电缆的高压正极与高压负极通过各自单独的导线与高压部件相连接,故电动汽车的车身不做搭铁。

三、插头的接触保护和插座的接触保护

插头的接触保护和插座的接触保护结构详见图 4-37 及其注解。

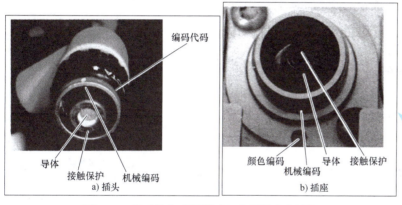

图 4-37 电动汽车高压插头与高压插座的结构

1)电动汽车高压插头与高压插座都具有特殊的结构形式,如图 4-37 所示。
2)除了机械编码与编码代码外,主要是对高压电采取的绝缘可靠的接触保护。

四、维修开关

维修开关的功能详见图 4-38 及其注解。

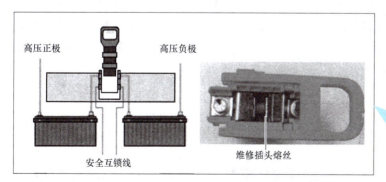

图 4-38 动力蓄电池内部的维修开关线路与维修插头熔丝

1)维修开关的功能:电动汽车上都安装有维修开关,其功能是保证在维修时断开高压电。
2)当拔下维修开关后,连接动力蓄电池高压正极与高压负极的安全互锁导线就断开,于是动力蓄电池内部连接也断开。

五、高压系统的高压互锁

高压系统的高压互锁原理详见图 4-39 及其注解。

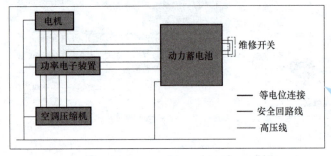

图 4-39　高压系统的高压互锁回路

> 1）高压系统的高压互锁原理：利用低压电网来监控高压电网。高压互锁的安全回路是一个包括动力蓄电池与全部用电器的低压环形线路。若将其断路，会导致高压系统立即被切断，从而对高压系统起到保护作用。
>
> 2）不可以在未断开低压安全回路的情况下拔下高压插头。

六、DC/DC 变换器内部的安全防护

DC/DC 变换器内部的安全防护详见图 4-40 及其注解。

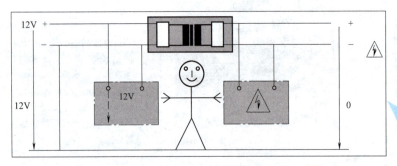

图 4-40　DC/DC 变换器内部的安全防护线路连接

> DC/DC 变换器内部的安全防护原理
>
> 通过电气分离装置将 DC/DC 变换器的初级线圈与次级线圈自动分离开。同时与车身搭铁的连接仍然接在 12V 低压车载供电网络上。因此，DC/DC 变换器的初级线圈与次级线圈之间就不会再有电压了。

七、电容器的放电保护

在电机控制器（MCU）或功率电子装置内部安装了具有放电作用的电容器。通过放电可以消除这些电容器上的残余电压。放电过程可分为主动放电与被动放电。

主动放电是由电动汽车的管理系统来控制的，每次切断高压系统或者中断控制线时，都会发生主动放电过程。被动放电则是为了在拆卸高压部件之前，保证能够先将高压部件内部的残余电压消除掉。例如在拔下维修开关之后，需要等待一段时间才能开始高压部件的维修工作，就是为了让高压部件内部的残余电压可靠地消除掉。

第四节　与电动汽车安全驾驶有关的新技术

目前正开始使用并迅猛发展的与电动汽车安全驾驶有关的新技术主要包括先进驾驶人辅助系统（Advanced Driver Assistance System，ADAS）、车联网以及智能驾驶（或自动驾驶）等。

一、先进驾驶人辅助系统

驾驶的基本任务是保持车道行驶和监控各种道路危险。同时还有不可避免的其他次要任务,如查看地图、接手机或车载电话、照看儿童、听收音机以及与同伴交谈等。所有这些次要任务必然导致驾驶人注意力分散,并从驾驶的基本任务转移,乃至威胁行车安全。因此,采用一系列驾驶安全控制系统是非常必要的。

ADAS 是一种在车辆行驶过程中全程帮助驾驶人的主动安全辅助系统。其主要分类有:① 执行自动完成重复、枯燥或困难任务的系统,如自适应巡航、自动停车、平行泊车辅助等;② 执行驾驶人获得关键信息的系统,如自适应前照灯、盲点检测、车道偏离等;③ 执行有助于预防事故发生或减轻事故严重性的系统,如紧急制动辅助、驾驶人疲劳检测与防撞等。按照系统控制车辆的方法分类,如转向控制、车辆偏离警告、车道保持辅助系统以及平行泊车辅助等。

先进驾驶人辅助系统(ADAS)的主要内容分述如下:

1. ADAS 概述

(1) ADAS 的功能　当开关处于使能状态时,通过安装在车辆前风窗玻璃中部靠上的位置(内后视镜底座罩盖内)的前视摄像头来检测车辆前方的道路和环境信息,在满足一定条件时提供报警信息供驾驶人参考,以便辅助驾驶人更安全、更可靠地进行车辆操控。驾驶辅助系统可实现以下功能:

- 车道偏离报警(LDW)
- 前向碰撞预警(FCW)
- 智能速度辅助(SAS)
- 自动紧急制动(AEB)

(2) ADAS 的组成

1) 前向摄像头模块:前向摄像头模块 1 的安装位置如图 4-41 所示。前向摄像头一般由镜头、PCB 总成、外壳、后盖、标签和支架等组成。当开关处于使能状态时前向摄像头启动,图像传感器完成由镜头采集的光信号到电信号的光电转换,在图像处理芯片内完成图像处理和信息采集,达到一定条件时通过 CAN 网络发送请求信号到其他 ECU,完成报警提醒或车辆控制相应操作。

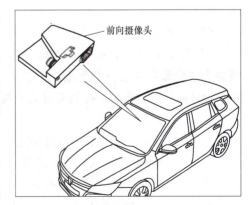

图 4-41　前向摄像头模块 1 的安装位置

2) 驾驶辅助系统开关:通过操作娱乐显示屏上的功能开关,可开启、关闭或设置车道偏离报警、前向碰撞预警功能、智能速度辅助系统和自动紧急制动系统功能。

3) 驾驶辅助系统开关指示灯:驾驶辅助系统功能的系统指示灯位于组合仪表上,当相应的功能开启或关闭时,对应的系统指示灯会被点亮或熄灭。

(3) ADAS 的控制图　ADAS 的控制图如图 4-42 所示。

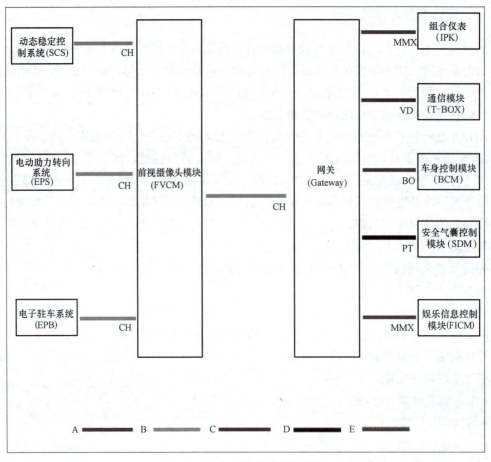

图 4-42 驾驶辅助系统控制图

A—车身高速 CAN 线　B—底盘高速 CAN 线　C—诊断 CAN 线　D—动力高速 CAN 线　E—多媒体高速 CAN 线

（4）车道偏离报警功能的运作过程

1）当车道偏离报警（lane departure warning，LDW）开关处于使能状态时，通过前视摄像头来检测车辆前方的车道线信息，当检测到车轮即将或已经越出车道线时，通过声音和指示灯向驾驶人报警，提醒驾驶人及时纠正方向，使车辆在车道线内行驶，从而提高行车安全。

2）车辆上电后，LDW 开关默认处于 ON 状态，当满足一定条件时即可发出报警；系统自检无误，LDW 功能默认开启，具体状态如下。

① ON：组合仪表中指示灯熄灭。

② Working：若此时车速等满足 LDW 的工作条件且车轮即将轧线或已经轧线，在显示中轧线侧车道线会显示为红色，另一侧白色同时轧线侧发出报警声音。车辆重新回到车道线内后，LDW 系统在下次轧线时重新报警。

③ OFF：用户可按下 LDW 开关，手动关闭该功能，指示灯常亮黄色，同时信息中心弹出"车道偏离报警关闭"。

3）同时满足以下条件，LDW 才工作：

① 前视摄像头无故障。

② 前视摄像头视野无遮挡。

③ 上电初始状态或开关关闭后又重新开启处于 ON 位置。

④ 与整车相关系统等通信正常。

⑤ 车速不小于 60km/h 功能进入。

⑥ 车速小于 55km/h 功能关闭。

⑦ 车辆档位处于非倒车档。

⑧ 左 / 右转向灯和安全警告灯关闭。

4）其工作场景至少应包括：

① LDW 功能应能适应不同的工作环境，如白天、傍晚、夜晚时的单线 / 多线车道以及车道部分残损、覆盖、模糊等情况。

② 对于极端恶劣的天气或路况，允许 LDW 暂时降低功能或退出工作。

（5）前向碰撞预警（forward collision warning，FCW）功能的运作过程

1）当开关处于使能状态时，通过前向摄像头来检测车辆前方其他车辆的信息。

2）车辆上电后，FCW 开关默认处于 ON 状态，当满足一定条件时即可发出报警；用户可按下 FCW 开关，手动关闭该功能且信息中心显示弹出"前撞预警系统关闭"。

3）同时满足以下条件，LDW 功能才工作：

① 前视摄像头无故障。

② 前视摄像头视野无遮挡。

③ 上电初始状态或开关关闭后又重新开启处于 ON 位置。

④ 车速不小于 8km/h 功能进入。

⑤ 车速小于 5km/h 功能关闭。

⑥ 车辆档位处于非倒车档。

⑦ 与上一次报警时间间隔不少于 2s。

⑧ 整车相关系统通信正常。

⑨ 制动踏板被踩下未超过一定时间（无制动操作）。

⑩ 加速踏板行程变化率小于一定阈值（无急加速）。

（6）智能速度辅助系统的运作过程

1）当智能速度辅助系统（speed assistant system，SAS）开关处于使能状态，巡航控制开关同时处于 OFF 位置时，通过前视摄像头来检测道路边的速度限制标识，主动干预车速控制，使车辆保持在允许的最高车速限制以内。

2）智能速度辅助系统启用时，组合仪表上智能速度辅助系统灯绿色常亮，当车辆路过第一个被识别到的限速标识后，实时限速值显示在组合仪表中，车辆将被限制在此速度以下行驶，驾驶人可以通过以下操作暂时或直接关闭智能速度辅助系统：

① 通过深踩加速踏板，暂时超越限速值，此时组合仪表上智能速度辅助系统灯绿色闪烁。

② 轻按巡航开关顶端的 SET 键可暂时取消智能速度辅助系统功能，此时组合仪表上智

能速度辅助系统灯变为黄色，再次轻按 SET 键可恢复智能速度辅助系统功能。

③ 将巡航开关拨到 ON 位置可以关闭智能速度辅助系统功能，此时组合仪表上智能速度辅助系统灯消失。

(7) 自动紧急制动系统的运作过程

1) 当自动紧急制动系统（autonomous emergency braking，AEB）在娱乐显示屏上的开关处于开启状态时，利用前向摄像头检测和监控本车道前方车辆和行人，并在具有发生追尾危险时采取紧急制动措施。当系统检测本车与前方车辆或者行人存在碰撞风险时，自动让制动系统介入使车辆减速，避免碰撞事故发生或减轻碰撞事故损害。车辆制动至停止后会保持静止约 2s，随后会把车辆控制权交还驾驶人。该系统在 10～80km/h 车速下工作，在超出工作速度范围时不会制动。车速介于 10～60km/h 之间时，系统可探测到行人，夜间行车时性能可能降低。

2) 满足以下条件时，自动紧急制动系统才会启动：

① 动态稳定控制系统（dynamic stability control，DSC）和牵引力控制系统（traction control system，TCS）激活状态且无故障。

② 车辆处于前进档或空档。

③ 车辆气囊未弹开。

3) 使用 AEB 的注意事项：

① 在安全地方完全停车后，再操作娱乐显示屏上的开关启用或停用自动紧急制动系统功能。

② 自动紧急制动系统仅在检测到前方车辆或行人时有效。不识别地面异形障碍（路障、隔离桩、隔离带、大石块、其他散落物等），不能识别动物。

③ 如果在自动紧急制动系统控制状态下紧急制动停车，可能会导致乘员受伤，因此要谨慎驾车、全车乘员要系好安全带。

④ 被拖车时禁止启用自动紧急制动系统。如果在被拖车期间启用自动紧急制动系统，会对车辆或担负拖车任务的车辆安全产生不利影响。

⑤ 自动紧急制动系统通过摄像头识别来检测和监控本车道内的前方车辆，不检测自行车、摩托车或小型轮式对象，如旅行箱、购物车或轮椅等，不检测一些少见的路上交通工具（牛车、马车或其他交通工具）。

⑥ 禁止特意尝试对自动紧急制动系统的控制功能进行测试，否则会造成严重伤害甚至死亡。

⑦ 自动紧急制动系统可以降低车速直至完全停车。在有些情况下，驾驶人并未预料到且并不希望采取制动。系统探测到形状或大小与行人类似的物体（包括影子）时，可能会发出错误警示或制动。这属于正常操作，车辆不需要维修。要操控自动制动，在安全的情况下，用力踩下加速踏板。

4) 在以下情况下，可能不会探测到行人（包括儿童）：

① 行人不在车辆正前方、行人非完全可见、行人非直立、有一群行人、树荫下的行人、黑暗中的行人。

② 身高低于一定高度的小孩。

5）在以下情况下，自动紧急制动系统可能无法正常工作：

① 恶劣天气导致前视摄像头识别不良，如在浓雾、大雨、大雪中行驶。

② 前视摄像头受光线影响，如视野内受逆光、对向行驶车辆的灯光、室外亮度突然变化、进出隧道时。

③ 前视摄像头被障碍物遮挡，如前方玻璃上有异物、油污。

④ 在建筑物内驾驶车辆时，如地下室停车场等。

⑤ 在特殊路况下行驶，如在弯曲道路或山坡道路上探测到前方车辆、迎面而来的车辆、横穿路口的车辆、正在拐弯的车辆、车辆的侧面、近距离快速插队切入的车辆等。

⑥ 前方车辆没有正常打开后车灯时。

⑦ 前方车辆为超大型车辆或拖车，大到摄像头识别系统不能识别时（如拖拉机、拖挂车、牵引车、泥浆车等）。

⑧ 前方车辆不规则驾驶及停放时、前方车辆骑行车道线时、和本车不在同一车道时、前方车辆被遮挡时。

2. 行人警示控制系统

（1）行人警示控制系统的功能　车辆行驶时，行人警示控制系统能够给车外人员发出适当的提示声响，用于对行人起警示作用。

（2）行人警示控制系统的组成　行人警示控制系统主要包含两部分：行人警示扬声器和行人警示控制模块，它们在车身中的位置如图4-43所示。

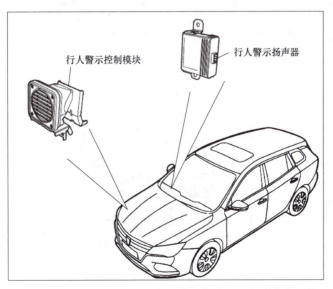

图4-43　行人警示控制模块和行人警示扬声器和在车身中的位置

（3）行人警示系统控制图　行人警示系统控制图如图4-44所示。

（4）行人警示系统的运作过程　车辆在低速模式下工作时，通过行人警示模块控制行人警示扬声器进行发声，以提示周围的行人及车辆，提高行车安全性（更多行人警示系统的发声策略请参见有关产品的用户手册)。

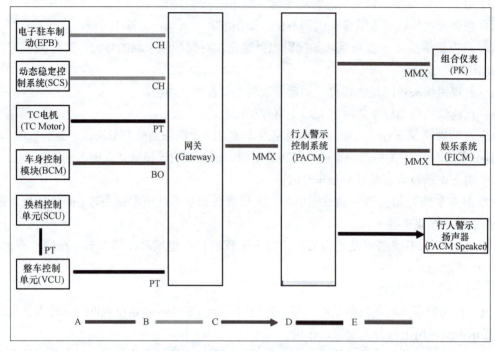

图 4-44　行人警示系统控制图

A—底盘高速 CAN 线　B—动力高速 CAN 线　C—硬线
D—车身高速 CAN 线　E—多媒体高速 CAN 线

(5) 行人警示系统元件端子接线信息　行人警示控制模块线束端插接器 FA186 端子端视图及其端子端接线信息表分别详见图 4-45 和表 4-3。

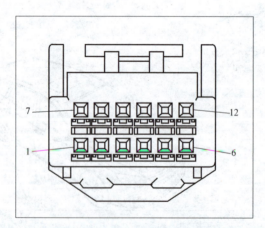

图 4-45　行人警示控制模块线束端插接器 FA186 端子端视图

3. 泊车辅助系统

(1) 泊车辅助系统的功能　在倒车过程中,如果在车辆要经过的路途上有障碍物,则泊车辅助控制系统会向驾驶人发出警告。

表 4-3　行人警示控制模块线束端插接器 FA186 端子端详细信息

端子号	描述
1	音频输出 +
2	—
3	车身高速 CAN_H
4	车身高速 CAN_L
5	—
6	电源
7	音频输出 -
8	—
9	—
10	—
11	—
12	接地

（2）泊车辅助系统的组成　泊车辅助系统由以下部分组成：后保险杠上安装的超声波传感器、组合仪表、车身控制模块、娱乐主机、娱乐主机控制的扬声器。

当车辆挂到倒车档时，使用超声波传感器监控后保险杠周围的区域，如果监控区域内检测到物体，娱乐主机控制的扬声器就会发出声音报警。系统能够探测到比较坚硬的固体障碍物，同时也能探测到铁丝栅栏之类的物体。车辆配备后视摄像头，当车辆挂到倒车档时，会在娱乐主机显示屏上提供车辆后部区域的图像。

泊车辅助系统各组成元件在车身中的位置如图 4-46 所示。

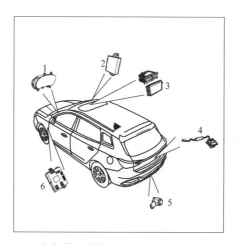

图 4-46　泊车辅助系统各组成元件在车身中的位置
1—组合仪表　2—网关　3—高配娱乐主机　4—后视摄像头　5—后部超声波传感器　6—车身控制模块（BCM）

（3）泊车辅助系统控制图　泊车辅助系统控制图如图 4-47 所示。泊车摄像头系统控制图如图 4-48 所示。

（4）后超声波传感器　后超声波传感器固定在后保险杠上，所有传感器结构都相同，颜色与车辆匹配。后超声波传感器的检测范围详见图 4-49 及其注解。

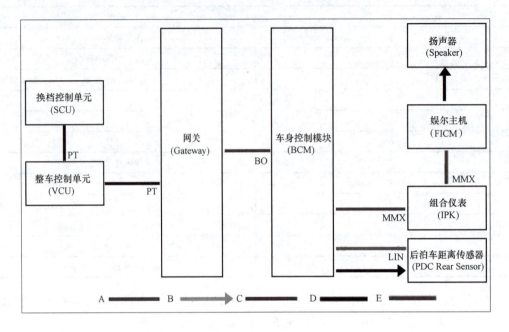

图 4-47　泊车辅助系统控制图

A—车身高速 CAN 线　B—硬线　C—动力高速 CAN 线　D—多媒体高速 CAN 线　E—LIN 线

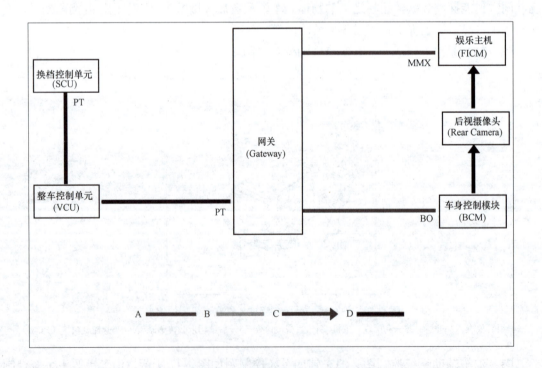

图 4-48　泊车摄像头系统控制图

A—车身高速 CAN 线　B—动力高速 CAN 线　C—硬线　D—多媒体高速 CAN 线

第四章 电动汽车的电气控制系统

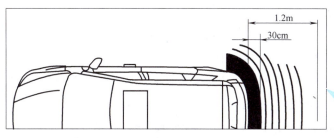

后超声波传感器的检测范围
1）组后超声波传感器的检测范围是距车辆保险杠后 1200mm 的区域。
2）在距离障碍物 300～1200mm 时，报警声的频率随着探测到的物体与车辆之间距离的缩短而增加，直到距车辆的距离约 300mm 时，可听见的报警声变成连续报警声。

图 4-49 后超声波传感器的检测范围示意图

（5）后声音报警装置 声音报警装置为娱乐主机控制的扬声器，可以发出报警声告知驾驶人系统的状态。后视摄像头在车身中的位置如图 4-50 所示。

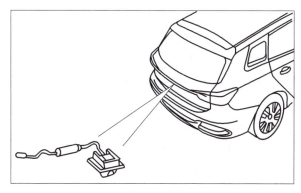

图 4-50 后视摄像头在车身中的位置示意图

（6）泊车辅助系统的运行过程 当点火开关位于位置 ON/RUN/START 且选择倒档时，系统运行。当超声波传感器接收到倒档信号后，超声波传感器向声音报警装置输出信号，使声音报警装置产生一次单独的可听见的报警声（"哔"声），表明系统处于激活状态。然后，接收来自超声波传感器的距离信息，并确定在探测范围内是否有任何物体。如果探测范围内无物体，则将不再发出可听见的报警声；如果探测到有物体，则向声音报警装置输出信号，使其产生重复的、可听见的报警声。

从探测范围的边沿，距车辆后部约 1200mm，报警声的频率随着探测到的物体与车辆之间距离的缩短而增加，直到距车辆的距离约 300mm 时，可听见的报警声变成连续报警声。

注意：如果障碍物距离传感器约 2000mm，就会出现盲区，即传感器不能检测障碍物的区域。

二、车联网简介

最早的车联网（internet of vehicles，IOV）始于车载信息系统，如车辆自带的地图导航或路况显示等。车联网是智能交通的组成部分，主要表现在车辆基于现实中的场景应用。简单地说，车联网就是把车辆作为信息网络中的一个节点，通过无线通信实现人 - 车 - 路 - 环境的协调与交互，以实现智能交通。

（1）车联网的基本概念 车联网通过利用现代化的先进传感技术、网络技术、计算机技术、控制技术、智能技术等，对道路与交通进行全面感知与控制，以达到多个系统间大范围、大容量数据的交互。车联网对每一辆车进行交通安全控制，同时对每一条道路进行全时空的交通控制，以提供交通安全与交通效率的网络与应用。

（2）车联网中的一个关键概念　车联网中的一个最关键的概念就是"联结"。对于这些"联结"可用一个统称，叫作"V2X"来表达。其中，V是指车辆（Vehicle）；而X系指行人（Pedestrian）、其他车辆（Vehicle）、路旁的通信基础设施（Infrastructure），以及电网（Grid）等。当某一车辆与其相连，则可以取其首个字母来命名。分别命名为"V2V""V2P""V2I"以及"V2G"等。目前，伴随着车联网的快速兴起，V2V、V2P、V2I、V2G等功能已经被逐步开发，并广泛应用于汽车的主动安全（ADAS）领域。例如随着电动汽车的普及，利用电动汽车的空闲时间将其转换为"移动电站"为其他设备供电的"V2G"技术，也开始在全球范围应用。

（3）车联网的联网入口　在车联网中，作为其基础通信联网的入口分为以下两种：

1）利用手机联网：将手机与车辆的端口接通，借助手机流量实现联网。

2）利用网卡联网：实用于车辆主机厂与营运商之间的合作，采用在车辆前部装置上网卡的方式进行联结。

（4）车联网的发展前景　车联网的出现为汽车制造、营销服务以及移动通信等领域带来了产业升级的良好机遇。不仅促进了汽车行业从单纯的硬件销售转变为产品与服务内容捆绑的新模式，而且使得营运商和服务商迅速定位高端客户群体提供产品与服务。例如我国对新能源汽车"必须具备远程监控能力"的政策与要求，也使得车联网将会横跨新能源汽车战略新兴产业。据初步预测：到2025年，约有60%的道路汽车将会联网；到2040年，75%的汽车将实现智能驾驶或自动驾驶，车联网将成为未来汽车的"标配"。

人们早已习惯使用全球定位系统（global position system，GPS），这仅仅是迈开汽车联网的第一步。而当未来，一个比较完善的汽车运行的智能监控系统建立起来以后，"自动驾驶"的汽车新时代就离我们不远了。

三、自动驾驶简介

（1）自动驾驶的基本概念　目前关于自动驾驶的概念尚不明晰，在实际情况中，根据驾驶人介入程度的不同，也有不同的说法，例如自动驾驶、智能驾驶、无人驾驶等。

美国加州机动车辆管理局关于自动驾驶车辆的定义是："自动驾驶车辆是指具备不需要有自然人的肢体控制或监测，就能够操作或驱动车辆能力之技术的任何车辆。不论该技术是否被启用，不包括车辆上具备一个或多个增强安全性或提供驾驶人辅助系统，但仍要有自然人的肢体控制或监测，才能有操作或驱动车辆的能力。"

需要说明的是，当前对于自动驾驶车辆的通常要求是，不但要求其装有"自动驾驶技术系统"，而且必须装有"全手动控制系统"。实际上，按照美国加州道路交通法规，自动驾驶车辆应配备"全手动驾驶系统"，以保证需要时，能够手动控制车辆。

（2）自动驾驶车辆的基本组成　自动驾驶车辆借助各类传感器（如GPS、接收器、摄像机、雷达或激光雷达等）和数据信息处理器，控制车辆躲避各种危险并严格遵守交通规则和交通标志，以安全高效地行驶到达目的地。

自动驾驶车辆的功能框图详见图4-51及其注解。

图4-51　自动驾驶车辆的功能框图

自动驾驶车辆的主要组成部分如下。

1）传感器系统，包括配置有感测车辆环境信息的传感器：

① 全球定位系统（GPS），用来提供车辆与地球的位置信息。

② 惯性测量单元（inertial measurement unit，IMU），用于感测车辆的位置与方向的变化，如加速度计、陀螺仪或其组合。

③ 雷达系统，利用无线信息感测车辆所在当地环境中的物体，还可以检测物体的速度和/或移动路径与方向。与此类似，激光雷达或激光测距仪也是用来感测车辆所在当地环境中的物体。

④ 摄像机或照相机用来捕获车辆所处周围环境的动静态图像，传感器系统中的传声器用来捕捉车辆环境中的声音。

2）控制系统用来控制车辆及其部件的运行，包括转向装置、加速踏板、制动装置、传感器融合算法，计算机视觉系统、导航/路径系统和避障系统。

①转向装置用来调整车辆的航向与路径；加速踏板则控制发动机/电机的运行速度，进而控制车辆的速度。

②制动装置包括使辆减速的几种措施的组合，如摩擦制动，以及将车辆的动能转换为电流的再生制动等措施。

③传感器的融合算法。自动驾驶车辆中通常需要输入多个不同传感器检测到的数据，这些输入被组合在一起，有助做出更加准确的决策并识别危急情况。例如，危险探测需要对来自多个摄像机的数据流进行集成和分析，如果要用在全天候条件下，还必须采用雷达数据。因此，信息融合将是自动驾驶车辆的核心技术，传感器融合算法包括卡尔曼滤波器、贝叶斯网络或其他算法等。传感器融合算法可以根据来自传感器系统的数据，进一步提供各种评估，根据实施方案，评估可以包括对车辆所处环境中的单个物体和/或特征的评价，以及对特定情况的评估，或者根据特定情况可能造成影响的评估，或一些其他评估。

④计算机视觉系统用来处理和分析摄像机捕获的图像，以鉴别车辆所处环境中的物体和/或特征，可能包括交通信号、道路边界和障碍等。计算机视觉系统可能采用对象的识别算法、运动结构算法（从运动信息中恢复三维场景结构的算法）、视频跟踪和其他计算机视觉技术。在一些实施案例中，计算机视觉系统可另外配置环境地图绘制、跟踪目标、目标速度估计等；导航和路径系统用来确定车辆行驶路径系。此外，导航和道路系统也可以动态更新运行车辆的行驶路径，在一些实施案例中，导航和道路系统配置可以并入来自传感器融合算法、GPS和一个或多个预定地图的数据，以确定车辆的行驶路径。避障系统用以识别、评估和避免或车辆所处环境中其他要通过的潜在障碍。

3）外围设备允许车辆和外部传感器、其他车辆、其他计算机系统和/或用户之间交互作用。外围设备可包括无线通信系统、触摸屏、传声器和/或扬声器。

①无线通信系统可以直接或通过通信网络与一个或多个设备进行无线通信。例如，可以使用3G蜂窝通信，也可以与无线局域网沟通，还可能采用其他如各种车载通信系统等无线协议。

②传声器用来接收来自车辆使用者的音频（例如声音命令或其他音频输入）。同样，扬声器用于对该车辆使用者输出音频。触摸屏则可以向用户提供车辆信息。在图4-51所示框图中的"用户接口"里，通过触摸屏接收来自用户的输入。

4）电源可以为车辆的各个组成部分提供能量或动力，一般为可充电电池。

5）用户接口界面。主要用于向车辆用户提供信息或接收来自车辆的用户输入。

6）计算机系统。控制自动驾驶车辆的计算机系统的组成和功能详见图4-52及其注解。

(3) 自动驾驶的社会效益与经济效益以及带来的新问题　目前自动驾驶技术仍然处于早期开发阶段，可能尚需十几年乃至几十年方能进入实际应用阶段。但当其一旦普及并实现产业化后，所带来的优越性和社会、经济效益将是异常显著的，如能够大大减少交通事故、大大缓解交通堵塞、大大降低燃油消耗、大大减少公路上的车辆数量等。

同时自动驾驶也必然会带来一系列新问题，如有关自动驾驶车辆技术标准如何统一问题，关于自动驾驶交通法规的制定、统一与执法监管问题，以及交通事故责任的认定问题等。

第四章　电动汽车的电气控制系统

计算机系统的功能

计算机系统相当于人的大脑，主要完成以下功能：

1) 各种传感器和数据采集系统所收集到的信息的接收、存储、处理。

2) 向各个执行系统（如转向系统、制动系统、加/减速系统以及停车等）发出指令，以控制车辆的各类动作与行为。

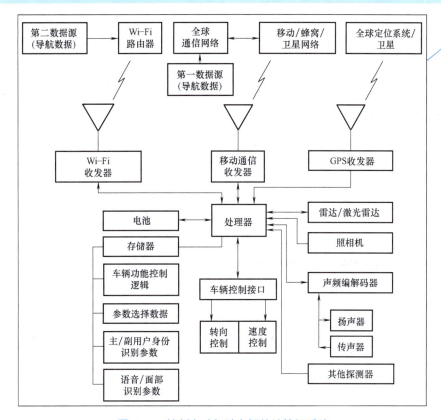

图 4-52　控制自动驾驶车辆的计算机系统

第五章 电动汽车辅助电气系统

第一节 电动汽车的快速充电系统

充电系统是保障电动汽车持续行驶所需能源的补给系统。其功能是根据车辆动力蓄电池的实时状态，进行控制启动充电或停止充电；并根据动力蓄电池的电量与温度，控制充电电流大小的调节与动力蓄电池的加热。

充电系统分为常规充电（220V 单相交流慢充）和快速充电（380V 三相交流快充）两种，以供车主根据充电时长需求来选择。

一、电动汽车快速充电系统的组成

快速充电一般使用工业 380V 三相交流电，通过功率变换后，直接将高压大电流通过电动汽车动力蓄电池的高压线束给动力蓄电池充电。快充系统的充电流程详见图 5-1 及其注解。

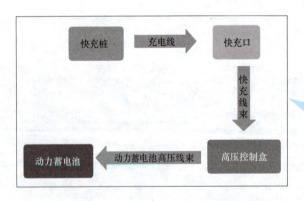

快充系统由供电设备快充桩、快充口、快充线束、高压控制盒、动力蓄电池高压线束以及动力蓄电池等组成。

图 5-1 快充系统的充电流程

1. 快充桩

（1）快充桩的功能　它类似加油站的加油机，根据不同的电压等级为各种型号的电动汽车充电。

（2）快充桩的类型　有分体式、便携式和一体式，安装于充电站、居民小区停车场和公

第五章 电动汽车辅助电气系统

共建筑（公共停车场、商场、公共楼宇）内。

（3）快充桩使用方法　分为快充与慢充两种形式，其输入端连接于交流电网，输出端带有充电插头，直接与电动汽车的快充口相连。

（4）充电卡的使用　可在充电桩人机交互操作界面上刷卡，并进行充电方式、充电时间、打印费用数据相应设置。在充电桩显示屏上会显示相应充电量、充电时间与费用等。

2. 快充口

快充口的位置与结构详见图5-2及其注解。

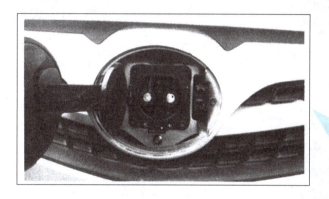

1) 快充口的位置：一般位于机舱前方的车标内部，如图5-2所示。
2) 仪表板充电指示灯：当快充口盖板打开时，充电指示灯应常亮；反之应熄灭。快充口盖板上有高压警告标志，严禁随意触碰。

图5-2　快充口的位置与结构

3. 快充线束

包括其安装位置、连接方法、快充口各端子定义及快充电阻等内容，分述如下。

（1）快充线束的位置　详见图5-3及其注解。

快充线束

1) 快充线束是连接快充口与高压控制盒的线束。
2) 快充线束一端连接车辆的快充口；另一端分成三支线束，分别为接高压控制盒的高压线束、接整车的低压线束，以及接车身搭铁点的搭铁线束。

图5-3　快充线束在整车上的具体连接位置

（2）快充线束的连接方法　详见图5-4及其注解。

111

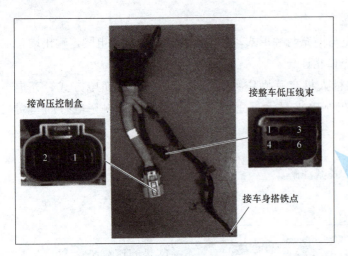

图 5-4 快充线束的连接方法

快充线束的连接方法
1）接高压控制盒
① 1 号端子：接高压输出负极 DC-。
② 2 号端子：接高压输出正极 DC+。
③ 中间：为互锁端子。
2）接整车低压线束插件
① 1 号端子：接低压辅助电源负极 A-。
② 2 号端子：接低压辅助电源正极 A+。
③ 3 号端子：接快充连接确认线 CC_2。
④ 4 号端子：接快充 CANH 信号 S+。
⑤ 5 号端子：接快充 CANL 信号 S-。
⑥ 6 号端子：未使用。
3）接车身搭铁点 PE（GND）。

（3）快充线束的快充口各端子定义　详见图 5-5 及其注解。

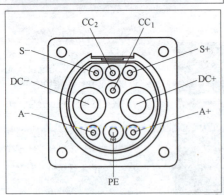

快充线束的快充口各端子定义
1）DC-：高压输出负极，经过高压控制盒快充负继电器，输出到动力蓄电池高压负极。
2）DC+：高压输出正极，经过高压控制盒快充正继电器，输出到动力蓄电池高压正极。
3）PE（GND）：车身搭铁，接蓄电池负极。
4）A-：低压辅助电源负极，接蓄电池负极。
5）A+：低压辅助电源正极，为 12V 快充唤醒信号，经过熔丝 FB27。
6）CC_1：快充连接确认线，属内部电路，CC_1 与 PE 之间有一个 1000Ω 的电阻。
7）CC_2：快充连接确认线，接整车控制器 T121/17 端子。
8）S+：快充 CANH，与动力蓄电池 BMS 及数据采集终端通信。
9）S-：快充 CANL，与动力蓄电池 BMS 及数据采集终端通信。

图 5-5　快充线束快充口各端子的定义

（4）快充电阻　详见图 5-6 及其注解。
（5）快充系统的基本工作原理　详见图 5-7 及其注解。

第五章　电动汽车辅助电气系统

1）BMS 和数据采集终端（RMS）的 CANH 与 CANL 之间分别串联了一个 120Ω 电阻，如图 5-6 所示。
2）从快充口测量 S+ 与 S− 之间的阻值，应为两个 120Ω 电阻的并联值，即 60Ω。

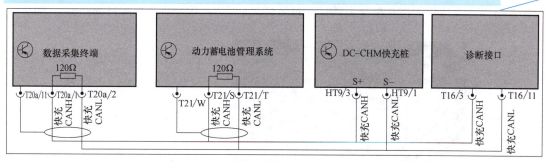

图 5-6　快充电阻

快充系统基本工作原理

1）当整车处于 ON 档且有高压时，需先进行高压断电后，再进行充电。
2）在快充时，由 12V 唤醒信号先唤醒充电桩、整车控制器、数据采集终端以及仪表等，然后整车控制器唤醒 BMS。
3）在充电过程中，整车控制器实时监控充电全过程，能够对异常情况进行紧急充电停止以及部分信息的仪表显示和监控平台信息的上传。

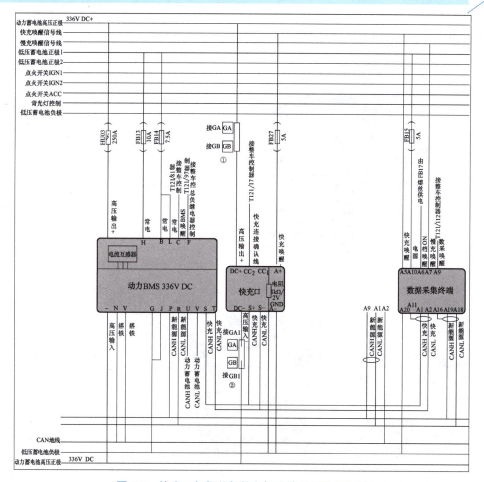

图 5-7　快充口与相关部件之间连接关系的电路图

113

4. 高压控制盒

高压控制盒的功能是完成动力蓄电池电源的输出与分配，并实现对各支路用电器的保护与切断电源。高压控制盒在整车上的安装位置详见图5-8，其外部接口与内部结构分述如下。

1）高压控制盒在整车上的安装位置如图5-8所示。橘黄色线束为高压线束，黑色线束为低压线束。

2）在线束及插件上面均标注有端子标号，如S+、S-、A+、A- 等。在操作过程中，严禁随意触碰高压线束。

图5-8　高压控制盒在整车上的安装位置

（1）高压控制盒外部接口　高压控制盒前后有快充线束插件端口、低压控制端插件端口、高压附件线束插件端口、动力蓄电池线束插件端口及电机控制器线束插件端口等。各插接件端口定义详见图5-9～图5-13及其注解。

快充线束插件端子定义
1号端子：接高压输出负极DC-。
2号端子：接高压输出正极DC+。
3号端子、4号端子：到盒盖开关，为互锁信号端子。

图5-9　快充线束插件端口的定义

电机控制器线束插件端子定义
A端子：高压输出负极。
B端子：高压输出正极。
C、D端子：互锁信号线。

图5-10　电机控制器线束插件端口的定义

低压控制端插件端子定义
1号端子：快充继电器线圈正极。
2号端子：快充负极继电器线圈控制端。
3号端子：快充正极继电器线圈控制端。
4号端子：空调继电器线圈正极。
5号端子：空调继电器线圈控制端。
6号端子：PTC控制器接地。
7号端子：PTC控制器CANL。
8号端子：PTC控制器CANH。
9号端子：PTC温度传感器负极。
10号端子：PTC温度传感器正极。
11号端子：互锁信号线，接车载充电机。

图 5-11　低压控制端插件端口定义

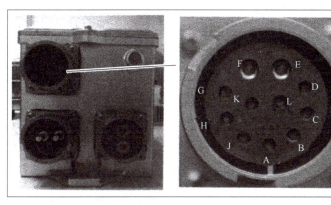

高压附件线束插件端子定义
A端子：DC/DC电源正极。
B端子：PTC电源正极。
C端子：压缩机电源正极。
D端子：PTCA组负极。
E端子：充电机电源正极。
F端子：充电机电源负极。
G端子：DC/DC电源负极。
H端子：压缩机电源负极。
J端子：PTCB组负极。
K端子：未使用。
L端子：互锁信号线。

图 5-12　高压附件线束插件端口的定义

动力蓄电池线束插件端子定义
A端子：高压输出负极。
B端子：高压输出正极。
C、D端子：互锁信号线。

图 5-13　动力蓄电池线束插件端口的定义

（2）高压控制盒内部结构　盒内有PTC控制板、PTC熔断器、空调压缩机熔断器、DC/DC熔断器、车载充电机熔断器及快充继电器等。当熔断器熔断则无电流输出，快充继电器不闭合则无法快充，从而起到保护高压附件的作用。高压控制盒及其相关连接关系电路见

图 5-14 及其注解。

高压控制线路原理

1）高压控制盒内的快充继电器有两个，即快充正继电器与快充负继电器。

2）当点火开关打到 ON 档时，ON 档继电器闭合，12V 电源经 SB01 和 FB02 熔丝到达快充正继电器与快充负继电器线圈的一端，而此时整车控制器控制线圈的另一端搭铁，故继电器闭合，高压直流电经快充正继电器由高压控制盒的动力蓄电池线束插件输出到动力蓄电池。

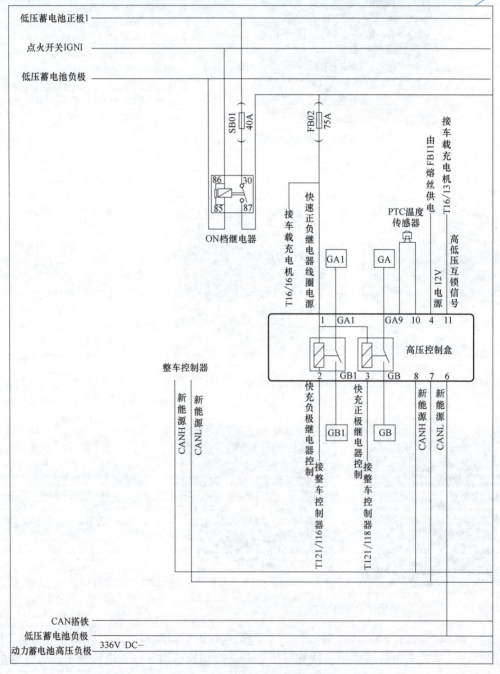

图 5-14 高压控制盒及其相关部件连接关系电路原理图

5. 高、低压互锁信号线路

高、低压互锁电路的功能是监测高压线路的连接与工作情况，如当某个高压插件未插到位，或高压插件互锁端子缺失或退针等故障发生时，动力蓄电池的 BMS 便会立即切断高压电源，从而起到以下三重保护作用：

1）在整车高压供电前，确保整个高压系统的完整性，使高压系统处于一个相对封闭的环境下工作，以提高其安全性。

2）及时启动安全防护，即当整车运行过程中，出现回路断开或者其完整性受到破坏时，能够立刻启动安全防护。

3）防止带电插拔高压插接件给高压端子造成"拉弧"损坏。

高低压互锁信号线路组成元件如图 5-15 所示；高低压互锁信号线路常见故障如图 5-16 所示。

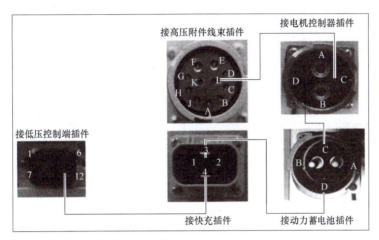

图 5-15　高低压互锁信号线路的组成元件

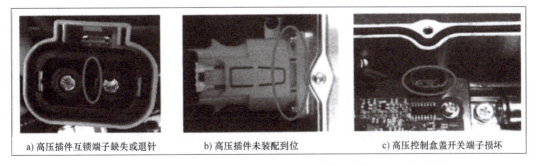

图 5-16　高低压互锁信号线路常见故障

二、电动汽车快速充电系统的工作原理

快充系统工作的控制流程线路图与快充系统工作的控制流程详见图 5-17 及其注解。快充系统工作的控制原理包括快充系统工作控制流程与快充系统充电条件两个内容，分述如下。

1. 快充系统的工作控制流程

电动汽车快充系统工作的控制流程

图中 K_1、K_2 为充电桩的高压正、负继电器;K_3、K_4 为充电桩的低压唤醒正、负继电器;K_5、K_6 为电池的高压正、负继电器;检测点 1 即 CC_1,为充电桩检测快充插头与车辆连接状态的识别信号;检测点 2 即 CC_2,为车辆控制器检测快充插头与车辆连接状态的识别信号。快充系统工作的控制流程如下:

1) 当 CC_1 与 CC_2 两个检测点检测到的电压值符合要求后,即确认充电桩与车辆已经可靠连接,然后 K_3、K_4 两个继电器闭合;充电桩输出 12V 低压唤醒信号到车辆控制器;两者进行身份辨认;握手成功之后,整车控制器报送动力蓄电池的充电需求;充电桩报送供电能力,二者进行匹配。

2) 当匹配成功后,整车控制器与 BMS 控制 K_5、K_6 闭合;充电桩控制 K_1、K_2 闭合;随即进入充电阶段。

3) 整车控制器发送充电请求和充电状态报文;充电桩反馈充电机状态报文。

4) 当车辆与充电桩均判定充电完成后,断开 $K_1 K_2$、K_5、K_6;充电截止;再断开 K_3、K_4 充电完成。

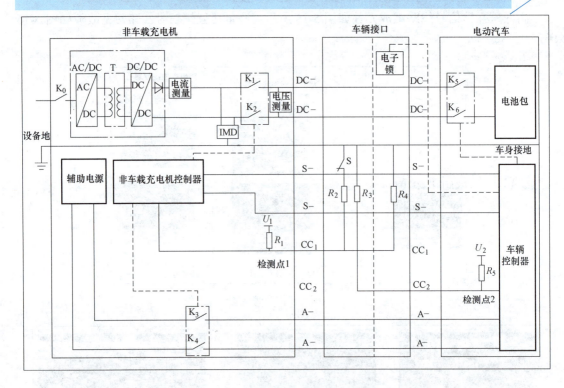

图 5-17 电动汽车快充系统工作的控制流程线路图

2. 快充系统的充电条件

由上述快充系统工作的控制流程与动力蓄电池相关知识可知,快充系统正常工作必须满足如下十个方面的条件:

1) 充电连接确认信号 CC_1、CC_2 正常。

2) BMS 的供电电源电压 12V 正常。

3) 充电唤醒信号 12V 输出正常。

4) 充电桩、整车控制器、BMS 之间的通信正常。

5) 动力蓄电池电芯的温度要求得到保障,即满足:5℃<电芯的温度<45℃。

6) 单体蓄电池最高温度与最低温度差<15℃。

7）单体蓄电池最高电压与最低电压差＜300mV。

8）实际单体最高电压不大于额定单体电压0.4V。

9）各个电气零部件的绝缘性能＞500Ω/V。

10）高低压电路连接正常（远程开关处于关闭状态）。

第二节　电动汽车的慢速充电系统

一、电动汽车慢速充电系统的结构组成

慢充系统由供电设备（慢充桩及其充电线）、车辆的慢充口、慢充线束、车载充电机、高压附件线束、高压控制盒、动力蓄电池高压线束，以及动力蓄电池组成。使用交流220V单相民用电，通过车载充电机整流变换，将交流电变为高压直流电给动力蓄电池充电。

1. 慢充系统的充电流程与供电设备

（1）慢充系统的充电流程　详见图5-18及其注解。

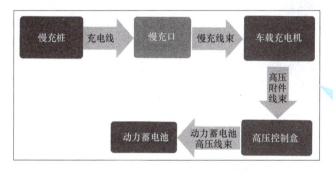

> 慢充系统将供电设备慢充桩的交流220V单相民用电通过车辆的慢充口输送给车载充电机，将交流电变为290～420V高压直流电，然后经过高压控制盒给电动汽车的动力蓄电池充电。

图5-18　慢充系统的充电流程

（2）慢充系统的供电设备　包括慢充桩、充电线和充电宝。

1）慢充桩和充电线如图5-19所示。

图5-19　慢充桩和充电线

2）充电线，详见图 5-20 及其注解。

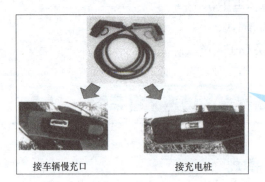

2014 年及以后生产的纯电动汽车随车配备有双弯头充电线总成。该型充电线分为 16A 和 32A 两种。

图 5-20　充电线

3）充电宝，详见图 5-21 及其注解。

1）充电宝的三相端接家用三相插座。
2）充电宝的另一端接车辆的慢充口。

图 5-21　充电宝

（3）慢充系统的慢充口　目前，电动汽车的慢充口多数处在传统汽车的油箱加油口位置，用于连接慢充桩及其充电线，如图 5-22 所示。

（4）慢充系统的慢充线束　慢充线束是指连接车辆慢充口与车载充电机之间的线束。其作用为将慢充桩输入的 220V 交流电输送到车载充电机。慢充线束在实车上的位置如图 5-23 所示。

图 5-22　慢充口

图 5-23　慢充线束在实车上的位置

第五章 电动汽车辅助电气系统

慢充线束接车载充电机的端子详见图 5-24 及其注解。

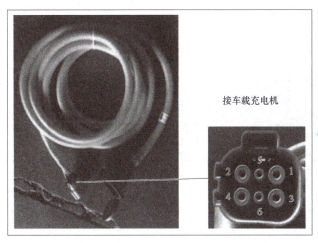

1）慢充线束的一端接车载充电机的交流输入端。
2）慢充线束接车载充电机端子的定义如下。
1 号端子：交流电源 L。
2 号端子：交流电源 N。
3 号端子：PE 车身搭铁。
4 号端子：未使用。
5 号端子：慢充连接确认线。
6 号端子：慢充控制确认线 CP。

图 5-24　慢充线束接车载充电机的端子

慢充线束的慢充口端及其端子的定义详见图 5-25 及其注解。

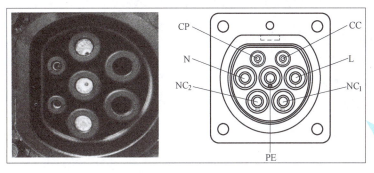

1）慢充线束的另一端接慢充口。
2）慢充线束的慢充口端端子的定义如下：
CP：慢充控制确认线。
CC：慢充连接确认线。
N：交流电源。
L：交流电源。
PE：车身搭铁。

图 5-25　慢充线束的慢充口端

2. 慢充系统的车载充电机

车载充电机的功能是将输入的 220V 交流电转换为动力蓄电池所需要的 290～420V 高压直流电，实现电池电量的补给。车载充电机的结构、电路原理与更换操作方法分述如下。

（1）车载充电机的结构　车载充电机的结构详见图 5-26～图 5-29 及其注解。

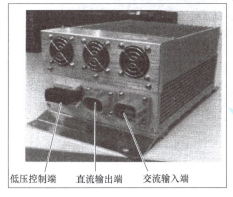

1）车载充电机在工作过程中需要协调充电桩、BMS 等部件，分为风冷与水冷两种冷却形式。它相对于传统电源而言，具有效率高、体积小、能够耐受恶劣工作环境等特点。其外观如图 5-26 所示。
2）车载充电机与外界连接分为交流输入端、直流输出端和低压控制端。其功能与端子定义详见图 5-27 与图 5-28 及其注解。

图 5-26　车载充电机外观

121

1）车载充电机的交流输入端，它与慢充线束连接，将 220V 交流电通过慢充线束输入车载充电机。其端子的定义详见图 5-24 及其注解。

2）车载充电机的直流输出端详见图 5-27 及其注解。

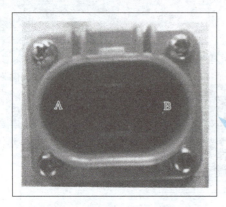

1）车载充电机的直流输出端通过高压附件线束将车载充电机转换后的 290～420V 高压直流电送往高压控制盒。

2）车载充电机的直流输出端端口的定义如下：
A 端子：高压输出负极。
B 端子：高压输出正极。

图 5-27　车载充电机的直流输出端

3）车载充电机的低压控制端，其外形与端子定义详见图 5-28 及其注解。

车载充电机低压控制端端子的定义如下

1 号端子：新能源 CANL。
2 号端子：新能源 CANGND。
5 号端子：高低压互锁信号，接压缩机控制器 T121/36 端子。
8 号端子：蓄电池负极 GND。
9 号端子：新能源 CANH。
11 号端子：CC 信号输出，接整车控制器 T121/36 端子。
13 号端子：高低压互锁信号，接高压控制盒 T12/11 端子。
15 号端子：12V 慢充唤醒信号。
16 号端子：12V 常电，经由 FB02 熔丝供电。
其他端子：未使用。

图 5-28　车载充电机的低压控制端

（2）车载充电机的电路原理与工作状态

1）车载充电机的工作状态详见图 5-29 及其注解。

第五章　电动汽车辅助电气系统

1）车载充电机上有三个指示灯，用于显示车载充电机的工作状态。

2）对车辆充电时，应注意查看指示灯是否正常。

图 5-29　车载充电机的指示灯

2）车载充电机的电路连接原理详见图 5-30 及其注解。

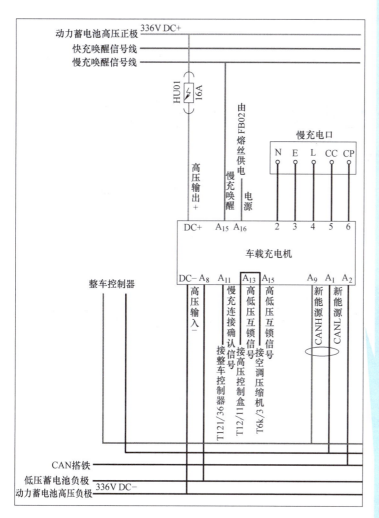

1）车载充电机主要与慢充口、整车控制器、高压控制盒以及蓄电池等外部部件发生联系。

2）车载充电机通过三个插接器（交流输入端、直流输出端和低压控制端）与外界相连接。

3）通过交流输入端接入以下各项。

1 号端子：交流电源 L。

2 号端子：交流电源 N。

3 号端子：PE 车身搭铁。

5 号端子：慢充连接确认线 CC。

6 号端子：慢充控制确认线 CP。

4）通过直流输出端导出高压直流电。

A 端子（DC-）：高压输入负极。

B 端子（DC+）：高压输出正极。

5）通过低压控制端接入以下各项。

8 号端子（A8）：蓄电池负极 GND。

16 号端子（A16）：12V 常电，经由 FB02 熔丝供电（接入低压电源）。

1 号端子（A1）：新能源 CANL（整车控制器）。

9 号端子（A9）：新能源 CANH（整车控制器）。

2 号端子（A2）：新能源 CAN-GND。

13 号端子（A13）：高低压互锁信号，接高压控制盒 T12/11 端子。

5 号端子（A15）：高低压互锁信号，接空调压缩机控制器 T6K/3 端子。

11 号端子（A11）：CC 信号输出，接整车控制器 T121/36 端子。

15 号端子（A15）：12V 慢充唤醒信号。

图 5-30　车载充电机与相关部件的电路连接原理

123

二、慢速充电系统工作原理、控制流程与充电条件

1. 慢充系统的工作原理

慢充系统的工作原理详见图 5-31 及其注解。

> **慢充系统的工作原理**
>
> 1）当慢充桩和充电线的车辆插头与电动汽车慢充口的插座插合后，充电桩通过测量检测点 4 的电压值来判断供电插头与插座是否完全连接；而车辆的控制装置则通过测量 RC 的电阻值（CC 检测）来确认车辆接口是否与插头完全连接。
>
> 2）若充电桩无故障，其供电接口已经完全连接，则开关 S_1 从 +12V 端切换至脉冲宽度调制（pulse width modulation，PWM）端，同时充电桩控制装置发出 PWM 信号。充电桩通过检测点 1 的电压值来判断充电装置是否完全连接；而车辆的控制装置则通过测量点 2 的 PWM 信号来判断充电装置是否完全连接（CP 检测）。
>
> 3）在车载充电机（OBC）自检无故障，且电池组处于可充电状态时，车辆控制装置闭合开关 S_2。
>
> 4）当电动汽车与充电桩建立电气连接后，车辆控制装置通过判断测量点 2 的 PWM 信号的占空比来确认慢充桩的最大可供电能力，且通过判断 RC 的电阻值（CC 检测）来确认电缆的额定容量。
>
> 5）车辆控制装置对充电桩当前提供的最大供电电流值、车载充电机的额定输入电流值以及电缆的额定容量三者进行比较，将其中最小值设定为车载充电机当前最大容许输入电流。
>
> 6）当车载充电机当前最大容许输入电流设定完成后，车载充电机便开始对车辆充电。

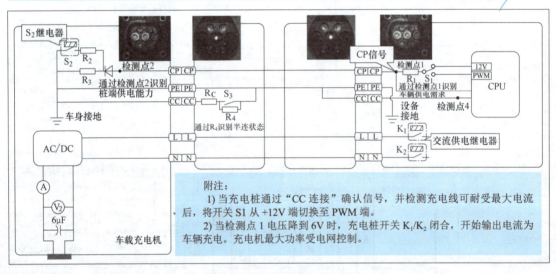

图 5-31 慢充系统的工作原理

2. 慢充系统的控制策略及其控制流程

慢充系统控制策略及其控制流程见图 5-32 和图 5-33 及其注解。

3. 模式切换与慢充系统的充电条件

（1）模式切换

1）充电模式不能切换到行驶模式：当点火开关处于 ON 档且同时在充电过程中时，若关闭充电口，车辆不能供高压电，而需驾驶人将点火开关拨到非 ON 档，然后再次拨到 ON 档，方可供高压电。

2）行驶模式可以切换到充电模式：当车辆在行驶模式时，若检测到充电需求，整车控

1）充电枪连接通过充电机反馈到整车控制器，再唤醒仪表显示"连接状态（负触发）"；充电机同时唤醒整车控制器和动力蓄电池 BMS（正触发），整车控制器唤醒仪表启动显示"充电状态（负触发）"；动力蓄电池正、负主继电器由整车控制器发出指令并由 BMS 控制闭合。

2）慢充系统启动，充电桩提供交流供电，蓄电池低压唤醒整车控制系统，动力蓄电池 BMS 检测充电需求并给车载充电机发送工作指令，动力蓄电池继电器闭合，车载充电机开始工作，进行充电。

3）当动力蓄电池检测充电完成后，BMS 给车载充电机发送停止命令，车载充电机停止工作，动力蓄电池继电器断开，充电结束。

4）整个充电过程分为六个阶段：物理连接完成阶段、低压辅助上电阶段、充电握手阶段、充电参数配置阶段、充电阶段以及充电结束阶段（图 5-33）。

5）在每个阶段，充电机和 BMS 若在规定时间内未收到对方的报文或未收到对方的正确报文，即评定为"超时"（除特殊规定外，超时的时间为 5s）。

6）当出现超时后，BMS 或充电机发送错误报文，并进入错误处理状态。

7）在对故障处理过程中，根据故障类别，分别进行不同的处理。如在充电结束阶段，若出现了故障，就会直接结束充电流程。

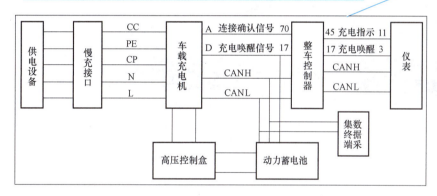

图 5-32　慢充系统的控制策略

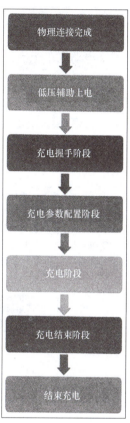

图 5-33　慢充系统充电流程

制器需先将高压断电后，再进行正常的充电流程。

（2）慢充系统的充电条件　慢充系统的充电条件必须同时满足以下十项。

1）充电线连接确认信号正常。

2）充电机供电电源 220V 与 12V 正常，充电机工作正常。

3）充电唤醒信号 12V 输出正常。

4）充电机与整车控制器和 BMS 之间的通信正常，主继电器闭合并发送电流强度需求。

5）0℃＜动力蓄电池的电芯温度＜45℃。

6）单体蓄电池的最高温度与最低温度之差＜15℃。

7）单体蓄电池的最高电压与最低电压之差＜300mV。

8）单体实际最高电压≤额定单体电压0.4V。

9）绝缘性能＞500Ω/V。

10）高、低压电路连接正常,且远程控制开关处于关闭状态。

三、高低压直流电的转换系统

电动汽车上有两个电源,一个是动力蓄电池,另一个是12V的铅酸蓄电池,它担负为车辆的低压电器设备（如灯光系统、仪表系统、娱乐系统、电动天窗、刮水器、除霜器以及各种控制器等）供电任务。

1. 高低压直流电的转换系统

高低压直流电转换系统功能与工作流程见图5-34及其注解。

1）高低压直流电转换系统的功能：电动汽车蓄电池的12V低压直流电通过动力蓄电池的290～420V高压直流电经过DC/DC变换器转换而来。此系统称为高低压直流电转换系统。

2）高低压直流电转换系统的组成：动力蓄电池、动力蓄电池高压线束、高压控制盒、高压附件线束、DC/DC变换器、低压正负极线束以及蓄电池。

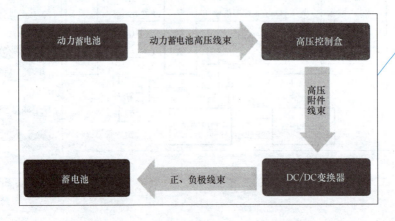

图5-34 高低压直流电转换的工作流程

2. DC/DC变换技术

（1）DC/DC变换的基本概念 将一个不受控制的输入直流电压转换成另一个受控制的输出直流电压称为DC/DC变换。DC/DC变换技术具有非常重要的功能,它可以使电子设备变得性能更加可靠、功能不断增强、使用更加方便、体积不断缩小。因此,DC/DC变换技术在计算机、航空、航天、水下运行器、通信以及电视等领域得到广泛应用。

（2）实现DC/DC变换的两种模式 实现DC/DC变换有两种模式,一种是线性调节模式（linear regulator）,另一种是开关调节模式（switching regulator）。开关调节模式相对于线性调节模式具有显著优点,详见图5-35及其注解。

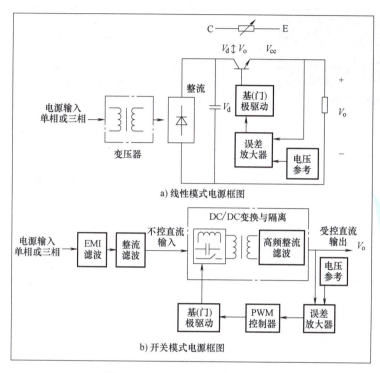

图 5-35 DC/DC 的两种变换模式

1）功耗小、效率高：在 DC/DC 变换中，电力半导体器件工作在开关状态，且工作频率很高（目前已经达到数百至 1000kHz），这使得电力半导体器件的功耗减小、效率大幅度提高。

2）体积小、重量轻：DC/DC 变换器无笨重的工频变压器。因频率提高，脉冲变压器和滤波电感与电容的体积、重量大为减小。同时因效率提高，散热器体积减小。因此，DC/DC 变换器的体积小、重量轻。

3）稳压范围宽广：DC/DC 变换器的控制方式有脉冲频率调制式（pulse frequency modulation，PFM）、脉冲宽度调制式（PWM）和混合式。其中，PWM 因具有线性度好、负载调整率高和热稳定性好等优势而得到广泛应用。目前 DC/DC 变换器中基本都采用 PWM 技术。其基本原理是通过开关管将直流电斩成方波（脉冲波），然后通过调节方波的占空比（脉冲宽度与脉冲周期之比）来调节输出电压。对于输入电压变化也可通过调节脉宽来进行补偿，故稳压范围宽广。

3. DC/DC 变换器

（1）DC/DC 变换器的功能和特点及其在实车上的位置　详见图 5-36 及其注解。

图 5-36 DC/DC 变换器在实车上的位置

1）DC/DC 变换器的功能：它相当于传统汽车的发电机，将动力蓄电池 290～420V 高压直流电转换为蓄电池的 12V 低压直流电，为整车低压用电系统供电以及为蓄电池充电。

2）DC/DC 变换器的特点：DC/DC 变换器单独放置或集成于集成式控制器内部，自然冷却。具有输入过、欠电压保护，输出过、欠电压保护，输出过载短路保护，及过温保护等功能。

3）DC/DC 变换器在实车上的位置如图 5-36 所示。它具有效率高、体积小、能够耐受恶劣工作环境等优势。

（2）DC/DC 变换器端口的定义　详见图 5-37 及其注解。

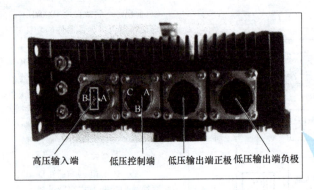

图 5-37　DC/DC 变换器端口的定义

1）DC/DC 变换器具有高压输入端、低压控制端以及低压输出端（正、负极）。

2）DC/DC 变换器的高压输入端：它接收来自动力蓄电池及高压控制盒的 290～420V 高压直流电。其端子定义：A 脚，高压输入负极；B 脚，高压输入正极；中间，高低压互锁端子。

3）DC/DC 变换器低压控制端定义：A 脚，控制电路电源正极兼使能（DC/DC 变换器使能），直流 12V 启动，0～1V 关机。B 脚，电源状态信号输出（故障线），接组合仪表 T32/12。当 12V 高电平时为故障，低电平时为正常。C 脚，接蓄电池负极，控制电路电源负极。

4）低压输出正、负极：将经过 DC/DC 变换器转化后的 12V 直流电输出到蓄电池的正、负极。

（3）用锯齿波作为调制信号的脉宽调制器原理　详见图 5-38 及其注解。

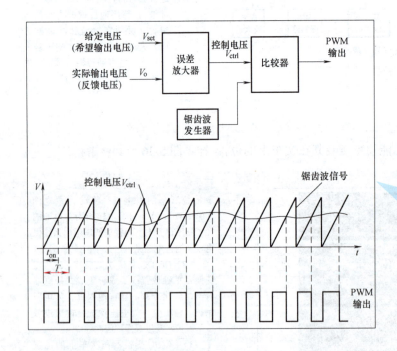

1）电压脉冲宽度调制器是一个电压-脉冲变换装置。

2）如图 5-38 所示，PWM 开关信号是锯齿波调制信号和控制电压 V_{ctrl} 合成的结果。

图 5-38　用锯齿波作为调制信号的脉宽调制器原理图

4. DC/DC 变换器的工作电路原理

DC/DC 变换器工作原理详见图 5-39 及其注解。

第五章　电动汽车辅助电气系统

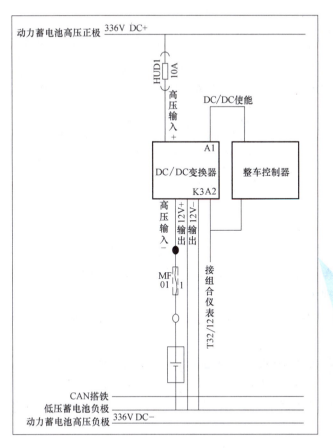

图 5-39　DC/DC 变换器的工作电路

（1）DC/DC 变换器启动过程　首先整车 ON 档供电或充电唤醒供电，动力蓄电池完成高压系统预充电流程，整车控制器发给 DC/DC 变换器 12V 使能信号，DC/DC 变换器开始工作。

（2）DC/DC 变换器的工作条件　有如下两个条件：

1）高压输入范围：为 DC 290～420V。

2）变低压使能输入范围：为 DC9～12V。

（3）判断 DC/DC 变换器是否工作的方法

1）将点火开关置于 OFF 档，断开全部用电器，并拔出钥匙。

2）按下蓄电池锁压件，打开盖板并裸露出蓄电池正极。

3）用专用万用表电压档测量蓄电池电压并记录。

4）将点火开关置于 ON 档。

5）用专用万用表电压档测量蓄电池的电压值（此电压值即为 DC/DC 变换器的输出电压）。在关闭车上用电设备的情况下，若数值在 13.8～14V 范围内，则可判断为 DC/DC 变换器工作。

6）测量值低于规定值的主要原因如下：①未关闭车上用电设备；②专用万用表测量有误差；③DC/DC 变换器故障；④蓄电池严重亏电。

第三节　电动汽车的循环冷却系统

一、循环冷却系统的功能与特点

1. 与传统汽车冷却系统的区别

电动汽车循环冷却系统与传统汽车冷却系统的区别详见图 5-40 及其注解。

2. 电动汽车的热源

电动汽车能够产生热量的主要热源包括动力蓄电池、电机、电机控制器以及车载充电机等部件，其总的散热量相当于同功率汽车的 2.5～3 倍，故必须有一套比较合理的冷却系统。如北汽 EV200 电动汽车沿用原车散热器及膨胀水箱，但采用电动水泵，而冷却液管则是全新设计。

3. 对电机和电机控制器进行冷却的原因

对电机和电机控制器进行冷却的主要原因如下：

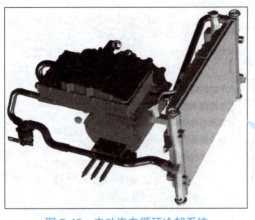

图 5-40　电动汽车循环冷却系统

1）电动汽车热源与循环冷却系统散热方式与传统汽车不同。

2）电动汽车主要部件动力蓄电池、电机、电机控制器及车载充电机的效率不能达到100%，故在能量转换过程中会产生大量热量，若不及时散将严重影响电动汽车的正常运行，甚至导致零部件损坏。

3）图 5-40 所示为电动汽车循环冷却系统，其功能是将动力蓄电池、电机、电机控制器以及车载充电机等部件工作过程中产生的大量热量及时散发出去，以保证它们在正常温度范围内稳定高效地工作。

1）当温度上升到一定程度时，电机的绝缘材料会发生本质变化，并最终失去绝缘性能。

2）随着温度的上升，由电子元器件构成的控制器会出现性能下降、电阻增加、元器件烧损、半导体结点与电路功能失效等现象。

3）随着温度的上升，电机中金属构件的硬度与强度也会下降，导致磨损加剧与变形。

4. 动力蓄电池冷却系统的特点

电动汽车动力蓄电池冷却系统分为风冷和水冷。某些电动汽车还设计了电池热管理系统。

大众高尔夫 Mk6 电动原型车采用了镍钴锰锂蓄电池，其特点是几乎不存在自发热倾向，再加上利用智能热管理控制系统便可将动力蓄电池控制在合适的温度范围内，故即使在极端温度下也无须采取冷却措施。

特斯拉动力蓄电池冷却系统的特点详见图 5-41 及其注解。

图 5-41　特斯拉 Model S85 型热管理系统内部构造

1）围绕着每一节单体蓄电池周围设计有一套专门的液体循环温度管理系统，图 5-42 所示为特斯拉 Model S85 型热管理系统内部构造。

2）在锂离子电池组内部，灌注水-乙二醇的导热铝管呈 S 形状环绕，左右两侧的接口为水-乙二醇液体的循环接口。

3）在铝管外表面使用了一层绝缘胶进行隔离，在铝管外部还包裹一层橘黄色绝缘胶带。

4）在无铝管通过的其他电池之间也使用了一层绝缘胶进行隔离。

5）特斯拉的 18650 锂离子电池是专门定制的，因其裸露在外的电池外壳都是电池的负极，为了防止外壳意外地被导体接触而造成短路，故电池外表面有一层绝缘外衣。

二、循环冷却系统的结构

电动汽车冷却系统由电动水泵、散热器、风扇、冷却液管以及冷却液等组成。

1. 电动水泵

（1）电动水泵外形　其安装位置与外形详见图 5-42 与图 5-43 及其注解，某电动汽车电动水泵的性能参数见表 5-1。

第五章 电动汽车辅助电气系统

图 5-42 电动水泵的安装位置

图 5-43 电动水泵

1）电动水泵的功能：它是电动汽车冷却系统的动力源，犹如冷却系统的心脏。其作用是对冷却液加压，使其在冷却系统中循环，带走电动汽车所产生的热量。

2）电动水泵安装位置：以北汽 EV200 电动水泵为例，它安装在车身右纵梁前部下方，位于整个冷却系统的较低位置。

表 5-1 某电动汽车电动水泵的性能参数

外接口尺寸	进出冷却液口内径	φ16mm	进出冷却液口外径	φ20mm
性能参数	额定工作电压	13V	额定输出功率	30W
	最大流量	30L/min	扬程	3.3m
	电流	2.3A		

（2）电动水泵内部结构、电器插接件及安装方法 详见图 5-44～图 5-46 及其注解。

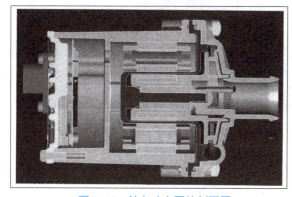

图 5-44 某电动水泵的剖面图

图 5-45 电动水泵的电器插接件

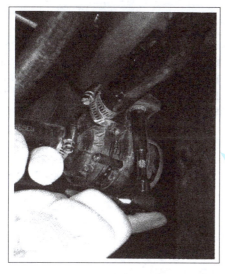

图 5-46 装配电动水泵

1）电动水泵的内部结构：图 5-44 所示为某电动水泵的剖面图。电动水泵的基本结构是一台永磁无刷直流电机。其浮动式转子与水泵叶轮注塑成一体，整个部件中无活动密封件，故无泄漏问题。严禁在无冷却液的情况下使电动水泵空载运转，否则将导致转子与定子的严重磨损与水泵损坏。

2）电动水泵的电器插接件：图 5-45 所示为电动水泵的电器插接件，它安装于水泵后盖上。插接件为两线制，分别为电机的正极与负极。

3）电动水泵的安装方法：水泵自带橡胶支架，可起到减振与降噪的作用。它通过两个 Q1860625 六角法兰面螺栓与水泵支架相连，其紧固力矩为 9～11N·m，如图 5-46 所示。

2. 电子风扇及其插接件

电子风扇及其插接件与装配方法详见图 5-47～图 5-49 及其注解。

图 5-47 电子风扇

1）电子风扇的功能：如图 5-47 所示，其功能是提高流经散热器和冷凝器的空气流速与流量，以增强散热器的散热能力，同时冷却机舱内的其他附件。它采用半径为 125mm、六叶非对称结构扇叶的双风扇两档调速构架。由整车电源分别提供双风扇的电能，并由整车控制器根据电机、各控制器以及空调压力等参数控制风扇的运行。

2）电子风扇的插接件：风扇的插接件为四线制。高速档：两"＋"接正极，两"－"接负极；低速档：两"＋"接正极，一"－"接负极，如图 5-49 所示。

图 5-48 电子风扇装配方法

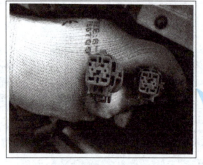

图 5-49 电子风扇的插接件

3）电子风扇的装配方法：如图 5-48 所示，风扇下部卡接在散热器的冷却液室上，上部通过两个 Q2736313A （十字槽大半圆头自攻螺钉 F 型）装配在散热器的冷却液室上，其紧固力矩为 9～11N·m。

3. 膨胀水箱与冷却管路总成

膨胀水箱与冷却管路总成的功能与结构详见图 5-50 及其注解。

图 5-50 膨胀水箱

1）膨胀水箱的功能：为冷却系统排气、膨胀与收缩提供受压容积，并补充冷却液和缓冲热胀冷缩的变化，同时作为冷却液的加注入口。故膨胀水箱加液不能过满。当膨胀水箱内液体全部用空时，需打开散热器盖检查液面后，再添加冷却液，否则膨胀水箱将失去其功能。膨胀水箱位置必须高于冷却系统所有部件（以便当冷却液受热膨胀至使散热器盖上蒸汽阀打开时，可使部分冷却液随着高压蒸汽一起通过冷却液管进入膨胀水箱）。EV200D 膨胀水箱开启压力为 29～35kPa。膨胀水箱采用 PP 材料，其设计压力≥200kPa。补水端外径 ϕ20mm，溢气端外径 ϕ8mm，胶管安装时需插接到底。

2）冷却管路总成：冷却液管壁厚为 4mm，内外胶均为三元乙丙橡胶（EPDM），中间为增强织物，胶管耐温等级为Ⅰ级（125℃），爆破压力可达 1.3MPa。胶管的端口设有安装定位标志，装配时此标志需与散热器上的定位标志对齐。

第五章 电动汽车辅助电气系统

三、循环冷却系统的冷却路径

有两种冷却路径：水冷式充电机的冷却路径，如图 5-51 所示；风冷式充电机的冷却路径，如图 5-52 所示。

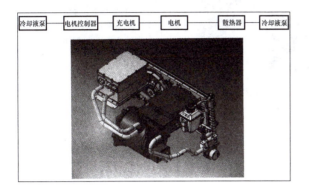

图 5-51 水冷式充电机的冷却路径

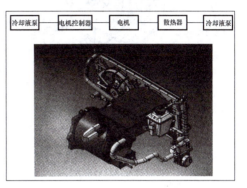

图 5-52 风冷式充电机的冷却路径

四、循环冷却系统的控制策略

冷却系统的控制策略见表 5-2 及其注解。

表 5-2 电动汽车冷却系统的控制策略

工作模式	控制单元	热源	风扇档位	ON/℃	OFF/℃
充电模式	冷却液泵	充电器	—	55	45
	风扇	充电器	低速	65	60
			高速	75	70
工作模式	冷却液泵	电机控制器	—	-30	-35
		电机	—	-30	-35
	风扇	电机控制器	低速	45	43
			高速	50	48
		电机	低速	75	73
			高速	80	78

1）冷却液泵与散热器风扇由低压蓄电池提供电源，均由整车控制器进行控制。
2）整车控制器根据整车热源温度情况，通过冷却液泵继电器来控制冷却液泵运行或关闭。整车控制器通过高速风扇继电器或低速风扇继电器控制风扇 1 和风扇 2 同时开启或关闭。

第四节 电动空调系统

一、电动空调系统概述

1. 电动空调系统的结构组成

电动空调系统的组成详见图 5-53 及其注解。

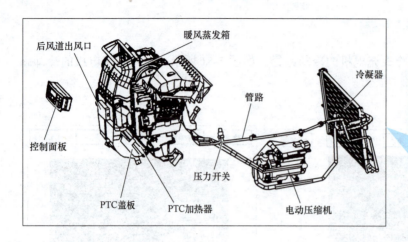

图 5-53　电动空调系统的组成

> 1）电动空调系统的组成：与传统车辆类似，由空调压缩机、冷凝器、膨胀阀、蒸发器及其管路系统组成。
> 2）区别点：主要是空调压缩机改为电动空调压缩机。

2. 电动空调系统的功能

电动空调系统的功能是对车厢内部的空气实现制冷或加热、换气与净化。

3. 电动空调系统的特点

1）空调系统是电动汽车能耗最大的辅助子系统，其能耗约占全部辅助子系统能耗的 60%～75%。因此，降耗对于空调系统意义重大。

2）电动空调系统与传统汽车空调系统的区别：

① 电动空调压缩机可用电动机直接驱动，因此对压缩机的高速性能与密封性要求较高。

② 纯电动汽车无内燃机的余热可用，需采用热泵型空调系统或辅助加热系统。

3）相对于传统内燃机汽车空调系统，电动空调系统的主要优势如下：

① 由于电动汽车解决了无三相交流电源的问题，故可采用高效的全封闭涡旋压缩机。涡旋压缩机靠电动机直接驱动，可通过精确的控制以及在常见热负荷工况下的高效率运行来降低空调系统的能耗，从而提高了电动汽车的经济性；并可在上车前预先起动电动空调来调节车内空气，提高舒适性。

② 电动空调系统可采用全封闭的 HFC134a 系统以及制冷剂回收技术，由于其整体的高度密封性，大大降低了制冷剂的泄漏损失与环境污染。

③ 其压缩机采用电驱动，效率高（比传统空调可节能 15%），噪声比传统产品低 5dB 以上，可靠性高（可免维护），故障率低，使用寿命长；由于取消了带传动及其张紧装置，减轻了整车重量。

二、电动空调系统主要部件的结构原理

1. 电动空调压缩机结构原理

详见图 5-54、图 5-55 和表 5-3、表 5-4 及其注解。

第五章　电动汽车辅助电气系统

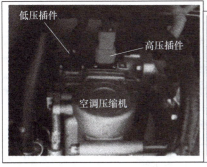
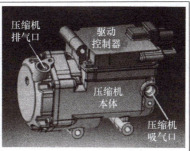

图 5-54　直流电动空调压缩机的外观与结构

1）电动空调压缩机结构：如图 5-54 所示，采用电动机驱动的电动空调压缩机安装固定在车辆的底盘上，压缩机本体上带有制冷剂循环的进出管路以及高压插头和低压插头，通常在电动空调压缩机上还集成有压缩机的控制器（功能是将高压直流电转换成三相交流电而驱动空调压缩机）。

2）涡旋式压缩机的工作原理：它包括一个定涡盘与一个动涡盘，两者的线形相同但相互错开 180°，它们偏心地安装在一起且相互啮合运转，从而完成从吸气—压缩—再压缩—排气等过程的工作循环。图 5-55 所示是涡旋式压缩机的工作过程示意图。

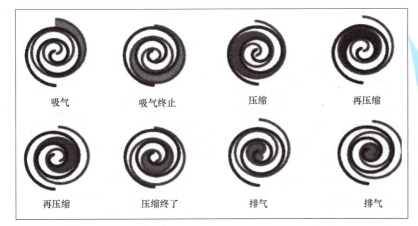

图 5-55　涡旋式压缩机的工作过程示意图

表 5-3　电动压缩机的基本参数

工作电压范围	DC 330～450V
额定输入电压	DC 384V
额定输入功率	2437W
控制电源电压范围	DC 9～15V
控制电源最大输入电流	500mA
电动机类型	直流无刷无传感器电动机，6 极
额定转速	6500r/min
最小转速	1000r/min
转速误差	<1%
排量	27mL/r
制冷剂	R134a
冷冻油	RL68H；（POE68）
制冷量	4875W

3）电动压缩机的基本参数：电动压缩机的基本参数包括额定输入电压、控制电源的电压范围、额定输入功率等，见表 5-3。

135

表 5-4　电动压缩机插接件端子的定义

插接件	端口	接口定义	备 注
高压两芯（动力接口）	A	高压正	控制器与动力蓄电池连接
	B	高压负	
低压六芯（控制信号接口）	1	DC 12V 正极	
	2	空调开关信号输入	高电平或悬空为关闭（OFF），低电平或搭铁为开启（ON） 高电平输入范围：DC 5～15V，15mA；低电平输入范围：DC 0～0.8V，15mA
	3	空调调速信号输入	信号形式为 400MHz PWM 占空比信号，电压 0～15V，高电平 5~15V，15mA，低电平 0～0.8V
	4	DC 12V 负极	
	5	CANH 接口	
	6	CANL 接口	

4）电动压缩机插接件端子的定义：电动压缩机插接件包括高压两芯动力接口和低压六芯控制信号接口，其插接件端子的定义详见表 5-4。

2. 冷凝器的工作原理

冷凝器的工作原理见图 5-56 及其注解。

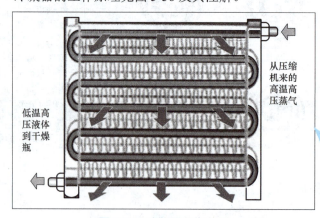

1）冷凝器是用于将来自电动压缩机的高温高压蒸气制冷剂所含的热量释放出来，并将其由气态转变为液态的一种热交换器。

2）冷凝器安装在车辆的前方，由风扇将冷空气吹过散热器的散热片，带走高温高压蒸气制冷剂所含的热量，在冷凝器的出口，制冷剂转变为高压低温的液体，然后流向干燥瓶与膨胀阀。

图 5-56　冷凝器工作原理

3. 膨胀阀结构原理

膨胀阀结构原理详见图 5-57 及其注解。

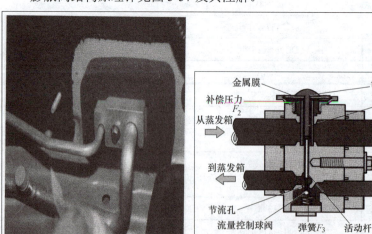

1）膨胀阀的功能是使来自冷凝器的高压低温液态制冷剂通过膨胀阀的节流孔进行节流降压转变成容易蒸发的低温低压雾状制冷剂。然后流入蒸发器。

2）膨胀阀可以根据制冷负荷的改变与压缩机转速的变化，自动调节制冷剂进入蒸发器的流量，以满足制冷循环的需要。

a）膨胀阀的外形　　b）膨胀阀的内部结构原理

图 5-57　膨胀阀的外形与内部结构原理

第五章 电动汽车辅助电气系统

4. 蒸发器的结构原理

蒸发器的结构原理详见图 5-58 及其注解。

> 1）蒸发器是与冷凝器作用正好相反的一种热交换器。经过膨胀阀降压后的制冷剂以液/气混合状态进入蒸发器，在蒸发器中的制冷剂吸收车内外部空气的热量而蒸发，在蒸发器出口，制冷剂呈低温低压的气态（制冷剂在蒸发过程中吸收大量的车内外部空气热量转变为气体，从而起到制冷作用）。
> 2）图 5-58 b 所示为蒸发器的温度传感器，它是一个保护性的传感元件。当温度低于设定值时，空调自动停止运转，防止蒸发器结冰；而当温度高于一定值时，空调又重新接通。

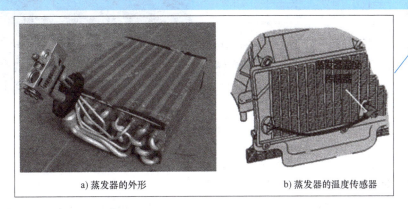

a) 蒸发器的外形　　　　b) 蒸发器的温度传感器

图 5-58　蒸发器的外形及其温度传感器

三、电动空调的送风和采暖系统

1. 电动空调的送风系统

电动空调送风系统的功能是将经过冷却（或加热）的空气，通过特定的风道送到驾驶室内部相应的部位。送风系统的组成包括鼓风机、风道、风门以及出风口等，如图 5-59 所示。

空调控制器通常与空调面板制成一体。其功能是控制电动机的调节和控制系统中的各个风门，使之按照需要移动到各种位置，以引入内部（或外部）的空气通过不同的风道，实现多种送风模式。风道内部元件及其结构如图 5-60 所示。

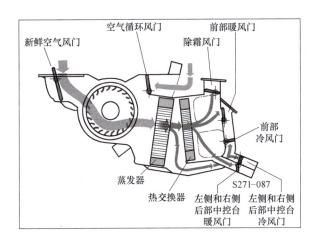

图 5-59　空调送风系统结构组成　　　　图 5-60　风道内部元件及其结构

2. 电动空调的采暖系统

电动空调采暖系统的结构原理详见图 5-61、图 5-62 及其注解。

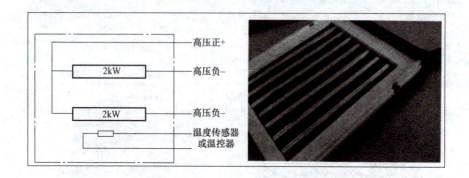

图 5-61　PTC 加热电阻的工作原理及其外形

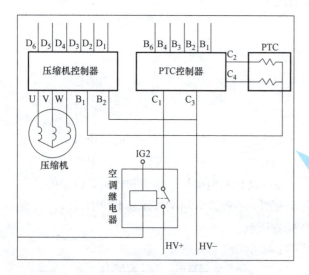

1）纯电动汽车无传统汽车发动机的热源，需采用 PTC 加热电阻作为空调暖风部分的热源。

2）图 5-61 所示为 PTC 加热电阻的工作原理及其外形。PTC 由整车控制器或空调控制器控制其搭铁回路，供给高压电源。

3）图 5-62 所示为 PTC 加热电阻电路原理，采用专门的 PTC 控制器来控制 PTC 电阻的工作。

4）控制原理：PTC 控制器采集加热请求，以及环境温度、出风模式、冷暖程度设置、风扇的风速等信息，并根据整车控制器或压缩机控制器的控制信号和 PTC 内部的温度传感器的温度信号等信息，综合控制 PTC 的通断。

图 5-62　PTC 加热电阻的电路原理

四、电动空调的控制原理

电动空调的控制原理包括空调的控制方式、冷凝风扇的控制策略、与空调系统相关控制器的通信以及电动变频空调工作原理等多项内容，详述如下。

1. 空调的控制方式

空调控制方式分为整车控制器控制和空调控制器控制，见图 5-63、图 5-64 及其注解。

2. 冷凝风扇控制策略

受空调控制器控制的空调系统电路原理见图 5-64 及其注解。

第五章　电动汽车辅助电气系统

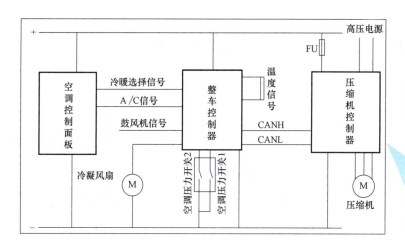

1）图 5-63 所示为受整车控制器控制的空调系统的电路原理。驾驶人先将点火开关旋至 ON 档，并按下 A/C 按钮，即发出空调系统制冷功能的请求。

2）整车控制器接到 A/C 请求信号，同时空调开关上工作状态指示灯点亮。

3）接着，整车控制器根据其内部储存程序，控制制冷系统开始工作。

图 5-63　受整车控制器控制的空调系统的电路原理

受空调控制器控制的空调系统的电路原理

如图 5-64 所示，其关键是对冷却风扇进行控制，风扇的工作条件如下：

1）开启条件：高低压开关闭合，且有 A/C 请求信号开启，或电池制冷请求信号开启。

2）关闭条件：高低压开关断开，或 A/C 请求信号关闭。

3）关闭延时控制：分两种情况，一是在待机模式下，高低压开关断开请求关闭，冷却风扇延时 5s 关闭；二是在开机模式下，高低压开关断开时，冷却风扇延时 5s 关闭。若高低压开关闭合，且关闭 A/C 请求信号，则冷却风扇延时 5s 关闭。风扇控制与系统压力的关系详见表 5-5。

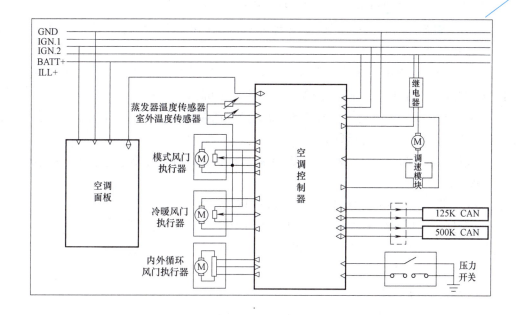

图 5-64　受空调控制器控制的空调系统的电路原理

139

表 5-5　电子风扇控制与系统压力的关系

序号	系统压力工况	系统高低压触发状态	系统中压触发状态	风扇请求状态
1	压力过低	触发	未触发	停机
2	压力正常	未触发	未触发	低速
3	压力偏高	未触发	触发	高速
4	压力过高	触发	触发	高速

3. 空调系统的内部通信原理

空调系统的内部通信原理包括以下三个方面的内容。

（1）空调控制器与 PTC 控制器的通信原理　空调控制器与 PTC 控制器的通信原理如图 5-65 所示。

图 5-65　空调控制器与 PTC 控制器的通信原理

空调控制器与 PTC 控制器通过 500kbit/s 的 CAN 网络进行信息交互，根据 CAN 报文协议执行如下规定：

1）在冷暖调节（即屏幕显示）至暖区四档时，空调控制器发出 PTC 控制器使能命令。

2）当环境温度大于 35℃时，不允许 PTC 控制器加热器工作。

3）当收到整车控制器停机命令后，不允许起动 PTC 控制器加热器，若已经起动，需及时停止 PTC 控制器工作。

4）在 PTC 控制器起动状态下，若关闭空调，则风扇延时 5s 后停机，同时风向调整至吹足，此延时状态仅用于 PTC 控制器散热，显示屏在关闭时刻即关闭。

（2）空调控制器与压缩机控制器的通信原理　空调控制器与压缩机控制器通过 500kbit/s 的 CAN 网络进行信息交互，其通信原理：

1）在按下 A/C 制冷功能按键后，起动电动压缩机，同时点亮指示灯，此功能起动后自动联动内循环。

2）仅在冷暖调节至相应区间后，方可起动电动压缩机。

3）指示灯表示目前处于制冷状态，但不指示实际电动压缩机工作状态（即电动压缩机由于蒸发温度、管路压力、故障、移出相应冷暖调节区间、整车控制器停机命令等因素停机或暂时停机时，此按键指示灯不会熄灭），直至手动关闭。

4）在待机状态操作此按键，可唤醒空调，同时起动制冷功能。

（3）关于空调控制命令的规定　根据 CAN 报文协议，空调控制命令执行如下规定：

1）控制电动压缩机需同时发出使能与目标转速两项命令。

2）目标转速根据制冷程度选择，分别对应 3500r/min（最冷）、2500r/min、2000r/min、

1500r/min。

3）冷暖调节为中间状态或制暖状态时，压缩机停机。

4）蒸发温度目标值上、下限分别为1℃、4℃。

5）当环境温度低于5℃时，不允许电动压缩机工作；收到整车控制器停机命令后不允许电动压缩机起动，若已经起动，也应立即停止电动压缩机工作。

4. 电动变频空调工作原理

电动变频空调工作原理详见图5-66及其注解。

> 电动汽车电动变频空调的工作原理
> 1）其核心技术是空调变频电源系统，包括高电压自整流发电机及其稳压模块、逆变电源模块两部分。
> 2）交流逆变电源模块控制，对电动涡旋压缩机进行电压空间矢量调制，实现电动涡旋压缩机分无级变频启动、基频制冷和降频保持等过程。彻底改变了传统车用空调控制模式，节能明显，舒适度提高。
> 3）应用全封闭式涡旋压缩机以及全焊接连接方式组成整体全封闭式无漏点系统，彻底解决了车用空调的制冷剂泄漏与密封技术难题；同时简化了安装，实现了空调系统的一体化集成设计。

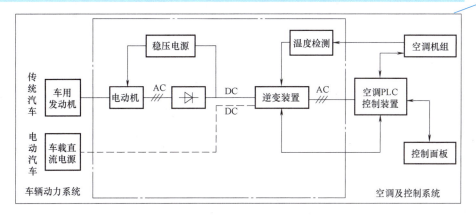

图5-66　电动汽车电动变频空调的工作原理

下篇 电动汽车检测、维护与故障诊断

第六章 电动汽车技术状况的检测

第一节 电动汽车检测概述

一、电动汽车故障检测的基本方法

1. 直接检测法

直接检测法又称人工经验检测法,是指检测人员借助丰富的实践经验与一定的理论知识,在汽车不解体或局部解体情况下,依据直观感觉,借助简单工具,采用眼观、耳听、手摸和鼻闻等手段对汽车进行检查、试验和分析,查明故障原因与部位。

2. 现代仪器设备检测法

现代仪器设备检测法是在人工经验检测法基础上发展起来的一种科学检测方法,是指在汽车不解体的情况下,利用测试仪器、检测设备和工具,通过检测整车、总成或机构的参数、曲线和波形,为判断汽车故障原因提供定量依据。与传统经验故障诊断方法相比,其特点是检查结果的客观化、定量化与精确化,并具有检测速度快、准确性高、能定量分析、可实现快速诊断等特点。并采用微机控制的现代电子仪器设备,该设备能自动分析、判断、存储并打印出汽车各项性能参数,因此,可对电动汽车的检测与故障诊断做出详细而准确的结论。

3. 综合检测法

综合检测法实际上是上述两种方法的综合使用。其基本思路是首先找到故障发生的部位,其次利用相应的仪器设备进行测试、分析与研究故障原因,并推理验证故障的产生情况;然后进行维修,确认故障已经修复;最后驾驶人员经试车验证故障修复的效果。

二、电动汽车检测常用工具、仪器与设备

电动汽车检测常用工具、仪器与设备如下。

1. 电动汽车常用检测工具与仪器类

电动汽车常用检测工具与仪器包括跨接线、测试灯、发光二极管、真空表、手提式真空泵、汽车万用表、钳形电流表、汽车故障诊断仪(解码器)、扫描仪、示波器、声级计以及油漆厚度检测仪等。

2. 电动汽车常用检测设备类

电动汽车常用检测设备类包括功能比较齐全的测功机、底盘测功机、制动试验台、侧滑试验台、前照灯检测仪、车速表试验台、四轮定位仪以及车轮平衡仪等。

三、电动汽车主要性能项目的检测标准

1. 电动汽车车速表的检测标准

1）按照 GB 7285—2017《机动车运行安全技术条件》有关规定，车速表指示误差的检验宜在滚筒式车速表检验台上进行。对于无法在车速表检验台上检验车速表指示误差的机动车（如全时四轮驱动汽车、具有驱动防滑控制装置的汽车等）可路试检验车速表指示误差。

2）设车速表指示车速 V_1（单位：km/h），车速表检验台指示仪表的指示值为 V_2（单位：km/h），两者之间应满足下列关系：$0 \leqslant (V_1-V_2) \leqslant \left(\dfrac{V_2}{10}+4\right)$

3）检测标准：

① 将被测车辆车轮驶上车速表检验台的滚筒上使之旋转，当该车辆的车速表读数 V_1=40km/h 时，V_2=32.8～40km/h 范围内为合格。

② 当时 V_2=40km/h 时，V_1=40～48km/h 范围内为合格。

2. 电动汽车侧滑的检测标准

1）按照 GB 7285—2017 有关规定，汽车车轮定位应符合该车有关技术条件。车轮定位值应在产品使用说明书中标明。对于前轴采用非独立悬架的汽车，其转向轮的横向滑移量用侧滑试验台检测时，侧滑量值应在 –5～5m/km 之间。

2）侧滑量的方向规定为外正内负。

3. 电动汽车制动性能的检测标准

汽车制动性能应满足以下六个方面的标准要求。

（1）制动力要求（按照 GB 7285—2017 有关规定）

1）前轴制动力与前轴荷之比≥60%。

2）制动力总和与整车质量之比①空载：≥60%；②满载：≥50%。

3）乘用车和总质量不大于 3500kg 的货车后轴制动力与后轴载荷之比≥20%，详见表 6-1。

（2）制动力平衡要求　在制动力增长的全过程中，同时测得的左右轮制动力差的最大值，与全过程中测得的该轴左右轮最大制动力中大者之比，对于二手车：

1）前轴≤24%。

2）对后轴（及其他轴）在轴制动力不小于该轴轴荷的 60% 时，不应大于 30%。

3）当后轴（及其他轴）在轴制动力小于该轴轴荷的 60% 时，在制动力增长的全过程中，同时测得的左右轮制动力差的最大值，不应大于该轴轴荷的 19%。

（3）制动协调时间要求

1）液压制动系统：不得大于 0.35s。

2）气压制动系统：不得大于 0.60s。

采用气压制动的汽车，按照 GB 12676—2014《商用车辆和挂车制动系统技术要求及试验方法》规定的方法进行测试时，从踩下制动踏板到最不利的制动气室响应时间应不大于 0.6s，且对具有牵引功能的汽车从踩下制动踏板到主挂间气压控制管路接头延长管路末端的

响应时间还应不大于0.4s；采用气压制动的挂车，按照GB 12676—2014规定的方法进行测试时，从主挂间气压控制管路接头处到最不利的制动气室响应时间应不大于0.4s。

(4) 车轮阻滞率要求　在进行制动力检测时，车辆各轮的阻滞力均不应大于该轴轴荷的10%。

(5) 驻车制动性能要求

1) 驻车制动力总和应不小于该车在测试状态下整车质量的20%。

2) 对质量为整备质量1.2倍以下的车辆，应不小于该车在测试状态下整车质量的15%。

(6) 制动踏板力要求

1) 满载检验时：

① 气压制动系统：气压表的指示气压≤额定工作气压。

② 液压制动系统踏板力：乘用车≤600N；其他机动车≤700N。

2) 空载检验时：

① 气压制动系统：气压表的指示气压≤750kPa

② 液压制动系统踏板力：乘用车≤400N；其他机动车≤450N。

表6-1　电动汽车制动检验台制动力检验标准

制动力总和与整车质量的百分比 /%		轴制动力与轴荷的百分比 /%	
空载	满载	前轴	后轴
≥60	≥50	≥60	—

4. 电动汽车前照灯的检测标准

按GB 7285—2017有关规定，汽车前照灯的检测标准包括以下两方面的要求。

(1) 前照灯远光灯灯束发光强度检测标准　见表6-2。

表6-2　电动汽车前照灯远光灯灯束发光强度检测标准（cd）

机动车类型	检查项目			
	新注册车		在用车	
	两灯制	四灯制	两灯制	四灯制
最高设计时速小于70km的汽车	10000	8000	8000	6000
其他汽车	18000	15000	15000	12000

注：四灯制是指前照灯具有四只远光灯束；采用四灯制的机动车其中两只对称的灯达到两灯制的要求时视为合格。

(2) 前照灯光束偏移量检测标准

1) 在检验前照灯近光光束照射位置时，前照灯照射在距离10m的屏幕上时，①乘用车前照灯近光光束明暗截止线转角或中点高度应为0.7～0.9H（H为前照灯基准中心高度，下同）；②其他机动车（拖拉机除外）应为0.6～0.8H；③机动车（只装有一只前照灯的机动车除外）前照灯近光光束水平方向的位置要求向左偏不容许超过170mm，向右偏不容许超过350mm。

2) 在检验前照灯远光光束及远光单光束照射位置时，前照灯照射在距离10m的屏幕上时，要求光束中心的离地高度①对乘用车为 0.85～0.95H；②其他机动车为 0.80～0.95H。

③ 机动车（只装有一只前照灯的机动车除外）前照灯远光光束水平方向的位置要求如下：在空载车状态下，汽车、摩托车前照灯近光光束照射在距离 10m 的屏幕上，近光光束明暗截止线转角或中点的垂直方向位置，对近光光束透光面中心（基准中心，下同）高度不大于 1000mm 的机动车，应不高于近光光束透光面中心所在水平面以下 50mm 的直线且不低于近光光束透光面中心所在水平面以下 300mm 的直线；对近光光束透光面中心高度大于 1000mm 的机动车，应不高于近光光束透光面中心所在水平面以下 100mm 的直线且不低于近光光束透光面中心所在水平面以下 350mm 的直线。除装用一只前照灯的三轮汽车和摩托车外，前照灯近光光束明暗截止线转角或中点的水平方向位置，与近光光束透光面中心所在处置面相比，向左偏移应小于等于 170mm，向右偏移应小于等于 350mm。

在空载车状态下，对于能单独调整远光光束的汽车、摩托车前照灯，前照灯远光光束照射在距离 10m 的屏幕上，其发光强度最大点的垂直方向位置，应不高于远光光束透光面中心所在水平面（高度值为 H）以上 100mm 的直线且不低于远光光束透光面中心所在水平面以下 0.2H 的直线。除装用一只前照灯的三轮汽车和摩托车外，前照灯远光发光强度最大点的水平位置，与远光光束透光面中心所在垂直面相比，左灯向左偏移应不大于 170mm 且向右偏移应不大于 350mm，右灯向左和向右偏移均应不大于 350mm。

5. 电动汽车喇叭噪声的检测标准

电动汽车喇叭声级限值详见表 6-3。

表 6-3　电动汽车喇叭声级限值

车辆类型	喇叭声级 /dB（A）
最大功率≤ 7kW 的摩托车和轻便摩托车	80～112
其他机动车	90～115

6. 电动汽车动力性检测标准

电动汽车动力性检测标准，根据功率测定的方式不同包括以下两种情况的规定。

1）采用底盘测功机检测汽车驱动轮输出功率时，规定乘用车若能达到发动机输出功率的 70%，即可表明传动系统技术状况良好。

2）采用发动机综合测试仪检测无负荷功率时，规定无负荷功率值不得小于额定功率的 80%。

第二节　电动汽车高压安全检测方法

电动汽车高压安全检测的主要内容包括车辆绝缘的检测、用钳形电流表检测电流、通过断电检查故障以及高压互锁的检测四项内容。

一、车辆绝缘的检测方法

1. 绝缘电阻仪的功能与分类

绝缘电阻仪的功能与分类详见图6-1及其注解。

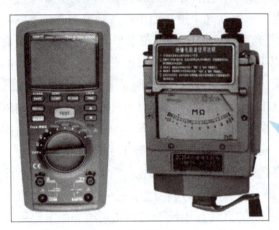

绝缘电阻仪的功能与分类
1）绝缘电阻仪的功能：绝缘电阻仪是检测电动汽车电气系统绝缘性能的一种主要工具。
2）绝缘电阻仪的的分类：
● 数字式绝缘电阻测试仪
● 指针式绝缘电阻测试仪

图6-1 数字式与指针式绝缘电阻测试仪

2. 绝缘电阻仪使用注意事项

绝缘电阻仪使用注意事项详见图6-2及其注解。

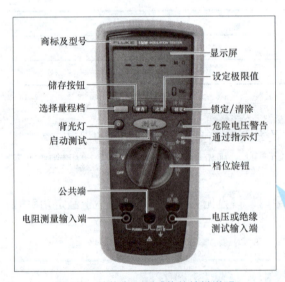

图6-2 绝缘电阻测试仪的按键说明

1）首先要熟悉绝缘电阻测试仪的按键功能。如图6-2所示，绝缘电阻测试仪的表面可分为上中下三个部分：①上部为测量数据（测量结果）显示屏；②中部是各种测试按钮、指示灯与档位选择开关；③下部是测试笔测试探头的插孔。

2）必须严格按照测试仪手册的规定使用，否则可能破坏测试仪提供的保护措施。

3）在将被测电路与测试仪连接之前，始终应记住选用正确的端子、开关位置和量程档。

4）在正式使用测试仪之前，先用测量仪测量已知电压来验证测试仪操作是否正常。

5）在端子之间或任何一个端子与搭铁点之间所施加的电压不能超过测试仪上标明的额定值。

6）当出现电池低电量指示符时，应尽快更换电池。

7）在测试电阻、导通性、二极管或电容前必须先切断被测电路系统电源，并将其中所有的高压电容放电。

8）在测量交流42V峰值或直流60V以上电流时，有可能造成触电危险，操作时应格外小心。

9）当用于测试导线时，手指应保持在保护装置的后面；切勿在爆炸性气体或蒸气附近使用测试仪。

第六章 电动汽车技术状况的检测

3. 用绝缘电阻仪测量绝缘高压线束的绝缘性能

用绝缘电阻仪测量绝缘高压线束的绝缘性能详见图 6-3、图 6-4 及其注解。

用绝缘电阻仪测量绝缘高压线束绝缘性能（绝缘电阻）的方法
1）首先将测试探头分别插入测试仪的电压输入端子与公共（COM）输入端子。
2）将旋转开关旋至所需要的测试电压档。
3）连接探头与待测电路，测试仪自动检测电路是否通电。
4）按住黄色椭圆形测试按钮，启动测试。此时，应注意观察测试仪显示屏：①主显示位置显示高压符号 Z，并以 MΩ 或 GΩ 为单位显示电阻；②辅显示位置显示被测电路上所施加的测试电压；③显示屏下端出现测试图标，直到释放测试按钮；④当被测阻值超过最大显示量程时，测试仪会显示＞符号以及当前量程的最大电阻。
5）继续将探头留在测试点上，然后释放测试按钮，被测试电路即开始通过测试仪放电。

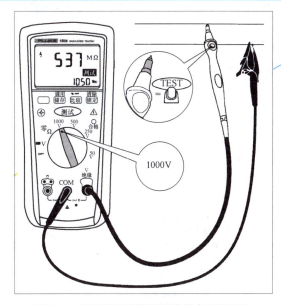

图 6-3　用绝缘测试仪测量绝缘电阻的方法

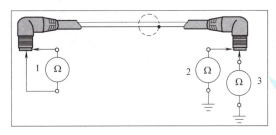

图 6-4　对高压线束的不同部位进行绝缘检测

6）注意：测试仪的两只表笔分别接线束的端子与绝缘层；测量工具的测量电压至少要与测量部件的常规工作电压一样高。根据欧洲经济委员会 ECE—R100 标准，绝缘电阻必须至少为 500Ω/V。例如：若电动汽车电池电压为 326V，则电池线束绝缘电阻标准至少应为 326×500Ω ＝ 1.63MΩ。

7）如图 6-4 所示，测量电压选择 500～1000V 直流电压档；对高压线束不同部位进行绝缘检测，测量三个点；点 1，屏蔽与内部导线；点 2，屏蔽与车辆搭铁端；点 3，内部导线与车辆搭铁端。

二、用钳形电流表检测电流的方法

用钳形电流表检测电流的方法详见图 6-5、图 6-6 及其注解。

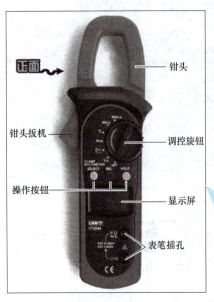

图 6-5 钳形电流表的功能按键

钳形电流表的功能与检测电流的方法

1)钳形电流表的功能:使用钳形电流表无须断开电源和线路,便可直接测量运行中的电力设备的工作电流,因而能够及时了解与掌握设备的运行情况。钳形电流表的外观及功能按键如图 6-5 所示。

2)需根据电流的种类与电压的等级正确选择钳形电流表。如当测量高压线路的电流时,应选择与其电压等级相符的高压钳形电流表,且被测线路的电压必须低于钳形电流表的额定电压。

3)事先要仔细检查钳形电流表的绝缘层是否良好,其绝缘层应无破损,手柄应清洁干燥,其钳口应结合紧密。指针式钳形电流表的指针若不在零位时,应进行机械调零。若测量时指针晃动,可重新开闭一次钳口。

4)测量电流的操作步骤是:

① 紧按钳头扳机使钳口张开,将被测导线放入钳口中央,然后松开钳头扳机,并使钳口紧密闭合。

② 钳口结合面如有杂声,应重新开合一次。若仍有杂声,应处理结合面,以使读数准确。

③ 不可同时钳住两根导线,如图 6-6b 所示。读数后将钳口张开退出被测导线,然后将旋钮置于最高电流档或 OFF 档。

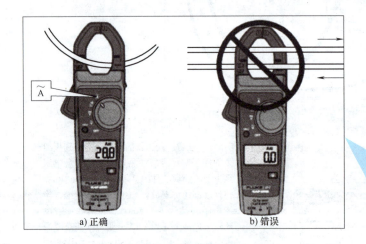

a) 正确　　　　　　　　b) 错误

图 6-6 钳形电流表测量交流电时的正确使用方法

④ 不可测量裸导线的电流(因钳形电流表要接触被测导线)。

⑤ 在用高压钳形电流表测量时,应由两人操作。测量时,应戴绝缘手套,站在绝缘胶垫上,且不得触及其他设备,以防短路或搭铁。

⑥ 测量时应注意身体与带电导体保持安全距离。在观察读数时,要特别注意保持头部与带电部件的安全距离,人体任何部分与带电体的距离不得小于钳形电流表的整个长度。

⑦ 当测量高压电缆各相电流时,电缆相线间距离应在 300mm 以上。

三、通过断电检查故障的方法

用图 6-7 所示的断电检查工具,通过断电可检测出被测电器是否存在故障。下面以大众电动汽车为例,分别说明在动力蓄电池处、动力蓄电池负极与搭铁之间以及在变换器的蓄电池连接处检测断电的具体方法。

第六章 电动汽车技术状况的检测

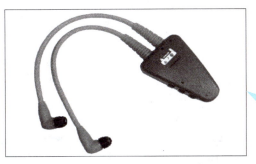

大众车型断电检查工具
1）大众车型断电检查工具如图6-7所示，它实际上就是一个专用电压表。
2）用它检测被测电器是否存在故障非常简单方便。

图6-7 大众车型断电检查工具

1. 在动力蓄电池处检测断电

在动力蓄电池处检测断电方法详见图6-8及其注解。

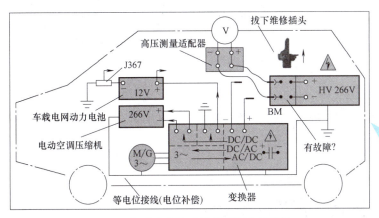

在动力蓄电池处检测断电的方法
1）首先拔下维修插头，断开变换器与动力蓄电池BMS的连线。
2）将大众车型断电检查工具的两个插头分别插入动力蓄电池BMS端部的两个插孔。
3）若断电检查工具电压表读数与电压表断路时读数相同，则可确认高压动力蓄电池已断电。

图6-8 在动力蓄电池处检测断电的方法
J367—动力蓄电池监控控制单元 M/G3—电机

2. 在动力蓄电池负极与搭铁之间检测断电

在动力蓄电池负极与搭铁之间检测断电的方法详见图6-9及其注解。

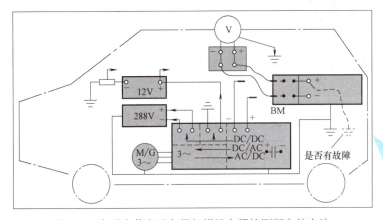

在动力蓄电池负极与搭铁间检测断电的方法
1）首先拔下维修插头，并断开变换器与动力蓄电池BMS的连线；将断电检查工具的两个插头分别插入动力蓄电池BMS端部的两个插孔。
2）将大众车型断电检查工具电压表的正极搭铁，若断电检查工具电压表的读数为0，则可确认动力蓄电池的负极与搭铁之间已经断电。否则动力蓄电池正极与搭铁之间短路或有搭铁故障。

图6-9 在动力蓄电池负极与搭铁之间检测断电的方法

四、高压互锁的检查方法

1. 高压互锁回路的功能

高压互锁回路（high voltage interlock，HVIL）的功能详见图6-10及其注解。

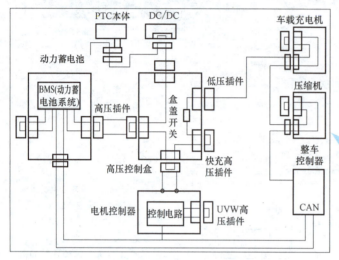

图6-10 某车型的高压互锁回路

高压互锁回路的功能
1）设计高压互锁回路的目的是为了使整车在高压供电前，能够使整个高压系统处在一个封闭的环境下，以确保其完整性并提高其安全性。
2）当整车在运行过程中，高压系统回路断开或其完整性遭到破坏时，能够启动安全防护措施，以防止出现带电插拔高压插接器而造成高压端子拉弧损坏。

2. 引起高压互锁故障的原因

引起高压互锁故障的原因详见图6-11及其注解。

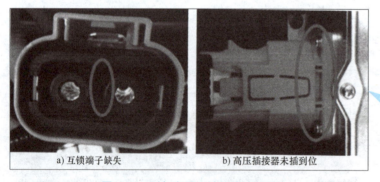

a) 互锁端子缺失　　b) 高压插接器未插到位

图6-11 引起高压互锁故障的原因

引起高压互锁故障的原因一般是某个高压插件未插到位或未插。如PTC、DC/DC、高压控制盒、车载充电机、空调压缩机等部件高压插件未插。

第三节 电动汽车技术状况的静态检测方法

一、电动汽车技术状况静态检测的主要内容、方法与要求

1. 电动汽车静态检测项目总表

电动汽车静态检测包括外观与内饰、机舱、室内检查与操作、点火开关及车门装置、底

部及悬架系统、驾驶试验以及热态检查七个大项。其检查内容详见表 6-4。表中项目检查合格打√，不合格打×。

表 6-4　电动汽车静态检测项目总表

车身颜色：_____　车架号：_____　检查日期：_____

外部与内饰	□内部与外观缺陷（如变形、擦伤、锈蚀及色差等） □油漆、电镀部件和车内装饰 □关闭车门检查缝隙情况 □车玻璃有无划痕 □随车物品、合格证、工具、备胎、使用说明书 □VIN 码、铭牌 □示宽灯及牌照灯 □前照灯（远近光）、雾灯开关 □制动灯和倒车灯	室内检查与操作	□制动踏板高度与自由行程 □加速踏板自由行程与操作 □转向盘自由行程 □收音机调节 □转向盘自锁功能 □驻车制动调节 □遮阳板、内后视镜 □室内照明灯 □前后座椅安全带及安全带提示灯 □座椅靠背角度及头枕调整 □加油口盖的开启 □杂物箱的开启及锁定 □前后刮水器及清洗器的工作情况 □点烟器及喇叭的操作	点火开关及车门装置	□组合仪表灯及性能检查 □门灯；中门儿童锁 □车门、门锁工作是否正常 □门边密封条接合情况 □钥匙的使用情况 □滑动门的工作情况，必要时加润滑脂 □蓄电池和起动机的工作及各警告灯的显示情况 □手动车窗及开关
发动机舱	□制动液液位及缺油警告灯 □发动机机油液位（混合动力） □冷却液液位及浓度 □玻璃清洗剂液位 □节气门 □离合器				
底部及悬架系统	□底部状态及排气系统 □制动管路有无泄漏或破损 □轮胎气压（包括备胎）（前轮：220kPa；后轮：250kPa） □燃油系统管路有无泄漏或破损 □悬架的固定 □确认保安件螺母力矩		□变速器液位 □确认所有车轮螺母力矩 □齿轮、齿条护罩情况	驾驶试验	□行车制动器及驻车制动器的效果 □转向盘检查与自动回压 □变速器换档操作 □离合器、悬架系统工作情况
热态检查	□燃油、防冻剂、冷却液、制动液及废气的渗漏　　□蓄电池电压≥12V，怠速时≥13.5V □冷却风扇的工作情况　　□热起动性能　　□有无其他异响				
故障描述					
处理方法					

注：以上检查项目合格打"√"，异常打"×"。

2. 电动汽车各系统静态检测的具体方法

电动汽车各系统静态检测的具体方法（包括各个项目检查的目的、方法与工具）详述如下。

（1）动力蓄电池系统检查的项目与方法

1）外观检查

检查目的：检查车辆外观有无磕碰与损坏。

检查方法：先举升车辆，目测动力蓄电池总成的底部有无磕碰、划伤与损坏等现象。

2）绝缘检查

检查目的：防止电池箱内部发生短路。

检查方法：首先将动力蓄电池的高压母线旋变拧开，用绝缘电阻表检测其总正与总负的对地电阻。要求其阻值≥500Ω/V（1000V）。

使用工具：绝缘电阻表。

3）底盘连接检查

检查目的：防止紧固螺栓松动酿成故障。

检查方法：使用扭力扳手，按照规定的扭矩紧固固定螺栓。

使用工具：扭力扳手。

4）插接器检查

检查目的：检查插接器是否松动或状况异常。

检查方法：目测动力蓄电池的高低压插接器是否变形、松脱、过热或损坏等。

5）高低压插接器的可靠性检查

检查目的：确保插接器能够正常使用。

检查方法：检查有无松动、破损、锈蚀以及密封等情况。

使用工具：万用表、绝缘电阻表（并目测）。

6）电池内部温度采集点检查

检查目的：确保测温点工作正常，采集点合理。

检查方法：通过电脑监控温度与红外热像仪的温度对比，来检测温度的精度。

使用工具：便携式计算机、CAN 卡、红外热像仪。

7）电池加热系统测试

检查目的：确保加热系统工作正常。

检查方法：将电池箱接通12V 电源，打开监控软件，启动加热系统，目测风扇是否正常。

使用工具：12V 电源、便携式计算机、CAN 卡。

8）标识检查

检查目的：防止标识脱落。

检查方法：目测。

9）动力蓄电池的密封性检查

检查目的：保证动力蓄电池箱体密封良好，并防止水进入箱体。

检查方法：目测密封条或必要时更换密封条。

（2）驱动电机与驱动电机控制器的检查项目与方法

1）安全防护

检查目的：检查外观有无磕碰与损坏。

检查方法：举升车辆，目测驱动电机底部有无磕碰、划伤与损坏的现象。

2）绝缘检查

检查目的：防止驱动电机内部短路。

检查方法：将驱动电机 U/V/W 旋变拧开，用绝缘电阻表检测驱动电机对地电阻。要求其阻值 $\geqslant 500\,\Omega/V$（1000V）。

使用工具：绝缘电阻表。

3）电机和电机控制器冷却检查

检查目的：检查电机与电机控制器的冷却液循环制冷效果。

检查方法：拧紧冷却液管路，使其水道内部阻力增大，使冷却液泵转速变小，观察声音的变化。如无声音的变化，则表明水道内的冷却液没有循环，需要放气。

使用工具：卡环钳、螺丝刀。

4）外部检查

检查目的：检查电机与电机控制器外表的清洁情况。

检查方法：用压缩空气吹电机与电机控制器的外部（禁止使用高压水枪或湿布）。

使用工具：空气压缩机。

（3）电气控制系统检查的项目与方法

1）机舱及各部位低压线束防护及固定：检查前机舱线束各连接导线有无破损、碰擦、干涉，连接是否良好，线束是否在原位固定。

2）机舱及各部位插接器状态：检查前机舱线束各连接导线插接器是否松动、破损、锈蚀、烧溶等。

3）检查机舱及底盘高压线束的固定情况：检查机舱及底盘各个橘黄色线束的各连接导线有无破损、碰擦、干涉，连接是否良好，线束是否在原位固定。

4）检查机舱及底盘各高低压电器及插接器的连接状况：检查前机舱及底盘端子接线是否牢固、无松动，控制线束插接器和旋变插接器连接是否牢靠，集成横梁上部件搭铁是否连接牢靠、无松动。

5）蓄电池检查：使用手持式蓄电池检查表测量正常起动电压应 $\geqslant 12.5V$；蓄电池正负极极桩无松动。

6）灯管与信号检查：检查前照灯和尾灯。

7）充电口及高压线检查：检查充电线外观及插头是否有破损与裂痕。检查充电口盖能否正常开启与关闭。当充电口盖板打开时，仪表充电指示灯应常亮；当关闭充电口盖板时，充电指示灯应熄灭。

8）检查高压系统的绝缘状况：使用绝缘电阻表检测高压线束的绝缘电阻值。

9）故障诊断系统的报警检测：连接诊断仪，检测故障诊断系统的报警有无故障。

(4) 制动系统检查的项目与方法

1) 驻车制动器：在斜坡上将驻车制动器操纵杆拉到 70% 行程（或当驻车制动器被拉到棘轮 6~7 齿）时，测试车辆是否会溜车？若会溜车，则需调整驻车制动器。

2) 制动装置：主要保证制动液不得泄漏。

3) 制动液：要求每隔两年或行驶 40000km 更换标准制动液。其液位必须处于 MAX 与 MIN 之间。

4) 制动真空泵、真空罐、控制器：

① 当车辆停稳后，打开点火开关，完全踩下制动踏板，踩踏三次，真空泵应能正常起动，大约 10s 后，当真空度达到设定值时，真空泵应停止运转。

② 在制动真空泵工作时检查连接软管，检测重点部位（如制动真空泵与软管连接处、制动真空罐与软管连接处）是否有泄漏现象，有无磨损。

5) 前后制动摩擦片：检查前后制动摩擦片的磨损情况，并视情更换。

(5) 转向系统检查项目与方法

1) 检查转向横拉杆球头间隙、紧固程度以及防尘套的状况。

① 举升车辆（使车轮悬空），通过摆动车轮和转动横拉杆来检查间隙。

② 检查转向横拉杆球头的固定螺母是否牢靠。

③ 检查转向横拉杆球头防尘罩的安装位置是否正确、有无损坏。

2) 检查转向助力装置的功能：

① 在路试过程中，通过原地转向和低速行驶过程中转向来检测转向时，转向盘是否沉重、转向助力是否效果不佳等。

② 将转向盘分别向左、右打至极限位置，检测是否有转向盘抖动、转向机异响等故障。

(6) 车身系统检查项目

1) 检查风窗、洗涤器及刮水器：检查车窗是否有裂纹，玻璃洗涤剂是否缺失并酌情添加；刮水器擦洗是否干净，必要时更换。

2) 清洗天窗、座椅滑道、门锁铰链、机舱铰链及锁扣、后背门铰链及锁扣，并加注润滑脂。

(7) 传动系统及悬架系统检查项目与方法

1) 减速器：

① 检查减速器连接螺栓并紧固；检查半轴油封有无渗漏；每隔一年或行驶 20000km 换变速器油。

② 检查等速万向节及其防尘罩有无破损。

2) 轮毂：检查轮毂有无划痕、磕碰，并视情进行动平衡检测。

3) 轮胎：检视轮胎的胎面和侧面是否有损坏和异物；是否有滚动面的异常磨损，轮胎花纹损坏是否达到磨损极限；胎压是否正常等。

4) 副车架悬置连接状态：检查副车架有无变形或损坏；用扭力扳手拧紧紧固螺栓。

5) 前、后减振器：检查减振器有无泄漏；检查并紧固螺栓。

底盘紧固螺栓拧紧力矩见表 6-5~表 6-7。

第六章 电动汽车技术状况的检测

表 6-5 悬置固定螺栓紧固力矩

名　　称	拧紧力矩/N·m
电机螺栓固定孔	50～55
右悬置螺母	65±5
变速器左悬置螺母	85～90/95～105

表 6-6 前悬架固定螺栓紧固力矩

名　　称	拧紧力矩/N·m
车轮螺母	110±10
驱动轴总成与转向节装配六角凸缘面螺母	245±15
前减振器与转向节装配螺栓	80±10
前减振器上部与车身装配螺栓	44±5
转向节与前悬下摆臂总成装配螺栓	66±6
稳定杆与前悬下摆臂总成装配螺栓	50±10
前悬下摆臂总成与前副车架总成装配螺栓	140～150
前束调整杆螺母	45±5
前副车架与车身装配螺母	140～150

表 6-7 后悬架固定螺栓紧固力矩

名　　称	拧紧力矩/N·m
后减振器与车身装配螺母	23±2
后减振器的下部安装螺栓	110±10
后扭力梁总成与车身装配螺栓	105±15
减振块总成装配螺栓	12±2
车轮螺母	110±10

（8）冷却系统检查项目与方法

1）冷却液液位及冰点：每隔两年或行驶 40000km，使用冰点测试仪检测防冻液的浓度。若低于 35%，则应更换新的符合标准的防冻液。

2）冷却管路：主要目测检查冷却系统管路以及各零部件的接口处有无泄漏情况。

3）冷却液泵：检查冷却液泵是否有异响与停转现象；检视泵的接口有无渗漏痕迹。

4）散热水箱：在电机与电机控制器冷却后，于散热器后部（电机侧）用压缩空气吹走散热器或空调冷凝器的碎屑（严禁使用水枪喷洗散热器）。

二、电动汽车静态检测方法实例

【实例 1】 北汽 EV200 电动汽车新车的磨合、电池充电、起动操作与电动汽车故障灯的识别

1. 电动汽车新车的磨合

电动汽车新车的磨合主要是指对制动系统部件的磨合。在磨合期应进行阶段性的维护，

维护内容如下。

1）磨合前期：清洁全车；紧固外露的螺栓、螺母；补充冷却液；检查电机驱动器；检查轮胎气压；检查灯光仪表；检查蓄电池；检查制动系统。

2）当行驶到30～50km时，检查电机驱动器、驱动桥、轮毂以及传动轴是否有杂音或发热现象；检查制动系统的制动能力、紧固性及密封效果。

3）当行驶到150km时，检查所有外露的螺栓和螺母的紧固情况。

4）当磨合结束时，到指定的维修站进行全车磨合维护；检查制动系统；检查转向机构与前悬架并紧固所有外露的螺栓和螺母。

2. 电池的正确充电方法

动力蓄电池需在新车期间进行维护作业，包括适度放电与充电，初期使用注意事项详见图6-12及其注解。

1）正确充电：在使用过程中，如果电量表指示应充电，应立即停止运行，尽快充电。充电时间不宜过长，一般在10h左右。应注意防止过充电与过放电。充电不足、过充电与过放电都会缩短电池寿命。

2）定期充电：一般充电一次可以使用2～3天。但还是建议每天充电，以使电池处于浅循环状态，有利于延长电池寿命。

图6-12 动力蓄电池的结构

3. 电动汽车的起动操作方法

1）车辆行驶过程中不要拔出钥匙，以免导致转向锁啮合而使车辆不能运转。故需按照如下顺序操作电动汽车转向锁，接通电路与起动驱动电机。

① 位置0（LOCK）：拔下起动钥匙，转向锁以及大多数电路均停止工作。

② 位置1（ACC）：转向解锁，个别电器与附件可以工作。

③ 位置2（ON）：全部仪表、警告灯与电路均可以工作。高压上电，进入行驶状态。

2）电动汽车档位选择方法：电动汽车采用无级变速机构，变速杆一般包括D、N、R三个档位。

① 选择前进档D：在换档之前，应注意先踩制动踏板。否则，档位选择无效。

② 选择空档N：在选择空档前，应确保车辆处于静止状态。

③ 选择倒档R：在选择倒档前，应确保车辆处于静止状态。然后踩下制动踏板，再挂倒档。

4. 电动汽车故障灯的识别

电动汽车故障灯的种类详见图6-13及其注解。

第六章 电动汽车技术状况的检测

图 6-13 电动汽车故障灯的识别

> 北汽 EV200 电动汽车故障灯有五种,即动力系统故障灯、动力蓄电池过热警告灯、动力蓄电池故障警告灯、电机冷却液温度过高警告灯及电机过热警告灯。

（1）动力蓄电池过热警告灯　动力蓄电池过热警告灯详见图 6-14 及其注解。

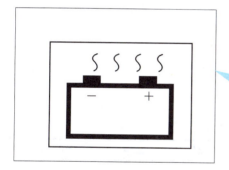

> 1）当电池温度过高时,动力蓄电池过热警告灯会点亮。一般在动力蓄电池温度 ≥65℃时,或当动力蓄电池与 BMS 失去通信联系时,该指示灯将点亮；而当电池温度 < 65℃时,指示灯熄灭。
> 2）当它点亮时,车辆将降低电力驱动功率或关闭电力系统,需要到维修站维修。

图 6-14 动力蓄电池过热警告灯

（2）动力系统故障灯　动力系统故障灯详见图 6-15 及其注解。表 6-8 说明了故障灯点亮的基本原因。

> 当动力系统故障灯点亮时,车辆将不能被起动,或者仅限于发动机可以运转,而电力系统被关闭。此时需要到维修站进行维修作业。

图 6-15 动力系统故障灯

（3）动力蓄电池故障警告灯　动力蓄电池故障警告灯详见图 6-16 及其注解。表 6-9 说明了故障灯点亮的六种基本原因。

159

表 6-8　动力系统故障警告灯状态

信号来源	故障类型	电源档位	故障现象
电池管理器	①一般漏电报警 ②严重漏电报警	所有档位	点亮故障灯 显示"高压系统漏电"
	碰撞信号报警	ON 档	点亮故障灯
	放电主接触器烧结故障	退电检测	点亮故障灯
	负极接触器烧结故障	上电检测	点亮故障灯
驱动电机控制器	动力系统故障	ON 档	点亮故障灯
P 档电机控制器	P 档系统故障	ON 档	点亮故障灯

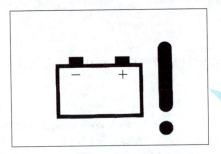

图 6-16　动力蓄电池故障警告灯

当动力蓄电池故障警告灯点亮时，车辆将不能起动或仅限于发动机运行，电力系统将被关闭，需要到维修站维修。

表 6-9　动力蓄电池故障警告灯状态

信号来源	故障类型	电源档位	故障现象
电源管理器	1）电池组充电报警 2）电池组放电报警 3）电池组温度报警 4）过电流报警 5）电压过低报警 6）电压过高报警	所有电源	点亮指示灯

（4）电机冷却液温度过高警告灯　电机冷却液温度过高警告灯详见图 6-17 及其注解。表 6-10 说明了故障灯点亮的两种基本原因。

图 6-17　电机冷却液温度过高警告灯

当电机冷却液温度过高警告灯点亮时，车辆将降低电力驱动功率或关闭动力系统，需要到维修站维修。

表 6-10 电机冷却液温度过高警告灯状态

信号来源	故障类型	电源档位	故障现象
驱动电机控制器	1）电机冷却液温度由低往高变化，当采集到的温度值≥75℃时 2）电机冷却液温度由高往低变化，当采集到的温度值≤72℃时	ON 档	点亮指示灯

（5）电机过热警告灯　电机过热警告灯详见图 6-18 及其注解。表 6-11 说明了故障灯点亮的两种基本原因。

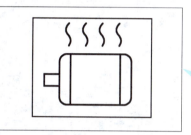

当电机过热警告灯点亮时，车辆将降低电力驱动功率或关闭电力系统，需要到维修站维修。

图 6-18　电机过热警告灯

表 6-11 电机过热警告灯状态

信号来源	故障类型	电源档位	故障现象
驱动电机控制器	1）动力电机过温报警 2）IPM 散热器过温报警	ON 档	点亮指示灯

【实例 2】　电动汽车熔丝的类型与检查识别方法以及蓄电池的检查方法

1. 电动汽车熔丝的类型与检查识别方法

电动汽车熔丝的类型详见图 6-19 及其注解。

1）若电动汽车的前照灯或其他电器不能工作，首先需要检查熔丝。如果发现熔丝已被烧坏，则需更换，将新的熔丝装入插座。当无法确定熔丝是否损坏时，宜用好的新熔丝更换可能有问题的熔丝，且只能安装熔丝盒盖上所规定安培数的熔丝。

2）电动汽车熔丝的类型如图 6-19 所示。在熔丝盒盖上标明了每条熔丝所在电路的名称。可用拔出工具拔出 A 型熔丝。

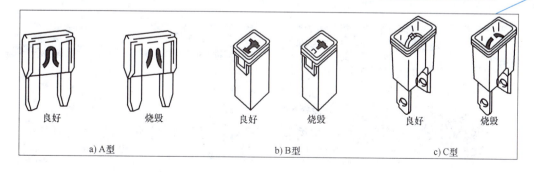

图 6-19　电动汽车熔丝的类型

2. 电动汽车熔丝的检查识别方法

电动汽车熔丝的检查步骤与识别方法详见图 6-20～图 6-27 及其注解。

1）维修防护用品的安装
① 打开主驾驶车门，铺设脚垫，套上转向盘套和座椅套。
② 断开点火开关，挂入 P 档，拔出车钥匙。
③ 打开机舱盖，固定支架，铺设翼子板护垫。
2）打开熔丝盒盖，认识熔丝的安装位置，如图 6-20 所示。
3）安装表笔，打开万用表，旋至欧姆档，校正万用表，如图 6-21 所示。

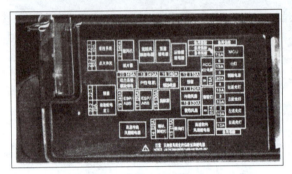

图 6-20　认识熔丝的安装位置　　　图 6-21　校正万用表

4）打开万用表并旋至蜂鸣档，如图 6-22 所示。
5）检测熔丝是否导通，如图 6-23、图 6-24 所示。

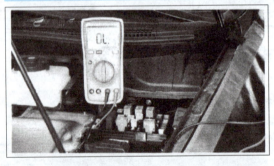
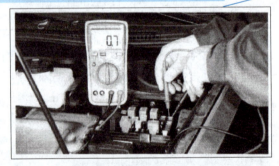

图 6-22　打开万用表并旋至蜂鸣档　　　图 6-23　检测熔丝是否导通 1

6）拔出熔丝，检查熔丝是否熔断，如图 6-24 所示。

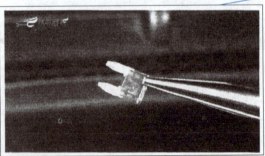

图 6-24　检测熔丝是否导通 2　　　图 6-25　检查熔丝是否熔断

第六章　电动汽车技术状况的检测

7）用不同颜色区分电流值不同的熔丝，如图6-26所示。
8）将熔丝盒装回到原来位置，如图6-27所示。

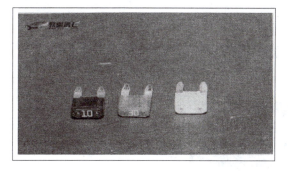

图6-26　用不同颜色区分电流值不同的熔丝

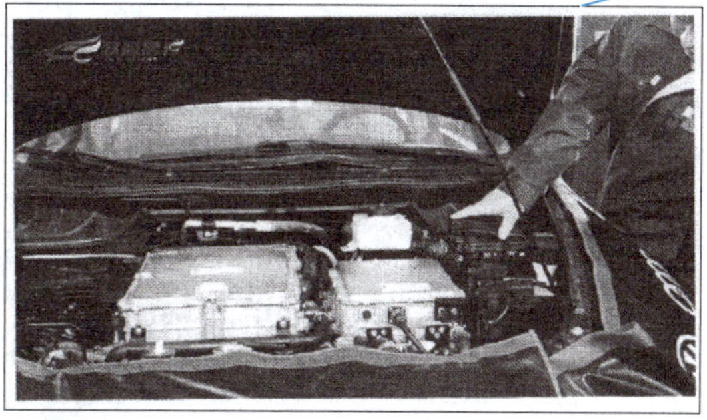

图6-27　将熔丝盒装回到原来位置

3. 蓄电池的检查与维护

电动汽车蓄电池的检查与维护如图6-28～图6-30所示。

1）打开低压蓄电池保护盖，目测电池极柱有无锈蚀，如图6-28所示。
2）用手晃动蓄电池端子，检查端子是否松动，用扳手紧固蓄电池端子的卡箍螺栓，如图6-29所示。

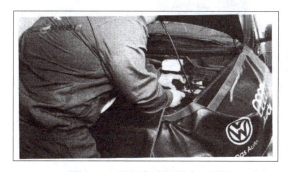

图6-28　目测电池极柱有无锈蚀

图6-29　紧固蓄电池端子的卡箍螺栓

3）用手晃动蓄电池，检查是否安装牢固，用扳手紧固蓄电池的固定螺栓，如图6-30所示。

图6-30　紧固蓄电池的固定螺栓

【实例3】 比亚迪 E6 电动汽车变速器油、玻璃清洗液、前照灯灯泡更换以及冷却系统的检测

1. 比亚迪 E6 电动汽车变速器油的检查

比亚迪 E6 电动汽车变速器油的检查如图 6-31 ～图 6-33 所示。

1）举升车辆，将废油收集小车置于变速器放油孔正下方，如图 6-31 所示。
2）松开变速器加油螺塞，目测有无变速器油溢出，检查变速器油注油量，如图 6-32 所示。

图 6-31 将废油收集小车置于变速器放油孔正下方

图 6-32 检查变速器油注油量

3）拧紧注油螺塞，拧紧力矩为 27N·m。清洁变速器表面，如图 6-33 所示。
4）降下车辆。

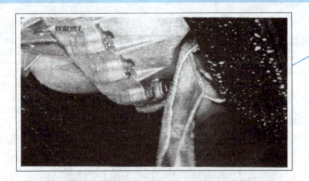

图 6-33 清洁变速器表面

2. 比亚迪 E6 电动汽车变速器油的更换

（1）放油步骤　比亚迪 E6 电动汽车变速器油的放油步骤详见图 6-34、图 6-35 及其注解。

第六章 电动汽车技术状况的检测

1）举升车辆，并将举升机安全锁止。
2）将废油收集小车置于变速器放油孔正下方，如图6-31所示。
3）松开变速器放油螺塞，排放变速器油，如图6-34所示。
4）紧固放油螺塞，用棉纱清洁变速器表面，如图6-35所示。
5）推走废油收集小车。按照规定力矩（27N·m）拧紧放油螺塞。

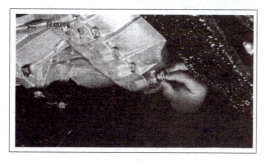

图6-34 排放变速器油

图6-35 紧固放油螺塞

（2）加注步骤 变速器油的加注步骤详见图6-36～图6-41及其注解。

1）打开气压阀门，调节气阀压力到0.8～1MPa（在拧开气压阀门之前检查注油枪阀门是否关闭以及罐体的注油漏斗阀门是否关闭），如图6-36所示。
2）打开注油管总阀门，如图6-37所示。

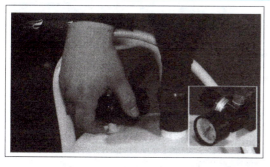

图6-36 打开气压阀门

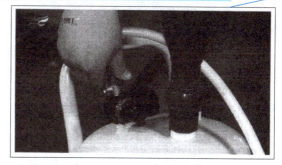

图6-37 打开注油管总阀门

3）将注油枪插入注油孔，如图6-38所示。
4）缓慢扳开注油枪阀门，如图6-39所示。

图6-38 将注油枪插入注油孔

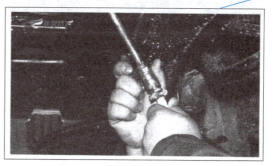

图6-39 缓慢扳开注油枪阀门

5）当油液从注油孔溢出时，表明变速器油已经注满，关闭注油枪阀门。
6）将注油枪放入注油漏斗，并关闭注油管总阀门，如图6-40所示。
7）安装变速器注油螺塞，用棉纱清洁变速器表面油迹。
8）按照规定力矩（27N·m）拧紧加油螺塞。
9）降下车辆。
10）冷起动车辆，挂前进档，并测试变速器是否漏油，如图6-41所示。

图6-40 关闭注油管总阀门

图6-41 测试变速器是否漏油

3. 比亚迪E6电动汽车玻璃清洗液的检查步骤

1）将玻璃清洗液壶盖拔出。
2）检查刻度尺，查看玻璃清洗液的液位是否在上下刻度之间。
3）将玻璃清洗液壶盖装复到位。

4. 比亚迪E6电动汽车前照灯灯泡的更换

比亚迪E6电动汽车前照灯灯泡的更换步骤如图6-42～图6-44所示。

（1）前照灯灯泡的拆卸步骤　详见图6-42、图6-43及其注解。

1）关闭前照灯开关。
2）关闭点火开关。
3）拔下前照灯插头，并观察其外观有无损坏。
4）检查前照灯灯泡的灯丝是否熔断，如图6-42所示。
5）记录灯泡的型号与参数（如额定电压、额定功率等），如图6-43所示。
6）用相同规格与相同参数的新灯泡更换。

图6-42 检查灯丝是否熔断

图6-43 记录灯泡的型号与参数

（2）前照灯灯泡的安装步骤　详见图6-44及其注解。

第六章 电动汽车技术状况的检测

1）将相同规格与相同参数的新灯泡安装到灯座上，并安装到位。
2）安装插头
3）检查与调试前照灯，如图6-44所示。

图6-44 检查与调试前照灯

5. 比亚迪E6电动汽车冷却系统的检查与维护

比亚迪E6电动汽车冷却系统的检查与维护如图6-45～图6-48所示。

1）在电机冷却状态下检查冷却液溢水壶，要求其液位应处于"FULL"与"LOW"之间，如图6-45所示。
2）检查DC/DC进、出水管的安装情况，如图6-46所示。

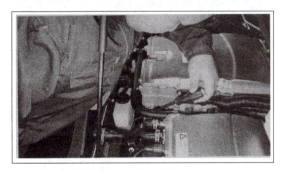

图6-45 检查冷却液溢水壶

图6-46 检查DC/DC进出水管的安装情况

3）检查散热器进出水管的安装情况，如图6-47所示。
4）检查驱动电机控制器进出水管的安装情况，如图6-48所示。

图6-47 检查散热器进出水管的安装情况

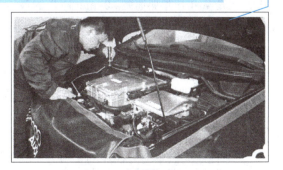

图6-48 检查驱动电机控制器进出水管的安装情况

5）举升车辆。
6）检查驱动电机进出水管的安装情况。
7）检查冷却液泵进出水管的安装情况。

第四节　电动汽车技术状况的动态检测方法

动态检测的主要内容、工作流程与要求分述如下。

1. 路试前的准备工作

（1）冷却系统检查　检查膨胀水箱冷却液液位是否低于下限刻度线（MIN）。检查冷却系统管路、冷却软管接口与散热器盖有无泄漏。

（2）漏气、漏油等渗漏情况检查　检查制动系统真空泵、转向器、驱动桥主减速器等有无渗漏油现象。

（3）主要部件连接部分紧固情况检查　按照规定扭矩值检查转向、制动、传动、悬架及轮胎等主要部件连接螺栓紧固情况。

（4）转向、制动系统检查　检查转向盘的自由行程，检查制动踏板自由行程，确保制动灯正常工作。

（5）轮胎检查　检查轮胎气压是否符合标准，剔除嵌入轮胎花纹的渣石、铁钉等杂物。

2. 电动汽车动力性能检测

纯电动汽车动力性能要求与检测方法　根据国标 GB/T 18385—2017《电动汽车动力性能试验方法》规定，纯电动汽车动力性能要求与检测方法如下。

1）纯电动汽车动力性能要求：主要包括最高车速、加速性能和爬坡性能等，共有五项指标。

① 1km 最高车速：是指能够往返各持续行驶 1km 以上距离的最高车速的平均值。一般要求 ≥ 100km/h。

② 30min 最高车速：是指能够持续行驶 30min 以上的最高平均车速。标准要求 ≥ 80km/h。

③ 加速性能：包括以下两项指标。

一是从 0 开始加速到 50km/h 所需的最短时间，标准要求 ≤ 10s。

二是从 50km/h 开始加速到 80km/h 所需的最短时间，标准要求 ≤ 15s。

④ 爬坡车速：包括以下两项指标。

一是在 4% 坡道上能够持续行驶 1km 以上距离的最高平均车速，标准要求 ≥ 60km/h。

二是在 12% 坡道上能够持续行驶 1km 以上距离的最高平均车速，标准要求 ≥ 30km/h。

⑤ 坡道起步能力：是指在坡道上能够起动，且在 1min 内向上行驶至少 10m 的最大坡度。标准要求应满足制造厂出厂技术条件中的最大爬坡度规定。

2）纯电动汽车动力性能的实验方法详见国标 GB/T 18385—2017《电动汽车动力性能试验方法》第 3.4.1.2 条"试验方法"中的具体规定。

3. 电动汽车的车辆能耗和续驶里程检测

纯电动汽车的车辆能耗和续驶里程试验条件和检测方法 根据国标 GB/T 18386—2017《电动汽车能量消耗率和续驶里程试验方法》规定，纯电动汽车车辆能耗率和续驶里程试验条件和检测方法如下。

1）纯电动汽车的车辆能耗率和续驶里程的定义如下。

① 纯电动汽车的车辆能耗率是指："电动汽车经过规定的试验循环后对动力蓄电池重新充电至试验前的容量，从电网上得到的电能除以行驶里程所得的值，单位为 W·h/km。"

② 纯电动汽车续驶里程是指："电动汽车在动力蓄电池完全充电状态下，以一定的行驶工况，能连续行驶的最大距离，单位为 km。"如何提高电动汽车续驶里程，是目前电动汽车发展中必须解决的重大课题。

2）关于纯电动汽车续驶里程的测试方法见国标 GB/T 18386—2017《电动汽车能量消耗率和续驶里程试验方法》规定。

3）关于续驶里程的标准要求值，国标 GB/T 18386—2017 规定，采用工况法的续驶里程＞80km。EV-TEST 电动汽车测评管理规则（2017 版，中国汽车技术研究中心发布）关于续驶里程的规定是续驶里程＞100km。

4. 其他路试检查项目、方法与要求

其他路试检查项目、方法与要求与传统汽车相同，包括以下各项：
- 汽车制动性能检查
- 汽车行驶平顺性检查
- 汽车行驶稳定性性检查
- 汽车滑行能力检查
- 高速行驶时汽车风噪声检测
- 汽车驻车制动检查

5. 路试后的检查项目与方法

路试后的检查包括以下各项内容：
- 各部件温度情况的检查
- "四漏"现象的检查

6. 路试中的注意事项

1）路试中应随时观察各项警示灯的工况。

2）若路试中发现底盘与传动系统发生严重异响，应立即停车检查并排除故障。

3）路试总里程不得小于 20km，且其中的连续行程里程应在 10km 以上。

第七章 电动汽车的拆装与维护

第一节 电动汽车使用维修安全操作规程与整车维护要点

在进行电动汽车技术状况的检测与维护之前,首先必须切实掌握好电动汽车使用维修安全操作规程。

一、电动汽车使用维修安全操作规程

1. 对维修高压车辆人员的资质要求

电动汽车维修人员需具备一定的资质,遵守安全操作规程,且满足以下条件:

1)电动汽车维修人员必须参加过厂家电气培训,经授权可以检修具有高压系统的车辆,且能做标识和对工作现场进行维护。

2)维修人员需获得国家安监局电工作业资格,参加过电动汽车高压系统维修的资格培训,在经销商内部认可后,方可执行车辆高压系统维修工作。

2. 高压技术人员的主要工作

1)高压技术人员的主要工作包括断开高压系统供电并检查是否已绝缘;严防高压系统重新合闸;将高压系统接通重新投入使用;对高压系统上的所有作业负责。

2)培训和指导经销商内部所有与高压系统车辆相关人员,使得这些人在监督下能执行高压工作。

3. 车辆标识与工作区安全

车辆标识与工作区安全的设置详见图7-1及其注解。

图7-1 电动汽车维修工作区域的标识

1)维修车间内有高压装置的车辆必须做标识,使用专用的警示标牌。
2)工作区域必须防止其他人员进入。

4. 高压维修操作规程

（1）在检查或维修高压系统时必须遵循的两项安全操作规程

1）关掉电动汽车点火开关，并将钥匙妥善保管；戴好绝缘手套。

2）断开低压电池负极；拆除维修开关；等待 10min 或更长时间让高压电器内部电容放电；最后用绝缘乙烯胶带包裹被断开的高压线路插接件。

（2）检查绝缘手套与电击防护用具

1）检查绝缘手套的方法详见图 7-2 及其注解。

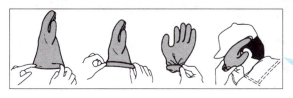

1）使用绝缘手套前，必须确认无裂纹、磨损以及其他损坏。

2）绝缘手套的检查流程如图 7-2 所示。包括：侧位放置手套，卷起手套边缘，然后松开两三次，折叠一半开口去封住手套，确认无空气泄漏则证明绝缘手套完好。

图 7-2　绝缘手套的检查流程

2）检查电击防护用具。常用的电击防护用具详见图 7-3 及其注解。

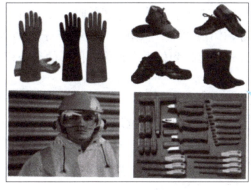

常用的电击防护用具

1）常用电击防护用具包括绝缘手套、绝缘靴、绝缘服、护目镜以及绝缘工具等。

2）应根据操作的高压范围来选用所需的绝缘工具与用具。

图 7-3　常用的电击防护用具

（3）检查高压系统时的注意事项

1）所有橙色的线路均带高压电，可能危及生命；不得将喷水软管和高压清洗装置直接对准高压部件；高压插头上不可使用润滑油、润滑脂和触点清洗剂等；在高压导电部件附近进行检修工作时，必须先让系统断电；在进行焊接、用切削工具加工以及用尖锐工具进行操作时，必须先让系统断电。

2）所有松开的高压插头必须严防进水和污物；损坏的导线必须予以更换；佩带有电子/医学生命和健康维持装置的人（如带心脏起搏器等）不得检修高压系统（包括点火系统）；必须使用合适的测量仪器；检修进水的高压系统时，要非常小心，特别是潮湿的部件是非常危险的！

（4）恢复系统运行　在对电动汽车检修维修完毕后，要由高级技师恢复系统运行，其主要内容包括：

1）要目视检查所有的高压连接以及高压系统的插接口和螺孔连接都正确锁止。

2）要目视检查所有的高压电缆都无法触碰到。

3）要目视检查是否电压平衡、电缆清洁并无法触碰到，插入维修开关并把它锁闭。

4）打开点火开关读取所有系统的故障码，把"高压系统已关闭"的警示标签从车辆上移除。

5）要在车辆明显位置贴上"高压已经激活"的警示标签。

二、国标对纯电动汽车和插电式混合动力汽车的特殊要求

新国标 GB 7258—2017 对纯电动汽车和插电式混合动力汽车的特殊要求包括以下九项。

1）车辆驱动系统的车载可充电储能系统可以通过车辆外电源充电的纯电动汽车、插电式混合动力汽车，当车辆被物理连接到外部电源时，应不能通过自身的驱动系统移动。

2）纯电动汽车、插电式混合动力汽车在车辆起步且车速低于 20km/h 时，应能给车外人员发出适当的提示性声响。

3）纯电动汽车、插电式混合动力汽车 B 级电压电路中的可充电储能系统应用符合规定的警告标记予以标识；当人员能接近可充电储能系统的高压部分时，还应清晰可见地注明可充电储能系统的种类（例如超级电容、铅酸电池、镍氢电池、锂离子电池等）。当移开遮栏或外壳可以露出 B 级电压带电部分时，遮栏和外壳上也应有同样的警告标记并清晰可见。

4）纯电动汽车、插电式混合动力汽车 B 级电压电气设备的外露可导电部分，包括外露可导电的遮栏和外壳，应当按照要求连接到电平台以保持电位均衡。

5）当驾驶人离开纯电动汽车、插电式混合动力汽车时，若车辆驱动系统仍处于"可行驶模式"，则应通过一个明显的信号装置（例如声或光信号）提示驾驶人。切断电源后，纯电动汽车应不能产生由自身电驱动系统造成的不期望的行驶。

6）对没有嵌入在一个完整电路里的可充电储能系统，其绝缘电阻除以最大工作电压时的可充电储能系统阻值：

① 若在整个寿命期内没有交流电路，或交流电路有附加防护，应大于等于 100。

② 若包括交流电路且没有附加防护，应大于等于 500Ω/V。若可充电储能系统集成在一个完整的电路里，则可充电储能系统阻值应大于等于 500Ω/V，或制造厂家规定的更高阻值。

7）若可充电储能系统自身没有防短路功能，则应有一个可充电储能系统过电流断开装置能在车辆制造厂商规定的条件下断开可充电储能系统电路，以防止对人员、车辆和环境造成危害。

8）当纯电动汽车、插电式混合动力汽车的绝缘电阻值低于 12.13.6 规定的数值（必须至少为 500Ω/V，或车辆制造厂家规定的更高阻值）时，应通过一个明显的信号装置（例如声或光信号）提示驾驶人。

9）纯电动汽车、插电式混合动力汽车应具有能切断动力电路的功能。

三、电动汽车整车维护要点

电动汽车整车维护的具体要点请按照不同厂家的规定执行，以下内容仅供参考。

1. 电动汽车整车日常维护要点

1）检查转向、制动、悬架、传动等主要部件的紧固情况。
2）检查真空管道有无漏气现象。
3）检查驱动桥主减速器、转向机构和真空泵有无渗漏油现象。
4）检查轮胎气压是否符合标准，剔除嵌入轮胎花纹的渣石、铁钉等杂物。
5）检查按润滑表规定，按时、按量对各润滑点进行润滑。

2. 电动汽车整车每行驶 1000km 后的维护要点

电动汽车整车每行驶 1000km 后的维护保养主要内容如下：除完成日常维护保养主要内容外，还需检查蓄电池是否合格；电气系统各部件的绝缘阻值是否符合规定要求。

3. 电动汽车整车每行驶 3000km 后的维护要点

电动汽车整车每行驶 3000km 后的维护保养主要内容如下：除完成日常维护保养主要内容外，应紧固全车的各紧固件，特别注意检查并紧固好转向拉杆，前、后桥悬架，驱动电机、传动轴、制动等系统的紧固件；轮胎换位；检查真空泵与助力转向系统。

4. 电动汽车整车每行驶 6000km 的维护要点

电动汽车整车每行驶 6000km 的维护保养主要内容如下：应清洗、润滑各车轮轮毂轴承，并调整松紧度；检查调整前束值；检查调整各制动蹄片的间隙。

5. 电动汽车整车每行驶 12000km 的维护要点

电动汽车整车每行驶 12000km 的维护保养主要内容如下：应检查真空泵工作情况；检查转向系统工作情况；检查驱动电机等电器部分，同时检查电线的紧固情况和各部位的绝缘情况。

6. 电动汽车长期停用应进行的维护要点

电动汽车长期停用应进行的维护工作包括经常清理尘土，检查电动汽车外部并进行防锈处理；停驶一个月以上时，应将电动汽车架起，解除前、后悬架和轮胎的负荷；每月对蓄电池进行一次补充充电；每月检查一次电气仪表、制动、转向等机构的动作情况，检查各个轮胎气压，发现不足时应充气。

第二节 动力蓄电池系统的拆装与维护

动力蓄电池系统拆装与维护的要求、规范和方法步骤各个厂家不尽相同，请严格按照厂家规定操作，以下内容仅供参考。

一、动力蓄电池的拆装与更换方法

1. 拆卸动力蓄电池包的方法

拆卸动力蓄电池包的方法详见图 7-4 ～图 7-9 注解。

图 7-4　关闭点火开关、拔下钥匙

1）在拆卸动力蓄电池之前应先关闭点火开关,并拔下钥匙。

注意事项:当仪表板上的"Ready"指示灯亮时,表明整车的高压系统已经接通,此时切勿拆卸动力蓄电池,否则有触电的危险!

图 7-5　拆下低压蓄电池的负极

2）拆下低压蓄电池的负极,以断开整车的低压控制电源。

注意事项:电动汽车均配备了高压互锁装置,即当断开低压时,系统通过低压信号控制能够将高压回路同时切断。故在拆卸动力蓄电池前,务必先卸下蓄电池的负极!

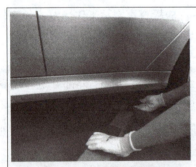

a) 支承举升机的支柱

b) 举升车辆

c) 上升车辆

d) 锁止车辆

3）当车辆被举升到需要的高度时,要注意将举升机的安全锁进行锁止!以防发生安全事故,如图 7-6d 所示。

图 7-6　举升车辆

第七章 电动汽车的拆装与维护

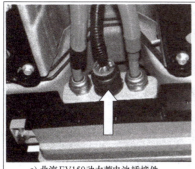

a) 北汽EV150动力蓄电池插接件　　b) 北汽EV200动力蓄电池插接件

图 7-7　电池的插接件

4）拆下动力蓄电池的总正、总负和低压线束插接件。

图 7-8　用动力蓄电池举升车拆卸动力蓄电池包

注意事项：要注意使举升车台面中心与动力蓄电池的重心位置完全接触，使之不产生相互作用力。拆卸后要轻取轻放，不得扔掷、挤压而造成动力蓄电池损坏。

5）使用动力蓄电池举升车，当举升车接触到动力蓄电池包底部时，再进行拆卸工作。

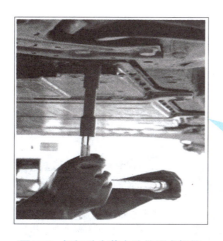

图 7-9　拆卸动力蓄电池的固定螺栓

6）使用扭力扳手卸下动力蓄电池的10只固定螺栓，注意要对角均匀使力。至少分3次逐步松开螺栓。

2. 安装动力蓄电池包的方法

（1）安装步骤　安装步骤与拆卸动力蓄电池的步骤相反。

（2）安装动力蓄电池前的检查内容与注意事项

1）检查电源线、插头、延长线、保护器等有无破裂与损坏。

2）检查有无过热、冒烟、冒火花等迹象。

3）检查动力蓄电池是否漏电或损坏（如有裂纹或破裂等）。

4）检查动力蓄电池系统与电源线有无进水现象。

5）检查高低压插接件是否与说明书不一致或不能正常对接。

6）检查是否有其他异常情况。如发现上述现象，应立即停止动力蓄电池的安装，并通知检修人员。

注意事项：螺栓的拧紧力矩为 95～105N·m，当安装完成后，应检查动力蓄电池箱体的固定螺栓有无松动，其密封法兰是否完整，箱体有无破损或严重变形现象。

（3）安装动力蓄电池后的检查内容　安装动力蓄电池后的检查内容详见图 7-10 及其注解。

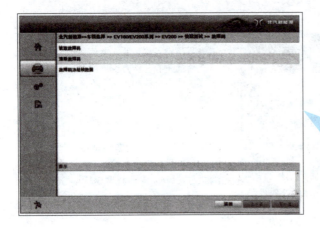

1）打开点火开关至 Start 档，查看仪表板有无异常报警。

2）用解码器进入整车栏，查看有无故障码，如图 7-10 所示。若无故障码，表明动力蓄电池安装后运行正常。否则，应根据所显示故障码做进一步检查。

图 7-10　查看解码器故障码界面有无故障码

二、更换动力蓄电池内部组件的方法

1. 拆卸动力蓄电池模块

拆卸动力蓄电池模块详见图 7-11～图 7-16 及其注解。

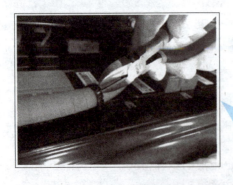

1)首先根据故障诊断仪显示的故障电芯采样点对应电芯位置示意图，确定电芯位置与需要拆卸的动力蓄电池模块。

2)剪断护套的扎带：用斜口钳，将动力蓄电池模块连接线束端部的固定护套的扎带剪断并置于指定的位置内，如图 7-11 所示。

图 7-11　剪断护套的扎带

第七章　电动汽车的拆装与维护

3) 拆卸螺栓：用六角扳手将连接大线处的螺栓旋出，并将拆下的螺栓、平垫、弹垫以及端部护套等零件置于指定的位置内，以备安装时使用，如图 7-12 所示。

图 7-12　拆卸螺栓

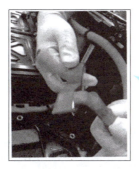

4) 用绝缘胶带进行防护：最后，将拆卸后的大线端部用绝缘胶带进行防护，如图 7-13 所示。

图 7-13　用绝缘胶带进行防护

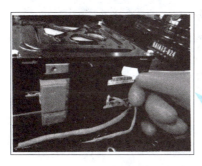

5) 拆卸采集单元及其连接线束：拆卸故障电芯所在模块上的采集单元及其连接线束，并将拆卸后的采集单元、螺栓、紧固件等零件置于指定的位置内，如图 7-14 所示。最后，用绝缘胶带将线束固定到操作区域的位置。

图 7-14　拆卸采集单元及其连接线束

6）拆卸动力蓄电池模块的压板，如图 7-15 所示。

图 7-15　拆卸电池模块压板

7）利用拆装工具旋出固定螺栓，并置于指定容器，如图 7-16 所示。最后，将动力蓄电池模块移出箱体，并置于指定位置。

图 7-16　旋出固定螺栓

2. 拆卸最小动力蓄电池模块单体

拆卸最小动力蓄电池模块单体的方法详见图 7-17～图 7-20 及其注解。

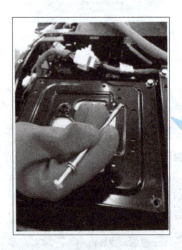

1）拆卸故障动力蓄电池上盖：用相应工具将故障动力蓄电池的上盖卸下，再用十字螺钉旋具将采样线的固定螺栓卸下，并置于指定位置，如图 7-17 所示。

图 7-17　拆卸故障动力蓄电池上盖

2）拆卸连接排的紧固件：用相应工具将故障电芯的连接排紧固件旋出，卸下连接排，并将连接排与紧固件置于指定位置，如图 7-18 所示。

图 7-18　拆卸连接排紧固件

第七章 电动汽车的拆装与维护

3）拆卸上下护套：依次将故障电芯的下护套与上护套拆下，如图7-19所示。

图7-19 拆卸上下护套

4）拔出连接片，如图7-20所示。

图7-20 拔出连接片

3. 更换动力蓄电池模块电芯的方法

严格按照如下操作步骤进行。

1）首先，安装电芯上、下护套，安装后，电芯应与护套贴合紧密，不得松动。注意：如发现护套有损伤，需更换新的护套进行安装。

2）将更换的新电芯装到动力蓄电池模块内，摆放位置要正确。注意：如发现侧护套、连接片等零件有损伤，需更换新的零件进行安装。

3）利用连接排连接电芯的极柱，若极柱表面有焊点，应用砂纸将焊点打磨平整，以确保连接排下表面与极柱上表面贴合紧密。应采用扭力扳手将法兰螺母或铝质螺栓固定到电芯极柱上（法兰螺母拧紧力矩为 5.6N·m；铝质螺栓紧力矩为 3N·m）。当确认螺栓紧固后，对螺栓加防松胶。

4）利用螺栓将采样线的 OT 头（采样线与连接排紧密连接的一端）紧固到连接排的安装孔上，紧固后弹垫应压平、无翘起现象。对螺栓加防松胶。

5）注入导热硅胶。向指定位置注入导热硅胶（注意：不要将安装孔注满，应注入 2/3 为宜），然后将温度采样线插入安装孔内。温度采样线下端应与护套平行。最后用热熔胶将线体固定到电芯护套上（注意：加热溶胶前应确保护套上表面清洁无尘，加热溶胶面积应大于热硅脂面积）。

4. 动力蓄电池模块入箱及线束的连接方法

动力蓄电池模块入箱及线束的连接操作步骤如下。

1）安装动力蓄电池模块：首先安装动力蓄电池盖，再将动力蓄电池模块安装到箱体内。

注意：应提前清理箱体，确认箱体内的保温层无损坏。

2）安装动力蓄电池模块压板：用内六角扳手将压板压紧，紧固后弹垫应压平、无翘起现象。

3）安装动力蓄电池采集单元：确保采集单元的安装位置，端口的朝向要正确。原有绑线扣的位置要重新加装新的绑线扣。

4）安装线束：将原先暂时固定线束的绝缘胶布拆下，按照标记将插线插入相应的端口中。安装线束要注意插件的插入顺序。当线束连接完成后，用扎带将线束固定到绑线口上。
注意：在端口处线束要留有一定余量。

5）安装大线：拆下大线端部的绝缘保护，将大线"铜鼻子"固定到模块输出排上。用内六角扳手紧固螺栓，紧固后弹垫应压平、无翘起（检测转矩值应为 5.6N·m 以上）。最后安装护套，用扎带固定，护套必须完全覆盖连接点。

5. 操作后的现场整理

操作后的现场整理内容如下：

1）将扎带的多余部分剪断，放入指定容器内。
2）清点工具及辅料，以避免遗落在动力蓄电池箱内。
3）清理操作后残留的灰尘及辅料碎屑。

三、更换动力蓄电池 BMS 的方法

1. 拆卸出现故障的 BMS 的连接线束

拆卸出现故障的 BMS 的连接线束详见图 7-21 和图 7-22 及其注解。

1）将故障 BMS 周围固定线束的扎带剪断，确保插件处的线束松弛不受限制。将剪断的扎带放置于指定的容器内，以避免遗落在动力蓄电池箱内。
2）将故障 BMS 端口处的插件拔出，如图 7-21 所示。注意：拆卸插件时需一只手按住 BMS 外部铝壳，另一只手按住插件缓缓地将插件拔出。禁止以提拉线束方式拔出插件。

图 7-21　拔出 BMS 的插件

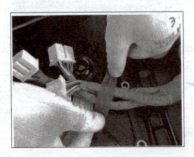

用绝缘胶带固定线束：将拆卸后的线束用绝缘胶带暂时固定在远离故障 BMS 的地方，以避免操作中对线束造成意外伤害，如图 7-22 所示。

图 7-22　用绝缘胶带固定线束

2. 更换出现故障的 BMS

1）更换出现故障的 BMS，详见图 7-23 及其注解。

旋出 BMS 固定螺母：利用套筒扳手将 BMS 的固定螺母旋出，如图 7-23 所示。并将拆卸后的螺母、平垫、弹垫和绑线扣等零件置于指定的容器内，以避免遗落在动力蓄电池箱内。

图 7-23　旋出 BMS 固定螺母

2）拆下故障 BMS，并将其置于 BMS 返修的容器内。

3）将新的 BMS 放在安装板上，并确保与安装板贴合紧密无间隙，且其插件口朝向准确无误。

4）安装新的 BMS：先手动将螺母旋入安装板螺栓上（需加平垫和弹垫）。在原有安装绑线扣处重新安装绑线扣。旋入后螺母的下表面应与安装板平行。在螺母旋至螺栓底部时，再利用套筒扳手紧固螺母（紧固完成后应确保弹垫压平、无翘起现象，且螺母下表面与平垫及 BMS 固定孔表面应贴合紧密无缝隙）。

3. 连接 BMS 线束

连接 BMS 线束的操作步骤如下。

1）拆下原先暂时固定线束的绝缘胶带，置于指定容器内，以免遗落在动力蓄电池箱内。

2）按照线束标号将插件插入相应的 BMS 端口内。

注意：当插插接件时，应按住插件的两侧，将插件插入端口插件处。

3）用扎带将线束固定到原有绑线扣处，线束固定要牢固。插件处线束要留有一定余量，且不能受力过大。线束固定后，清除扎带多余的部分，并置于指定位置，避免遗落在动力蓄电池箱内。

4. 更换操作后的现场整理

操作后的现场整理步骤如下。

1）将扎带的多余部分剪断，放入指定容器内。

2）清点工具及辅料，以避免遗落在动力蓄电池箱内。

3）清理操作后箱体内残留灰尘及辅料碎屑。标记故障 BMS 相关信息，以备返厂检修。

四、动力蓄电池系统维护的主要内容

动力蓄电池具有高电压与强电流的特点，需要每 3 个月或行驶 5000km 后进行一次电芯电压的检测。

每次更换电池时，均需要检查连接插头是否有磨损、松动、烧损等现象；每行驶 10000km，应清理一次电池箱，并检查内外箱体及各组成部件是否完好。

动力蓄电池系统维护保养包括以下五项内容:

1. 动力蓄电池箱体的检查内容与方法

动力蓄电池箱体的检查主要包括五项内容,详见图7-24及其注解。

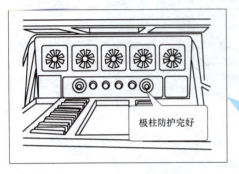

图7-24 动力蓄电池的外箱

动力蓄电池箱体的五项检查
1)外箱检查与维护。在安装内箱前检查以下两项内容:
① 检查极柱座的橡胶护套是否齐全。
② 检查极柱是否氧化,若已氧化,应用1500目砂纸打磨并去掉氧化层。
2)每个月定期清理外箱灰尘。
3)若极柱出现拉弧或打火烧损,应及时更换。
4)若发现通信和24V电源不可靠,应检查CAN总线连接插头和24V连接插头是否正常。
5)内箱检查:检查极柱座的连接是否可靠,有无高压打火烧损,并定期清洁吸尘。

2. 动力蓄电池外箱体正负极高压端子的检查

动力蓄电池外箱体正负极高压端子的检查包括以下三项内容。

1)检查各个端子之间的绝缘电阻:用兆欧表的500V档测量绝缘电阻值,其质量标准要求如下。

① 当空气相对湿度≤90%时,绝缘电阻≥20MΩ。
② 当空气相对湿度>90%时,绝缘电阻≥2MΩ。

2)检查各个端子与电池外壳之间的绝缘电阻,检查方法与质量标准要求与1)相同。

3)检查高压极柱插头和极柱插孔是否有磨损、烧蚀现象,极柱保护套是否齐全,并应注意以下两点:

① 所有箱体内必须清洁,不得有任何污染,以防意外漏电。
② 检查冷却风扇与滤网是否固定牢靠。

3. 电池快换箱体导轨的检查

1)检查快换箱体导轨的轴承是否缺失。
2)检查各轴承是否滚动顺畅,否则应及时更换轴承。
3)检查导轨有无变形。

4. 机械锁的检查

机械锁采用由解锁把手、解锁杆、锁扣组成的手动解锁装置,机械锁的检查内容如下。

1)检查解锁把手是否转动平顺。
2)将解锁把手按下去,检查机械锁能否卡到正确位置。
3)检查开锁与上锁是否平顺。

5. 高压中控盒电气安全检查

本项检查必须由具备资质的电工在推入动力蓄电池箱之前进行。

1)高压线束端子的绝缘电阻复查:将连接到中控盒的高压线束、动力蓄电池输入电缆从中控箱的插接器口拔下,测量拔下线束的每一个高压端子与底盘之间的绝缘电阻,其阻值应大于 20MΩ。

2)高压线束端子的电压检测:保持步骤 1)状态,并保持连接到中控盒的低压线束接通,将动力蓄电池推入电池舱,然后将车辆钥匙转到"START"位置,此时测量所有高压线束端子处的电压,端子 A 与端子 B 之间电压应为 400V 左右(且 A 端子为高电势,B 端子为低电势)。

3)连接至 PTC 加热器的高压线束端子的电压检测:保持步骤 2)状态,将车辆的暖风加热系统打开,测量连接至 PTC 加热器的高压线束端子 A 与端子 B 的电压,应为 400V 左右直流电压(且 A 端子为高电势,B 端子为低电势)。

4)以上步骤确认无误后才能将钥匙拧到"OFF"位置,再将步骤 1)中拔下的插头依次插上。若发现步骤 1)~3)有异常,须先排除故障后方可继续后续步骤。

第三节 驱动电机系统的拆装与维护

驱动电机系统拆装与维护具体要求各厂家有所不同,以下内容供参考。

一、驱动电机与驱动电机控制器的更换方法

1. 驱动电机的更换方法
参考图 7-25 按照高压操作规范分两步进行。

(1)拆卸驱动电机的步骤

1)将点火钥匙置于"OFF"档,关闭所有用电器,并将钥匙拔下妥善保管。

2)断开蓄电池的低压负极电缆;拧开散热器盖。

3)将车辆举升起并固定好。

4)拆下机舱挡板。

5)在下方排放冷却液,并断开电机上的进出水管。

6)拔下驱动电机上的低压线束。

7)用专用工具拆下电机控制器的高压插头。

8)拔下空调压缩机上的高低压插件;从电机上拆下空调压缩机的固定螺栓,将空调压缩机远离电机并固定。

9)拆卸车轮;拆卸制动钳总成并固定。

10)用专用工具将驱动轴从制动盘中拔出。

11)用撬棍将左右驱动轴从变速器中撬出。

12)拆卸固定驱动轴的悬架螺栓。

13)从车辆下方拆下驱动电机和减速器总成。

(2)安装驱动电机的步骤 安装步骤与拆卸步骤基本相反。电机总成安装完成后的检查:

1)检查冷却水路系统安装是否正确,是否有滴漏。
2)各机械部件安装是否牢固。
3)各电缆所连接电源的极性是否正确。
4)各电器插接器连接是否到位,插口或螺钉是否卡紧或拧紧;各高低压部件的绝缘性是否良好。

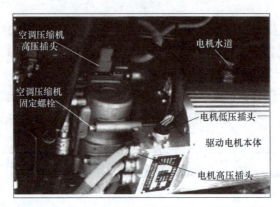

图 7-25　永磁同步电机的安装位置及其相关器件

2. 驱动电机控制器的更换方法

驱动电机控制器的更换方法如下。

(1) 拆卸前的准备工作
1)使钥匙处于 OFF 档。
2)拔掉维修开关,并等待 5min 以上。
3)断开启动电池。
4)拆掉配电盒。

(2) 拆卸操作步骤
1)首先拆掉驱动电机三相线插接器的 4 个螺栓。
2)拔掉高压母线插接器。
3)拆掉附在电机箱体配电盒上的螺栓。
4)再拆掉电机底座的 4 个紧固螺栓。
5)将电机控制器往左移动,拔掉低压插接器,拆掉搭铁螺栓,拔掉 DC 低压输出线,再拔掉 4 个低压线束卡扣。
6)将控制器往右移动,拆掉进水管和出水管(当拆掉进水管时,应将流出的冷却液用容器接住)。

(3) 安装操作步骤
1)首先把电机控制器放进安装位置。
2)将控制器往右移动,安装进水管和出水管。
3)安装电机底座的 4 个紧固螺栓(先对准左上方螺栓孔,将螺栓放进去,先拧进 1/3;再对准右下方螺栓孔,将螺栓放进去,先拧进 1/3;之后再放进其余的螺栓,并将全部螺栓拧紧，拧紧力矩为 22N·m）。

4）将 DC12V 输出线卡扣卡上，插上 DC12V 插接器；再卡上 BMS 线束卡扣；安装搭铁螺栓（拧紧力矩为 22N·m）；插上插接器。

5）安装贴在电机箱体侧面的配电盒螺栓。

6）插上高压母线插接器。

7）安装驱动电机三相线插接器（首先安装最靠近车头下方的螺栓，先拧进 1/3；再安装其对角螺栓，拧进 1/3；之后再安装其余的螺栓，并将全部螺栓拧紧，拧紧力矩为 9N·m）。

二、驱动电机系统维护的主要内容

驱动电机的维护保养包括日常维护保养、定期维护保养以及去潮湿处理等内容。

1. 驱动电机的日常维护保养

1）每天开车前检查水箱是否缺防冻液，并注意及时补充。

2）检查驱动电机及其控制器各固定点螺栓是否松动，线束与插接件是否松动、老化、破损与腐蚀。

2. 驱动电机定期维护保养内容与方法

1）每两个月检查电机本体和电机控制器的冷却水道有无堵塞，并及时清理堵塞物。

2）每半年清理一次电机本体和电机控制器表面的灰尘。清理方法：首先断开动力电源，用高压气枪吹净电机本体和电机控制器表面的灰尘。注意：禁止用高压气枪直接对准控制器外壳上的"呼吸器"，应使用软毛刷清理。

3）在一个大修期内，电机轴承无须加油脂。但若发现轴承有故障时，应进行电机解体更换轴承。

4）当长期未使用电机时，应测量电机的绝缘电阻（采用 500V 兆欧表测量，其阻值应不小于 5MΩ）。

3. 驱动电机去潮湿处理方法

1）使用近 80℃ 的干燥热空气，吹过未通电、静止的电机。

2）将转子堵住（使其不能运转），然后在定子绕组施加 7~8V 的 50Hz 交流电压。容许逐步增加电流，直到定子绕组温度达到 90℃，然后维持 90℃ 直到电机绝缘电阻稳定不变（但绝对不容许超过 90℃，且绝对不容许增加电压到足以导致转子运转）。

3）特别注意：开始时必须缓慢加热，因为快速加热可能损坏电机的绝缘层。通常需要花 15~20h 才能使温度上升到 90℃。每隔 2~3h 测量一次绝缘电阻，如绝缘电阻已经达到 5MΩ，电机的干燥过程即可结束并投入使用。

第四节　其他高压系统、电气线束及转向制动系统维护的主要内容

一、其他高压系统维护的主要内容

其他高压系统主要包括高压电器盒、DC/DC 变换器、空调电动压缩机以及车载充电机

等，保养周期为 3 个月或 5000km。即在进行电池系统和驱动电机系统保养的同时，进行这些高压系统的保养。其维护保养内容如下。

1）检查高压警告标记是否固定牢靠、字迹清晰。

2）检查安装螺栓是否松动或缺失，安装支架有无变形、损坏。

3）检查各个插接件是否连接可靠，有无变形或松脱。

4）检查高压部件的表面是否腐蚀或损坏。

二、电气线束维护的主要内容

1. 低压线束的检查

1）检查低压线束是否整齐、捆扎成束、其固定卡钉是否卡紧。

2）检查低压线束接头连接是否可靠；穿越孔洞的线束的绝缘防磨套管有无损坏、是否可靠固定。

3）检查低压线束插接器的外观有无破损、腐蚀现象。

2. 低压电器熔断器的检查

1）检查低压电器熔断器的外观是否开裂、损坏、腐蚀、老化等现象。

2）检查低压电器熔断器外部的插接件与车身插接件的插接是否牢固可靠。

3）检查熔断器盖锁扣是否有效锁紧；检查熔断器固定是否牢固可靠。

3. 高压线束的检查

高压线束检查的内容与方法如下。

1）检查底盘高压线束离地面高度是否在安全范围之内，或设有相应的走线槽来避免线束的刮蹭。

2）检查高压线束的保护波纹管外观有无破损、老化现象，插接器是否有腐蚀现象。

3）检查插接件连接是否牢固可靠，其护套是否完好无损。

4）检查高压插接器的锁止以及互锁机构是否完好。

5）检查高压线束的固定卡钉是否完好、是否卡紧。

6）检查高压线束与各个运动件之间是否存在刮蹭现象。

三、动力转向系统维护的主要内容

动力转向系统维护保养的主要内容与方法如下。

1）定期检查转向盘间隙：转向盘回转 30mm 时，车轮必须转动；否则必须进行调整。

2）定期更换转向器润滑油。

3）在换季保养或行驶 10000km 后，要检查转向油罐的油位以及管路接头的密封性。

4）转向液压油的更换方法：

① 将前桥顶起至前轮离开地面。

② 放油：旋出转向器的放油螺塞，取下油罐盖，起动转向电机并保持空转，使得转向系统中的润滑油在油泵驱动下从转向机放油螺塞孔中排出，多次左右转动转向盘至两极限位置，直到将油液排净为止，然后装上放油螺塞并拧紧。

③ 注油：先将转向油罐注满干净的转向润滑油，然后启动电机，向转向系统内充油，并向转向油罐继续补充油液，直至油罐中无气泡上升且油面稳定在测试棒刻度以上 1～2cm 为止，最后旋紧油罐盖。

5) 更换转向油罐的滤芯：打开油罐盖，先取出旧滤芯，将转向油罐清洗干净后，换上新滤芯，最后旋紧油罐盖。

6) 转向机的转向压力调整：转向机的转向压力在出厂时已经调整好，故严禁擅自旋动转向机的调整螺钉。如果发现转向盘转动明显沉重，应送维修站调整。

四、制动系统维护的主要内容

电动汽车制动系统主要采用电动真空助力液压制动系统（轿车）与气制动系统（大客车）。

1. 轿车电动真空助力液压制动系统的技术维护

轿车电动真空助力液压制动系统的维护保养包括以下两部分内容。

1) 车轮制动器的检查与调整：主要是制动摩擦元件间隙的调整和轮毂轴承间隙的检查与调整（其具体方法与常规汽车基本相同，详见电动汽车产品使用说明书）。

2) 电动真空助力液压制动系统的检查与调整：主要内容包括检查电动真空泵的供电，检查真空压力传感器、真空泵以及真空助力器等部件是否正常以及液压制动管路系统的密封性检查。

2. 大客车气制动系统的维护

大客车气制动系统的维护保养内容与方法如下。

（1）制动系统密封性检查　对采用气压制动系统的电动汽车其气密性是系关设备与人身安全最重要的性能。

1) 检查气路系统的密封性：启动空气压缩机，当储气罐压力达到 0.81MPa 时关闭空压机，观察双针压力表，要求在 10min 内压力降低不得超过 0.01MPa；否则，表明气路系统的密封性不好，应进行密封性检查与维护。

2) 检查制动系统的密封性：关闭电机，踩下制动踏板保持 3min，要求气压表的白针指示压力不变，表明密封可靠。

（2）制动系统保养内容与方法

1) 应定期检查制动管路的密封性：一旦发现制动管有压扁、破裂、折弯等现象，应及时更换，以保证制动管路处于良好工作状态。

2) 定期排放储气筒中冷凝水：可用手拉动储气筒下面排水阀的拉环。若排水阀被堵塞，则需将排水阀旋出，进行清理或更换（在排水阀旋出前，可用多次踩制动踏板的方法，将储气筒内的压缩空气排出）。

第八章 电动汽车的故障诊断

第一节　电动汽车故障诊断的基本方法

一、电动汽车故障诊断前的注意事项与操作准备

1. 故障诊断前的注意事项

首先必须查询并依照电动汽车的相关维修手册，严格依规依序操作。

1）电动汽车的高压电气系统包含动力蓄电池、逆变电路、驱动电机系统、电子控制系统和线束等。为了保障安全，全部高压电缆均已采取密封或隔离措施，且高压线束采用洁净橙色加以区分。相关维修手册上清楚地注明所有橙色电线均为 200～500V 的高压电线。

2）在维修操作之前，首先应注意 READY 指示灯是否点亮，它是判断车辆此时处于工作状态或停机状态的依据。一般 READY 指示灯点亮表明车辆处于运转状态，故在维修操作之前应确保 READY 指示灯是熄灭的。为此，应关闭点火开关并取下钥匙。同时应注意，当 READY 指示灯熄灭后，电源仍会持续供电 5min 左右。

3）在维修操作时应严格遵守高压安全操作规程，按规定着装，严禁佩戴首饰、手表、戒指、项链、钥匙等。必须选用适合于电工作业的绝缘的、耐碱性的橡胶手套以及耐碱性的鞋子和护目镜，以防电解液溢出造成意外伤害。同时准备好灭火器、绝缘胶布、万用表以及吸水毛巾或布等维修工作必备物品。

2. 故障诊断前的操作准备工作

故障诊断前的操作准备工作中，最重要的就是必须严格禁用高电压系统。其具体操作方法如下。

1）将变速杆置于 P 档位置，拉好驻车制动器，拔下钥匙。

2）断开辅助电池的负极端子。

3）戴上绝缘手套，拆下手动维修开关。将手动维修开关用绝缘胶布贴封起来，隔离外露区域与高压系统的接线端或连接器。

4）断开手动维修开关后，在开始检查前等待 5min，再用万用表检测需要维修的高压电系统的输入与输出线路的每一个相位电压，其读数必须小于规定值（一般应小于 3V）。

5）更多详细的操作步骤与注意事项，可参考高压相关参考资料。

第八章 电动汽车的故障诊断

二、电动汽车故障诊断的基本流程

电动汽车故障诊断的基本流程详见图8-1及其注解。

1）理解并确认客户报修问题。应尽可能多地了解故障情况，如故障是何时显现的？何处出现该状况？状况持续了多长时间？该状况多久发生一次？

2）确认车辆行驶状况。若车辆正常运行时存在该情况，那么客户所描述故障情况也可能属于正常情况。然后在与客户描述情况相同的条件下，与操作正常的类似车辆比较，若其他车辆也存在类似情况，那么这可能是车辆的设计问题。

3）预检并进行全面目视检查。包括：①对车辆进行外观全面检查；②检测是否有异常响声或异味；③采集故障码（diagnostic trouble code，DTC）信息，以便进行有效的修理。

4）执行系统化的车辆诊断与检查。根据预检信息，针对故障区域进行系统化的诊断与确认。确认系统工作是否正常，并确认执行何种诊断类别。

5）查询或检索相关案例信息。查询已有案例信息，确认是否在之前已有类似的故障维修案例，以便最大限度地缩短诊断与维修的时间。

6）区分诊断类别。包括以下四类：①针对当前故障码，按照指定的故障码进行有效的诊断和维修。②针对无故障码情况，选择比较合适的故障现象诊断程序进行诊断和维修。③针对尚未公布的诊断程序，通过分析问题，制订诊断方案。从维修手册中查看故障系统的电源、搭铁、输入与输出电路，确定接头与其他多条电路相连接的部位。查看部件的位置，确认部件、插接器或线束是否曝露在极端温度或湿度环境或接触具有腐蚀性酸液、油液。④针对间歇性/历史故障码，间歇性故障一般是由电器插接器和线束故障、部件故障、电磁/无线电频率干扰以及行驶状况而导致的。可采用以下方法处理：一是结合专业知识和可用的维修信息；二是判断客户所描述的故障现象；三是使用带数据捕获（数据流读取）功能的诊断仪与数字万用表进行检测。

7）确定故障的根本原因再修理与检验修复情况，并确认故障现象和故障码已消除。

8）重新检查客户报修问题。若未能解决问题，则需重新确认客户报修问题。

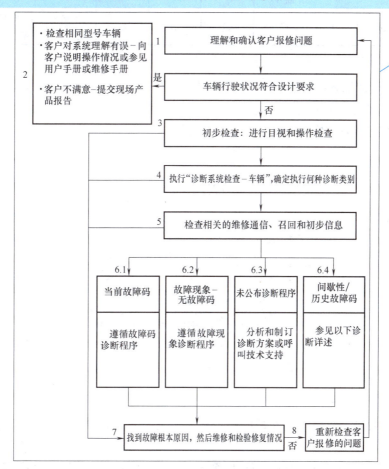

图8-1　电动汽车故障诊断基本流程

三、电动汽车故障诊断的具体步骤

电动汽车故障诊断具体步骤包括以下六项。

1. 初步掌握故障前车辆的行驶状况与故障时车辆的技术状况,并对相关信息进行分析

电动汽车在故障状态下,均会进入失效保护模式。不同电动汽车厂商的动力驱动系统的保护模式基本相似。丰田普锐斯的失效保护模式详见表 8-1。

表 8-1 普锐斯电动汽车的失效保护模式

故障举例	发动机	动力蓄电池	电动机(MG2)	发电机(MG1)	油泵电机(MGR)	车辆故障现象
MG1 的分解器失效	×	○	○	×	○	电机驱动正常,但发动机不能起动,即 MG1 发电机失效
MG2 的分解器失效	○	○	×	○	○	发动机能够被起动,但是车辆不能被驱动,即 MG2 电机失效
动力蓄电池 ECU 内部故障	×	继电器保持断开	×	×	×	车辆不能被驱动
动力蓄电池自身故障	×	继电器保持断开	×	×	×	车辆不能被驱动
温度传感器等故障	○	○	○	○	○	车辆正常驱动或降低驱动功率,仪表警告灯点亮

注:×—故障;○—正常。

2. 利用汽车故障诊断仪进行诊断,检查并记录系统中全部故障码,确认高低压系统存在的故障码,并将故障码信息优先排序

例如普锐斯车辆故障码的具体含义如图 8-2 所示。

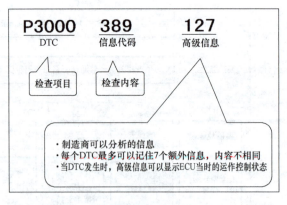

图 8-2 普锐斯车辆故障码的具体含义

3. 检查并记录每一个系统,并检查历史记录数据

历史记录数据一般可被用作故障再现试验,它记录了故障被检测到时的行驶和操作状态。

目前大多数故障诊断仪的故障码读取系统界面中,一般会在故障码后显示故障码出现的

第八章　电动汽车的故障诊断

优先顺序，以提示故障诊断维修人员排查故障的正确顺序。

表 8-2 为普锐斯电动汽车高压系统中历史记录数据的时间顺序。

表 8-2　普锐斯电动汽车高压系统中历史记录数据的时间顺序

目　　录	含　　义
END RUN TIME	在一次系统启动中发动机运转的时间
DTC CLEAR WARM	在清除 DTCs 后系统启动的次数
DTC CLEAR RUM	在清除 DTCs 后行驶的里程数 （通过比较 DTC CLEAR RUN 和 Data List 可以了解到故障发生后的行驶里程）
DTC CLEAR MIN	清除 DTCs 的时间
OCCURRENCE ORDER	故障发生的顺序

4. 区分与故障无关的故障码

例如，在普锐斯车型中，不关联的故障包括以下五项。

1）在日光照射不了的条件下，代码 B1424（日光传感器回路异常）有时会输出。

2）高电压系统有故障时，再生制动器不起作用，但电子制动系统 ECU 从高电压（high voltage，HV）控制 ECU 接收故障信号并输出故障码 C1259（HV 系统再生故障）和 C1310（HV 系统故障）。

3）电动助力系统 ECU 从 HV 控制 ECU 接收故障信号并输出故障码 C1546（HV 系统故障）。

4）当 12V 蓄电池端子断开时电子悬架系统输出故障码 B2421（转向中间位置自动校正不完全故障）。

5）维修人员按照故障码优先顺序检查 P0A60-501（相位 V 电流传感器故障），在故障恢复后清除故障码，并检查故障是否能够重现，以确定故障可靠排除。

5. 应用"主动测试功能"

主动测试功能主要用于对电动汽车进行故障排查，并使车辆保持特定的运行状态。例如，在丰田普锐斯车型中，主动测试的项目包括以下三项。

1）诊断模式 1，将档位开关置于 P 档位，连续运行发动机并取消牵引力控制，用于检查发动机点火正时与 HC/CO 的排放情况；检查发动机运转情况和转速表工作情况。

2）诊断模式 2，取消牵引力控制，用于检查发动机点火正时与 HC/CO 的排放情况；检查发动机运转情况和转速表工作情况。

3）变频器驱动强制停止，持续切断 HV 控制 ECU 内部的功率三极管，用于确认是否在变频器或 HV 控制 ECU 内部存在漏电。其基本的检查程序包括如下三项。

① 诊断仪驱动 HV 控制 ECU 输出一个长期关闭指令，如图 8-3 所示。

② 系统检查变频器的 U、V、W 信号，每一个端子的电压应该是 12～16V，如图 8-4 所示。

③ 系统执行变频器电压检查，变频器一侧的电压应该是 14～16V，如图 8-5 所示。

以上任何一项检查失败，均可以判断对于步骤中的零部件发生了高电压的泄漏。

电动汽车维修快速入门一本通

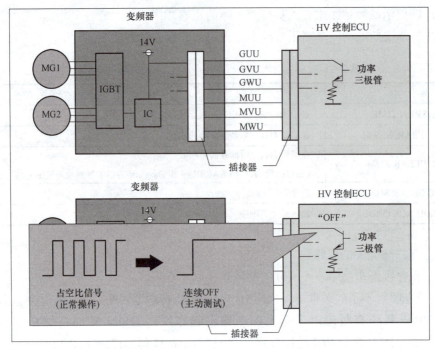

图 8-3　HV 控制 ECU 输出一个长期关闭指令

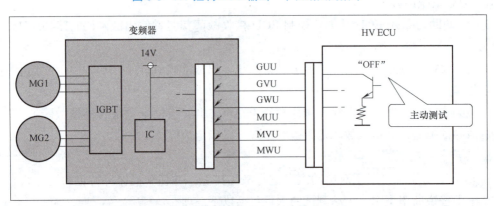

图 8-4　系统执行输入端检查

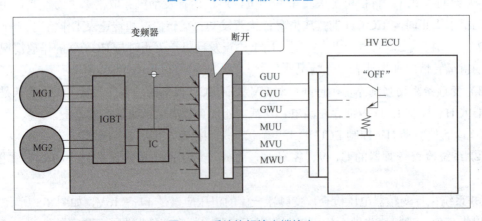

图 8-5　系统执行输出端检查

6. 故障诊断与修理后的检查

在进行修理后，部分故障码需要将点火开关先置于 OFF 位置，再置于 ON 位置后，才可使用故障诊断仪来清除故障码。其具体步骤如下。

1）将点火开关先置于 OFF 位置。
2）安装全部在诊断时拆下的或更换的零部件或插接器。
3）在拆下或更换部件或模块时，可能还需要重新进行程序设定。
4）将点火开关先置于 ON 位置。
5）清除故障码。
6）将点火开关先置于 OFF 位置持续 60s。
7）若修理与故障码有关，则再现故障码的条件并使用"冻结故障状态"功能，以便确认不再设置故障码。

四、电动汽车整车常见故障与排除方法

1. 纯电动乘用车常见故障现象、原因与排除方法

纯电动乘用车的常见故障原因与排除方法参考表 8-3。

表 8-3　纯电动乘用车的常见故障原因与排除方法参考表

故障现象	可能原因	处理方法
充电机故障	输入欠压	需到维修站维修或进行更换
	输入过压	
	输出欠压	
	输出过压	
	输出未接电池	
	过温	
	短路	
	正负极反接	
DC/DC 故障	输入欠压	需到维修站维修或进行更换
	输入过压	
	输出欠压	
	输出过压	
	过温	
	短路	
动力蓄电池异常断开	绝缘监测电路故障	更换 BMS 主控盒
	绝缘阻抗过低	检查高压线束绝缘状况 检查中控盒绝缘状况
	动力电缆母线折断	更换动力电缆
	高压继电器不吸合	更换高压继电器
	熔断器熔断	更换熔断器
	BMS 故障	更换 BMS 主控盒

（续）

故障现象	可能原因	处理方法
动力蓄电池不能正常断开	高压继电器粘连	更换高压继电器
单体蓄电池电压过高	单体蓄电池损坏	需到维修站维修或进行更换
	单体蓄电池连接条松接	紧固单体间连接
单体蓄电池电压过低	单体蓄电池损坏	需到维修站维修或进行更换
	单体蓄电池连接条松接	紧固单体间连接
单体蓄电池电压不均衡	单体蓄电池损坏	需到维修站维修或进行更换
	单体蓄电池连接条松脱	紧固单体间连接
电池包温度过高	冷却风扇故障	检查车辆后部风扇并更换
	温度传感器故障	更换温度传感器
电池包温度过低	气温过低	开启电池加热装置进行加热
	温度传感器故障	更换温度传感器
电池包温度不均衡	电池箱间连接风管松脱	紧固连接风管
SOC 过高	SOC 显示异常	更换显示屏或 BMS 主控盒
	电池充电饱和	使车辆行驶，对电池放电
SOC 过低	SOC 显示异常	更换显示屏或 BMS 主控盒
	电池需要充电	对动力蓄电池进行充电
电流显示异常	电流传感器故障	更换电流传感器
	显示屏故障	更换显示屏
	BMS 发送数据故障	检查并维修 BMS 主控盒
空调	高压继电器不能吸合	同"动力蓄电池异常断开"
车辆不能起动	高压继电器不能吸合造成 DC/DC 不能正常工作	同"动力蓄电池异常断开"
暖风不能起动	高压继电器不能吸合造成 DC/DC 不能正常工作	同"动力蓄电池异常断开"
	暖风继电器不能吸合	更换暖风继电器

2. 纯电动大客车常见故障与排除方法

纯电动大客车动力系统部分常见故障原因与排除方法参考表 8-4；纯电动客车车身部分常见故障原因与排除方法参考表 8-5。

表 8-4　纯电动大客车动力系统部分常见故障原因与排除方法参考表

故障码	名称	故障处理措施
001	电池温度大于 65℃	此时汽车处于强制停车模式：①运用强制档位模式将汽车移动到不妨碍交通的地方；②通过仪表查看温度高于 65℃的点所在的电池箱号；③在不妨碍交通的情况下打开电池箱盖，运用散热风扇散热；④待温度降到 50℃以下时，运用自动档模式将汽车低速开回充电站，通知技术人员检查电池箱

第八章　电动汽车的故障诊断

（续）

故障码	名称	故障处理措施
002	电池能量小于10%	方法1：运用强制档位模式将汽车开回充电站充电（对电池损害较大）
003	单体蓄电池电压太低	方法2：用拖车拖回（对电池损害较小）
004	电池箱甩脱，停车	将车缓慢移动到路边，然后检查电池箱
010	单体蓄电池电压低	尽快返回充电站充电
011	电池温度高，请检查	在不妨碍交通的情况下检查电池箱，然后尽量保持低速、匀速行驶，返回充电站后彻底检查电池箱
012	电池能量小于20%	尽快返回充电站充电
013	总电压小于360V	尽快返回充电站充电
014	电机控制器温度高	在不妨碍交通的情况下，打开行李箱盖散热
015	电池管理通信异常	返回充电站后通知相关技术人员检查
016	整车系统故障	返回充电站后通知相关技术人员检查
017	变速器通信异常	返回充电站后通知相关技术人员检查
018	IGBT故障	返回充电站后通知相关技术人员检查
019	通信异常	返回充电站后通知相关技术人员检查
020	电机控制器故障	返回充电站后通知相关技术人员检查
021	自动变速器故障	返回充电站后通知相关技术人员检查
022	电机通信异常	返回充电站后通知相关技术人员检查
023	绝缘报警	返回充电站后通过相关技术人员检查
024	电池能量低	尽快返回充电站充电
050	PVCU通信中断（根据整车控制器LIFE判断）	返回充电站后通过相关技术人员检查
051	电池不匹配	通过仪表检查电池电压过低的电池箱号，并更换
056	车身通信异常	返回充电站后通知相关技术人员检查
057	ECAS故障	返回充电站后通知相关技术人员检查
058	电池能量低	尽快返回充电站充电
059	电池过电流	降低电池电流
060	电池能量过高	停止充电
061	电池电压过低	尽快返回充电站充电
062	电池电压过高	停止充电
063	电机超速	记录现象，返回充电站后通知相关技术人员检查
064	相电流过高	
065	自检错误	
066	直流电压过高	
067	电池均衡故障	返回充电站后通过相关技术人员检查

表 8-5 纯电动大客车车身部分常见故障原因与排除方法参考表

故障码	名称	故障处理措施
100	左前转向灯故障	①检查灯泡是否损坏，若是，更换灯泡 ②检查电线是否有断开的地方
101	左侧转向灯故障	
102	左前雾灯故障	
103	左前近光灯故障	
104	左前远光灯故障	
105	左前小灯故障	
106	左前侧位灯故障	
107	右前转向灯故障	
108	右侧转向灯故障	
109	右前雾灯故障	
110	右前近光灯故障	
111	右前远光灯故障	
112	右前小灯故障	
113	右前侧位灯故障	
114	前门线圈 1 故障	更换新的电磁阀线圈
115	前门线圈 2 故障	
116	电闸继电器故障	更换新的继电器
117	除霜器故障	返回充电站后通知相关技术人员检查
118	左厢灯 1 故障	①检查灯泡是否损坏，若是，更换灯泡 ②检查电线是否有断开的地方
119	右厢灯 1 故障	
120	左厢灯 2 故障	
121	右厢灯 2 故障	
122	左前示廓灯故障	
123	右前示廓灯故障	
124	驾驶人照明灯故障	
125	前换气扇电动机故障	返回充电站后通知相关技术人员检查
126	左后转向灯故障	①检查灯泡是否损坏，若是，更换灯泡 ②检查电线是否有断开的地方
127	右后转向灯故障	
128	牌照灯故障	
129	左后行车灯故障	
130	右后行车灯故障	
131	左后雾灯故障	
132	右后雾灯故障	
133	左倒车灯故障	
134	右倒车灯故障	

第八章 电动汽车的故障诊断

（续）

故障码	名称	故障处理措施
135	左制动灯故障	①检查灯泡是否损坏，若是，更换灯泡 ②检查电线是否有断开的地方
136	右制动灯故障	
137	后示廓灯故障	
138	左后侧位灯故障	
139	右后侧位灯故障	
140	倒车蜂鸣器故障	检查是否线路有问题，如否，更换蜂鸣器
141	电暖气继电器故障	更换继电器
142	后换气扇电动机故障	返回充电站后通知相关技术人员检查
143	电闸控制状态故障	返回充电站后通知相关技术人员检查
144	跳板电路故障	返回充电站后通知相关技术人员检查
145	前门行程开关故障	返回充电站后通知相关技术人员检查
146	后门线圈1故障	更换电磁阀线圈
147	后门线圈2故障	
148	高位制动灯故障	①检查灯泡是否损坏，若是，更换灯泡 ②检查电线是否有断开的地方
149	干燥器线圈故障	更换电磁阀线圈
150	报警蜂鸣器故障	检查是否线路有问题，如否，更换蜂鸣器
151	控制电源故障	返回充电站后通知相关技术人员检查
152	高压功率输出故障	返回充电站后通知相关技术人员检查
153	复位继电器故障	更换继电器
154	左前灯节点掉线	返回充电站后通知相关技术人员检查 检查CAN线是否正常连接 检查熔丝有无断路
155	右前灯节点掉线	
156	前顶节点掉线	
157	后顶节点掉线	
158	后门节点掉线	
159	后灯节点掉线	
160	ECAS节点掉线	

第二节 电动汽车整车控制系统的故障诊断

一、整车控制系统故障诊断概述

1. 整车控制系统故障分级及处理方法

整车控制系统故障分级及处理方法详见表8-6。

表 8-6 电动汽车故障分级及处理方法

等级	名称	故障处理方法	故障列表
一级	致命故障	紧急断开高压	电机控制器直流母线过电压故障、BMS 一级故障
二级	严重故障	二级电机故障零转矩，二级电池故障 20A 放电电流限功率	电机控制器相电流过电流、IGBT、旋变等故障，电机节点丢失故障，档位信号故障
三级	一般故障	跛行	加速踏板信号故障
三级	一般故障	降功率	电机控制器电机超速保护
三级	一般故障	限功率 < 7kW	跛行故障、SOC < 1%、BMS 单体欠电压、内部通信、硬件等三级故障
三级	一般故障	限速 < 15km/h	低压欠电压故障、制动故障
四级	轻微故障	只仪表显示，四级故障属于维修提示，但是整车控制器不对整车进行限制	电机控制器电机系统温度传感器、直流欠电压故障、整车控制器硬件、DC/DC 变换器异常等故障
四级	轻微故障	四级能量回收故障，仅停止能量回收，行驶不受影响	

2. 整车控制系统故障报警指示灯符号说明

故障报警指示灯符号说明详见表 8-7。

表 8-7 电动汽车主要故障指示灯的名称、故障原因及工作条件

序号	指示灯	名称	异常闪烁	常亮	工作条件
1		12V 蓄电池充电故障警告灯		DC/DC 未工作，或 12V 蓄电池电压异常，或 DC/DC 故障	总线信号，来自整车控制器，ON
2		系统故障灯	仪表丢失整车控制器报文	车辆发生动力系统故障	总线信号，来自整车控制器，ON
3		充电线连接指示灯		充电枪连接至充电口	硬线信号，来自整车控制器，ON/OFF
4		制动故障警告灯	仪表丢失 ABS 报文	制动系统故障，或制动液位低，或 EBD（电子制动力分配）故障	硬线信号，来自整车控制器和 ABS（BCM），ON
5		电机故障报警		电机系统故障	总线信号，来自整车控制器，ON
6		高压断开报警		高压动力系统未启动	总线信号，来自整车控制器，ON
7		动力蓄电池故障		动力蓄电池发生故障	总线信号，来自整车控制器，ON
8		ABS 故障	仪表失去 ABS 信号	ABS 故障	总线信号，来自 ABS（BCM），ON
9		驱动电机过热报警		驱动电机系统过热	总线信号，来自整车控制器，ON

第八章　电动汽车的故障诊断

3. 车载诊断系统接口定义

车载诊断系统（on-board diagnostic，OBD）接口的定义详见图8-6和图8-7及其注解。

> **车载诊断系统接口的定义**
> 1）OBD的功能：当电动汽车某个系统出现故障时，在故障警告灯点亮的同时，OBD系统会将故障信息存入存储器。
> 2）通过标准诊断仪器和诊断接口，可以故障码的形式读取相关信息。
> 3）根据故障码的提示，维修人员便可迅速准确地确定故障的性质和部位。

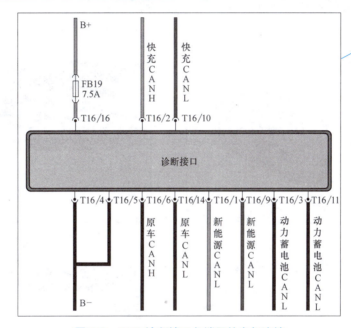

图8-6　OBD诊断接口各端子的电气连接

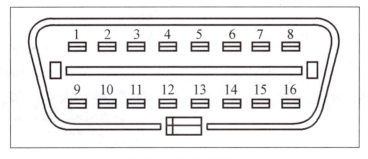

图8-7　OBD诊断接口

二、整车控制系统故障诊断实例

以下通过十个实例的详尽分析以期达到初步掌握整车控制器故障检测诊断的基本内容与基本方法。

199

【整车控制系统故障实例1】利用北汽新能源电动汽车故障诊断仪进行故障诊断

1）连接专用故障诊断仪后，进入诊断界面，如图8-8所示。
2）选择品牌"北汽新能源"，如图8-9所示。
3）选择诊断程序版本号，如图8-10所示。
4）选择被诊断车辆品牌和车型，如图8-11所示。
5）进行系统选择和快速测试，如图8-12和图8-13所示。
6）根据测试结果浏览故障码，如图8-14所示。
7）读取数据流，如图8-15所示。
8）读取数据冻结帧，如图8-16所示。
9）使用结束后清除故障码，如图8-17所示。

图8-8　诊断界面

图8-9　选择品牌

图8-10　选择诊断程序版本号

图8-11　选择被诊断车辆品牌和车型

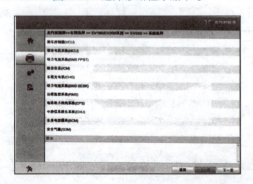

图8-12　选择系统

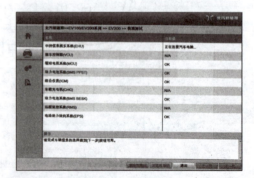

图8-13　快速测试

第八章　电动汽车的故障诊断

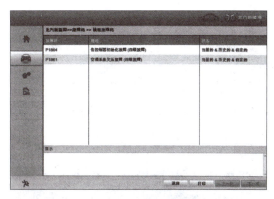

图 8-14　浏览故障码

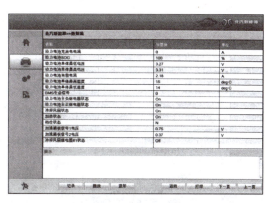

图 8-15　读取数据流

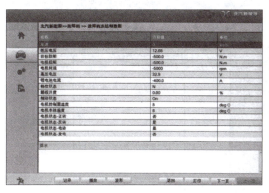

图 8-16　读取数据冻结帧

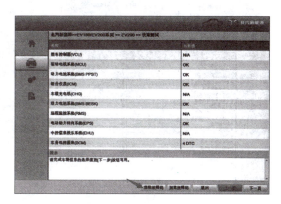

图 8-17　清除故障码

【整车控制系统故障实例2】故障诊断仪无法与车辆通信故障的排除方法

故障诊断仪无法与车辆通信故障的排除方法详见图 8-18 及其注解。

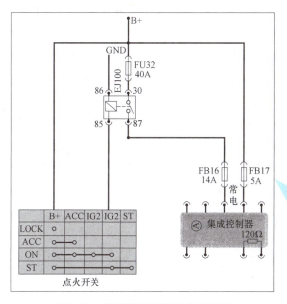

故障诊断仪无法与车辆通信原因从以下三个方面查找。

1）检查整车控制器供电是否正常：使用万用表，根据整车控制器的供电线路图（图8-18）检查其供电状况是否正常。①首先检查常电；②然后检查 ON 档电；③如不正常，则需检查低压电器盒中整车控制器熔丝 FB16 和 FB17 是否正常。

2）检查 OBD 诊断接口：使用万用表，根据诊断接口各端子电气连接图（图 8-6）检查① OBD 端子 Pin16 与端子 Pin4 是否有 12V 供电电压；②若无，则检查相应的熔丝与线束。

3）检查 CAN 总线：①检查 OBD 端子 Pin1 与端子 Pin9 是否有 60Ω 左右的电阻；②若无，则检查相应 CAN 总线线束。

若以上全部检查均正常，则应是整车控制器本身存在故障，需要更换一个全新的整车控制器。

图 8-18　整车控制器的供电线路图

【整车控制系统故障实例3】整车控制器的更换方法

整车控制器的更换方法详见图 8-19 与图 8-20 及其注解。

> 整车控制器的更换步骤
> 1）首先，将点火开关置于 OFF 档。
> 2）断开蓄电池的低压负极电缆。
> 3）按照图 8-19 所示箭头与提示（1 按、2 推、3 拔）拔下整车控制器连接线束插头 A 和 B（拔下插头 B 的方法与 A 相同）。
> 4）按照图 8-20 箭头所指，拧下四个固定螺钉，即可拆下整车控制器。

图 8-19　整车控制器的插接器 A 与 B 拔出示意图

图 8-20　整车控制器的四个固定螺钉位置

【整车控制系统故障实例4】车辆无法正常供电的检测方法

车辆无法正常供电的检测方法可分如下两步进行：先检查整车控制器本身是否正常，再检查 CAN 总线是否正常。

1. 检查整车控制器是否正常

先检查整车控制器供电和唤醒，再检查整车控制器搭铁及其供电线束与插件是否正常，具体方法可分为以下三步进行。

（1）整车控制器的熔丝 FB16、FB17D 检测　通过图 8-21 可知，整车控制器的供电电压与唤醒电压分别经过熔丝 FB16 与 FB17 输入。故可首先打开低压熔丝盒，检查 FB16 与 FB17（7.5A）熔丝是否熔断。其位置如图 8-21 所示箭头所指。

（2）整车控制器供电检测　如熔丝未熔断，用万用表测量整车控制器的电源线是否有 12V 电源。测量方法是，首先打开电源，使整车处于供电状态，再将万用表旋钮旋至电压档，将表笔分别与整车控制器线束的 1 端子与 2 端子紧密接触，如图 8-22 所示，检测是否有 12V 电压。若无，则可确定线束断路。如果有 12V 电源，则进行下一步。

（3）整车控制器唤醒信号检测　若熔丝 FB17（7.5A）未熔断，则可用万用表测量整车控制器唤醒电源线是否有 12V 电源。测量方法是，首先打开电源使整车处于供电状态，再将万用表旋钮旋至电压档，将表笔分别与整车控制器线束的 37 端子与 2 端子紧密接触，如图 8-23 所示，检测是否有 12V 电源。若无，则可确定线束断路。若有电源，则进行下一步检测。

2. 检查 CAN 总线是否正常

检查方法可分为两步进行。

第八章　电动汽车的故障诊断

（1）检查 CAN 总线的阻值是否正常　断开低压蓄电池负极后，测量 CAN 总线的正常阻值应为 60Ω。具体测量方法：拔下电机控制器的 35 针插件，找到新能源 CAN 总线的端子 31/32，用万用表的两只表笔分别与端子 31/32 紧密接触，如图 8-24 箭头所示，查看万用表所显示的阻值。若阻值非 60Ω，则可采取将全部有新能源 CAN 的用电器（包括空调压缩机、车载充电机、BMS、电机控制器、高压控制盒、动力蓄电池）逐一断开的方法，寻找功能失效的用电器。即当断开某个用电器后，CAN 总线的阻值为 60Ω 正常值时，则可判定此用电器功能失效（注：当单一断开整车控制器或动力蓄电池后，CAN 总线的正常阻值应为 120Ω）。

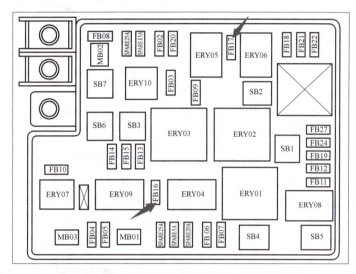

图 8-21　整车控制器的熔丝 FB16、FB17 的位置

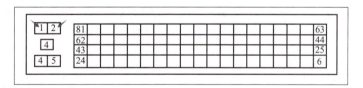

图 8-22　整车控制器供电检测

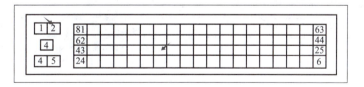

图 8-23　整车控制器唤醒信号检测

（2）检查 CAN 总线是否短路或断路　若全部用电器均完好，则最后可用万用表测量 CAN 总线是否短路或断路。测量方法如下：将万用表旋钮旋至通断档，将表笔与 CAN 总线的两根线紧密接触，测量是否导通，图 8-25 所示为电机控制器与动力蓄电池之间是否导通：若导通，则可判定为线束短路，需更换线束；若不导通，则再测量单根线束是否断路。如果断路，则需要更换线束。

203

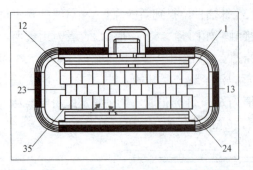

图 8-24 整车控制器 CAN 总线的阻值检测

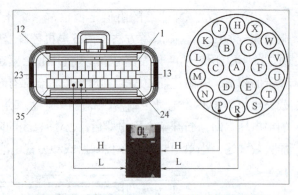

图 8-25 整车控制器 CAN 总线的线束检测

【整车控制系统故障实例 5】整车控制器与其子系统连接故障（踩加速踏板车辆无反应）诊断

1. 故障现象

某电动汽车踩加速踏板车辆无反应，同时仪表显示为整车故障。

2. 诊断过程

使用电动汽车专用诊断仪来读取故障信息，同时根据整车控制器与加速踏板位置传感器端子连接关系（图 8-26），首先用万用表检测相关线束端子的电压，并与标准电压值比较，从而寻找可能的故障源；其次，用万用表检查全部连接线束是否断路或短路；最后，在全部线束正常的情况下，确定故障的根源在加速踏板位置传感器，并通过更换加速踏板位置传感器消除故障。具体步骤如下：

1）读取数据流指令：首先，使用诊断仪读取数据流指令，选取加速踏板信号 1 和加速踏板信号 2，单击确定，读取两者的信息流。

2）检查加速踏板有关线束端子的电压，详见图 8-26 及其注解。

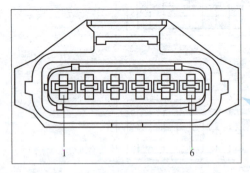

图 8-26 加速踏板位置传感器端口外形

检查加速踏板有关线束端子电压的方法
1）端口外形如图 8-26 所示。首先检查加速踏板线束端子 Pin1 和 Pin2 的电压，其标准电压应为 5V。
2）再检查线束端子 Pin3 和 Pin5 的电压，标准电压应为 0。
3）先不踩加速踏板，检查线束端子 Pin4 和 Pin6 的搭铁电压，标准电压应接近 0V。
4）再踩加速踏板到一定开度，检查线束端子 Pin4 和 Pin6 的电压，Pin4 标准电压应为 Pin6 的两倍。

3）检查全部连接加速踏板的线束（图 8-27 ~ 图 8-32）。用万用表的通断档测量相应端子之间的线束是否有短路、断路和退针现象。总共需要检测 12 对端子之间的线束，如发现有问题的线束，必须更换。

4）最后，在全部线束正常的情况下，确定故障的根源在加速踏板位置传感器，并通过更换加速踏板位置传感器消除了故障。

第八章　电动汽车的故障诊断

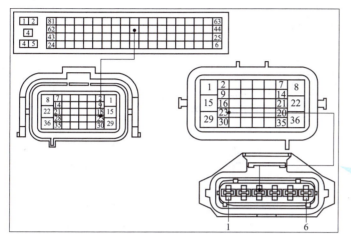

1）用万用表通断档测量 3 与 23 端子、23 与 52 端子间线束是否断路。

图 8-27　加速踏板位置信号 1 搭铁线束测量

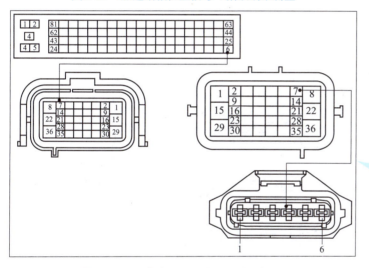

2）用万用表通断档测量 4 与 7 端子、7 与 6 端子之间线束是否有断路。

图 8-28　加速踏板位置信号 1 输出线束

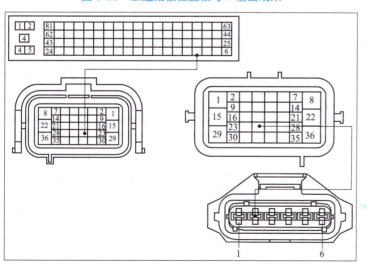

3）用万用表的通断档测量 2 与 25 端子、25 与 9 端子间线束断路否。

图 8-29　加速踏板位置信号 1 电源线束测量

205

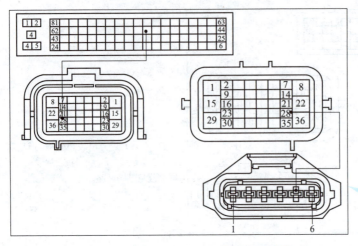

图 8-30 加速踏板位置信号 2 搭铁线束测量

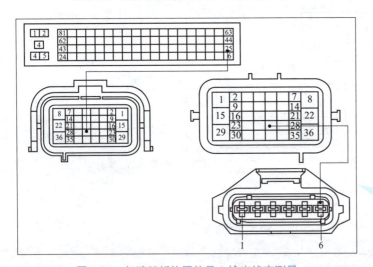

图 8-31 加速踏板位置信号 2 输出线束测量

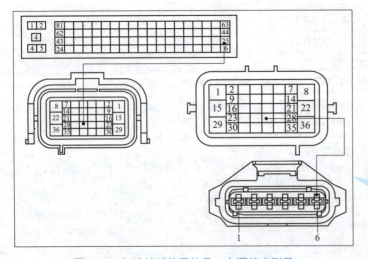

图 8-32 加速踏板位置信号 2 电源线束测量

第八章　电动汽车的故障诊断

【整车控制系统故障实例 6】加速踏板位置传感器的检测

加速踏板位置传感器的检测分为电压检测与电阻检测两部分。

1. 电压检测

电压检测的具体步骤如图 8-33～图 8-44 所示。

1）连接万用表的表笔测试线：正极连接探针，负极连接测试夹，如图 8-33 所示。

2）打开车辆电源开关。

3）打开万用表，调至电阻档。

4）将正负表笔短接，校准万用表，如图 8-34 所示。

图 8-33　连接万用表的表笔测试线　　图 8-34　将正负表笔短接，校准万用表

5）将负极线搭铁，把万用表调至电压档。

6）用红表笔探针插入加速踏板插接器的 1 号端子（信号 1），如图 8-35 所示。

7）读取信号电压值，如图 8-36 所示。

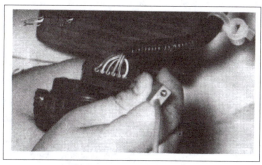 

图 8-35　用红表笔探针插入加速踏板插接器的 1 号端子　　图 8-36　读取信号电压值

8）缓慢压下加速踏板，可看到电压值慢慢变大；缓慢松开踏板，可看到电压值慢慢变小，如图 8-37 所示。

9）用红表笔探针插入加速踏板插接器的 2 号端子（参考电源 1）。

10）读取电压值，应为 4.5～5.5V。缓慢压下加速踏板，可以看到电压值不变化，如图 8-38 所示。

11）用红表笔探针插入加速踏板插接器的 3 号端子（参考电源 2），如图 8-39 所示。

12）读取电压值，应为 4.5～5.5V。缓慢压下加速踏板，可以看到电压值不变化，如

207

图 8-40 所示。

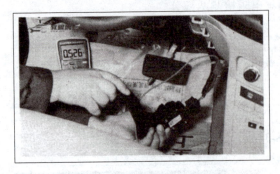

图 8-37 观察万用表数值的变化情况

图 8-38 2 号端子的电压值不变化

图 8-39 用红表笔探针插入加速踏板插接器的 3 号端子

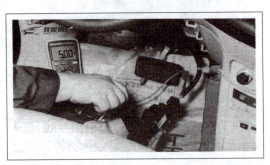

图 8-40 3 号端子的电压值不变化

13）用红表笔探针插入加速踏板插接器的 4 号端子（信号 2），如图 8-41 所示。

14）读取电压值。缓慢压下加速踏板，可以看到电压值慢慢变大；缓慢松开加速踏板，可以看到电压值慢慢变小，如图 8-42 所示。

图 8-41 红表笔探针插入加速踏板插接器的 4 号端子

图 8-42 观察万用表数值的变化情况

15）用红表笔探针插入加速踏板插接器的 5 号端子（搭铁 1），如图 8-43 所示。

16）读取电压值，电压值接近 0。缓慢压下加速踏板，可以看到电压值不变化，如图 8-44 所示。

17）用红表笔探针插入加速踏板插接器的 6 号端子（搭铁 2）。

18）读取电压值，电压值接近 0。缓慢压下加速踏板，可以看到电压值不变化。

第八章 电动汽车的故障诊断

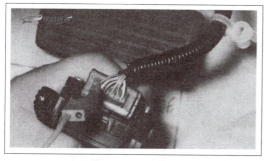

图 8-43 红表笔探针插入加速踏板插接器的 5 号端子

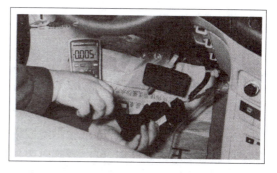

图 8-44 5 号端子的电压值不变化

2. 电阻检测

电阻检测的具体步骤如图 8-45～图 8-62 所示。

1）连接万用表测试线：打开万用表，调至电阻档，校准万用表，如图 8-45 所示。

2）在加速踏板的 1 号端子和 6 号端子引出导线，如图 8-46 所示。

图 8-45 校准万用表

图 8-46 在加速踏板的 1 号端子和 6 号端子引出导线

3）红黑表笔分别连接 1 号端子和 6 号端子的引出线，读取电阻值，不得断路或短路，如图 8-47 所示。

4）从加速踏板的 1 号端子引出导线，黑表笔连接 1 号端子引出导线，红表笔连接 2 号端子，如图 8-48 所示。

图 8-47 读取 1 号端子和 6 号端子的电阻值

图 8-48 连接 1 号端子和 2 号端子

5）读取电阻值，不得断路或短路，如图 8-49 所示。

6）从加速踏板的 2 号端子和 6 号端子引出导线，如图 8-50 所示。

209

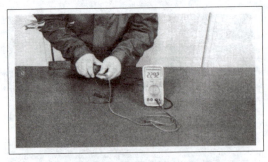

图 8-49 测量 1 号端子和 2 号端子电阻值

图 8-50 从加速踏板的 2 号端子和 6 号端子引出导线

7) 红黑表笔分别连接 2 号端子和 6 号端子的引出线，读取电阻值，如图 8-51 所示。

8) 缓慢压下加速踏板，可以看到电压值慢慢变大，如图 8-52 所示。

图 8-51 测量 2 号端子和 6 号端子的电阻值

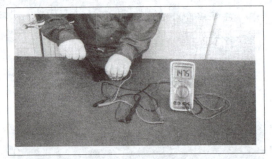

图 8-52 压下加速踏板观察阻值变化情况

9) 缓慢松开加速踏板，可以看到电压值慢慢变小，如图 8-53 所示。

10) 从加速踏板的 3 号端子和 5 号端子引出导线，如图 8-54 所示。

图 8-53 松开加速踏板观察阻值变化情况

图 8-54 从 3 号端子和 5 号端子引出导线

11) 红黑表笔分别连接 3 号端子和 5 号端子的引出线，读取电阻值，不得断路或短路，如图 8-55 所示。

12) 从加速踏板的 4 号端子引出导线，黑表笔连接 4 号端子引出导线，红表笔连接 3 号端子，如图 8-56 所示。

13) 读取电阻值，不得断路或短路，如图 8-57 所示。

14) 从加速踏板的 4 号端子引出导线，黑表笔连接 4 号端子引出导线，红表笔连接 5 号端子，如图8-58所示。

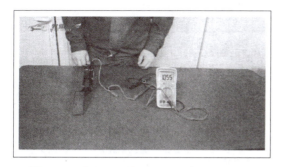

图8-55　读取3号端子和5号端子的电阻值

图8-56　从3号端子和4号端子引出导线

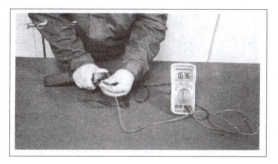

图8-57　读取3号端子和4号端子的电阻值

图8-58　从4号端子和5号端子引出导线

15）读取电阻值，不得断路或短路，如图8-59所示。

16）从加速踏板的4号端子和5号端子引出导线，如图8-60所示。

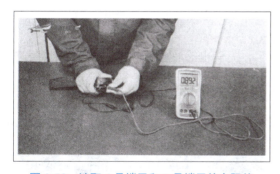

图8-59　读取4号端子和5号端子的电阻值

图8-60　从4号端子和5号端子引出导线

17）红黑表笔分别连接4号端子和5号端子的引出线，读取电阻值，不得断路或短路。

18）缓慢压下加速踏板，可以看到电压值慢慢变大，如图8-61所示。

19）缓慢松开加速踏板，可以看到电压值慢慢变小，如图8-62所示。

【整车控制系统故障实例7】欠（过）电压保护故障（典型故障码P1B03/P1B04）的诊断方法

欠（过）电压保护故障（典型故障码P1B03/P1B04）的诊断与排除方法主要是检查动力蓄电池的电量与动力蓄电池的输出电压。

图 8-61　压下加速踏板观察阻值变化情况

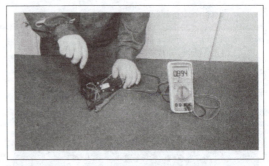

图 8-62　松开加速踏板观察阻值变化情况

1. 检查动力蓄电池的电量

1）打开点火开关。

2）观察右侧仪表板电量显示（图 8-63），检查动力蓄电池电量是否大于 10%，如果不是，应进行充电。

2. 检查动力蓄电池输出电压

检查动力蓄电池输出电压的具体方法如下。

1）首先需要执行"高压中止与检验"与"高压安全防护"。

图 8-63　检查右侧仪表板电池电量是否大于 10%

2）拔出限位插件，断开高压母线的正极和负极。

3）安装维修开关。

4）安装低压蓄电池负极，按下电源开关。

5）将万用表旋至直流电压档，如图 8-64 所示。

6）测量动力蓄电池高压接线柱电压（图 8-65），充满电的动力蓄电池总电压应为 316.8V 左右。

图 8-64　将万用表旋至直流电压档

图 8-65　测量动力蓄电池高压接线柱的电压

7）如果母线总电压值不在正常范围内，应检查高压配电盒以及高压线路。如果高压配电盒以及高压线路均正常，则需更换驱动电机控制器与 DC 总成。

【整车控制系统故障实例 8】主控制器 ECU 模块的更换

主控制器 ECU 模块的更换包括主控制器 ECU 模块的拆卸与主控制器 ECU 模块的安装两部分。

1. 主控制器 ECU 模块的拆卸方法

1) 首先需要执行"高压中止与检验"与"高压安全防护"。

2) 主控制器 ECU 模块的拆卸步骤如下。

① 取下扶手箱左侧与右侧的塑料卡扣，如图 8-66 所示。

② 将扶手箱水杯垫掀开，松开十字自攻螺钉，如图 8-67 所示。

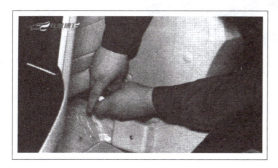

图 8-66 取下扶手箱左（右）侧塑料卡扣

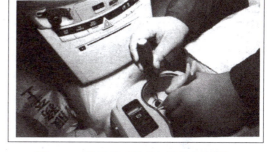

图 8-67 松开扶手箱水杯垫的自攻螺钉

③ 拆下扶手箱底部两个自攻螺钉，如图 8-68 所示。

④ 取出扶手箱总成（取下扶手箱总成之前，需先拆下点烟器插接器和天线插接器）。

⑤ 拆下主控制器 ECU 的两个插接器

⑥ 拆下主控制器 ECU 的 3 个固定螺栓。

⑦ 取出主控制器 ECU，如图 8-69 所示。

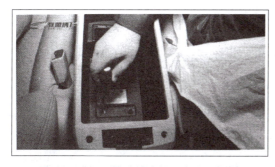

图 8-68 拆下扶手箱底部两个自攻螺钉

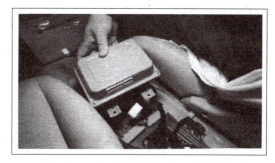

图 8-69 取出主控制器 ECU

2. 主控制器 ECU 模块的安装方法

主控制器 ECU 模块的安装程序与其拆卸程序基本相反，分为以下 12 个步骤。

1) 先将主控制器 ECU 放入地板指定安装位置。

2) 安装主控制器 ECU 的 3 个固定螺栓。

3) 安装主控制器 ECU 的两个插接器（点烟器插接器和天线插接器）。

4) 安装扶手箱。

5) 安装扶手箱底部的两个自攻螺钉。

6）先戴好绝缘手套，再安装维修开关。

7）放入点烟器底座总成。安装点烟器底座总成时要插入点烟器和 USB 插接器，如图 8-70 所示。

图 8-70　安装点烟器底座总成时要插入点烟器和 USB 插接器

8）安装点烟器底座总成的固定螺钉。

9）放入扶手箱垫，关闭扶手箱盖。

10）将扶手箱水杯垫掀开，安装十字自攻螺钉。

11）安装扶手箱左侧与右侧的塑料卡扣。

12）最后，安装低压蓄电池的负极。

【整车控制系统故障实例 9】漏电传感器的故障诊断

漏电传感器的故障诊断操作流程分为如下 12 个步骤。

1）首先检查起动电池电压和整车低压线束的供电是否正常。

①打开万用表，调至直流电压档。

②将万用表的红、黑表笔分别接低压蓄电池的正负极，读取电压值，如图 8-71 所示。标准电压值应为 11～14V。若低于 11V，则在下一步检查之前请充电，或更换起动电池，或检查低压线束的供电是否正常。

2）取出并连接好诊断仪。

3）打开车辆的电源，旋至 ON 档。

4）先选择车型信息，进入高压电池管理系统，如图 8-72 所示。

图 8-71　测量起动蓄电池电压

图 8-72　进入高压电池管理系统

5）读取故障码和数据流，如图8-73所示。
6）戴好绝缘手套。
7）断开漏电传感器插接器，如图8-74所示。
8）将万用表负极搭铁，打开万用表，调至电阻档，并确认万用表的负极搭铁状态良好。
9）将万用表调至直流电压档，用红表笔测量2号端子的搭铁电压，标准值应为9～16V，如图8-75和图8-76所示。

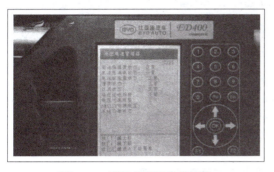

图8-73　读取故障码和数据流

图8-74　断开漏电传感器插接器

10）若2号端子的搭铁电压正常，则表明电池管理系统供电正常，系漏电传感器故障；如果2号端子的搭铁电压不正常，则需继续测试电池管理系统。

图8-75　红表笔测量2号端子

图8-76　测量2号端子的搭铁电压

11）将万用表负极搭铁，打开万用表，调至电阻档，并确认万用表的负极搭铁状态良好。

12）将万用表调至直流电压档，用红表笔测量电池管理系统到漏电传感器的供电端子的搭铁电压，如图8-77所示。标准值应为9～16V，如果在此范围内，则系线束故障，更换线束；若电压不在此范围内，则需要更换电源管理系统模块总成。

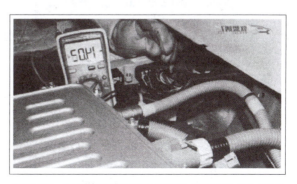

图8-77　测量电池管理系统到漏电传感器的供电端子的搭铁电压

【整车控制系统故障实例10】整车无法上"OK"档故障

(1) 故障现象 夜班工作正常，当早班进行工作交接后出现无法上"OK"档故障，此时仪表显示动力蓄电池断开故障灯，同时显示车辆处于通电状态，但整车没有充电，处于待运行状态，此时里程数为76815km。

(2) 故障诊断 详见图8-78和图8-79及其注解。

1) 诊断仪诊断为充电装置吸合。
2) 测量电池管理系统，通。根据电路图判定电源管理系统第11端子为充电口采样线，高电压有效。测量电源管理系统第11端子搭铁的电压为2.4V。正常情况下，在未插入充电装置时第11端子搭铁的电压应为0，故2.4V的电压值不正常。拔掉充电装置通信接口（图8-78）后再测试电源管理器第11端子电压为2.4V，测量电源管理器第11端子与充电通信口电阻正常，无短路。通过拔掉充电装置通信口测量电源管理器故障重现，可判定不是充电装置的故障。
3) 拔掉仪表线束后测试，故障重现，仍无法起动车辆。

图8-78 拔掉充电装置通信接口

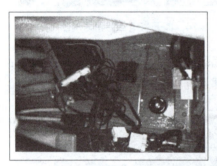

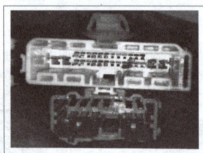

4) 故障判定：检查从电池管理器到仪表的线束，发现副驾驶地板有积水，且右地板线束转接到左地板线束的插接器被浸泡在积水中（图8-79），故可判定副驾驶地板进水使得有关插接器被浸泡，而导致功能混乱。

图8-79 接插件被浸泡

第三节 电动汽车动力蓄电池系统的故障诊断

一、动力蓄电池系统的故障显示

电动汽车动力蓄电池系统的故障显示详见图8-80和图8-81及其注解。

二、动力蓄电池系统常见故障类型分析

动力蓄电池系统故障一般有如下三种分类方法。

1. 按照故障部件的类型分类

动力蓄电池系统故障根据部件的类型可分为传感器故障、执行器故障与电芯故障。

2. 按照故障后果的严重程度分类

动力蓄电池系统常见故障按照其后果的严重程度分为轻微故障、严重故障和非常严重故障三类，详见图8-82及其注解。

第八章 电动汽车的故障诊断

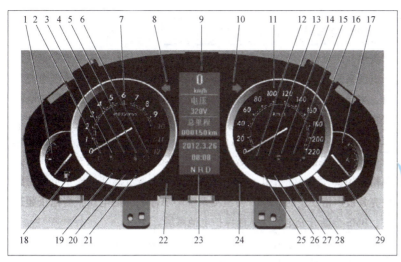

图 8-80　EV150 电动汽车的动力蓄电池故障在仪表上的显示

1—动力蓄电池电量表　2—前雾灯　3—安全气囊故障指示灯　4—远光灯
5—安全带未系指示灯　6—后雾灯　7—转速表　8—左转向指示灯
9—大液晶显示（多页内容，可翻屏）　10—右转向指示灯　11—车速表
12—进行准备就绪指示灯　13—系统故障灯　14—门开指示灯
15—电机及控制器过热指示灯　16—充电线连接指示灯　17—动力蓄电池电流表
18—动力蓄电池充电提醒　19—制动系统故障指示灯　20—蓄电池充电指示
21—驻车制动　22—左复零杆　23—小液晶显示　24—右复零杆　25—ECO 指示灯
26—车身防盗指示灯　27—动力蓄电池切断故障指示灯　28—动力蓄电池故障指示灯
29—动力蓄电池绝缘电阻低指示灯

动力蓄电池系统的故障显示
1）电动汽车故障灯与普通汽车相同，分为指示灯、警告灯、指示/警告灯三类。其颜色也相同，即
・红色：危险/重要提醒
・黄色：警告/故障
・绿色/蓝色/白色：指示/确认启用
2）图 8-80 所示为北汽 EV150 电动汽车动力蓄电池故障的显示。其中有关动力蓄电池故障只显示了 27、28、29 三种，请仔细查看其注解。

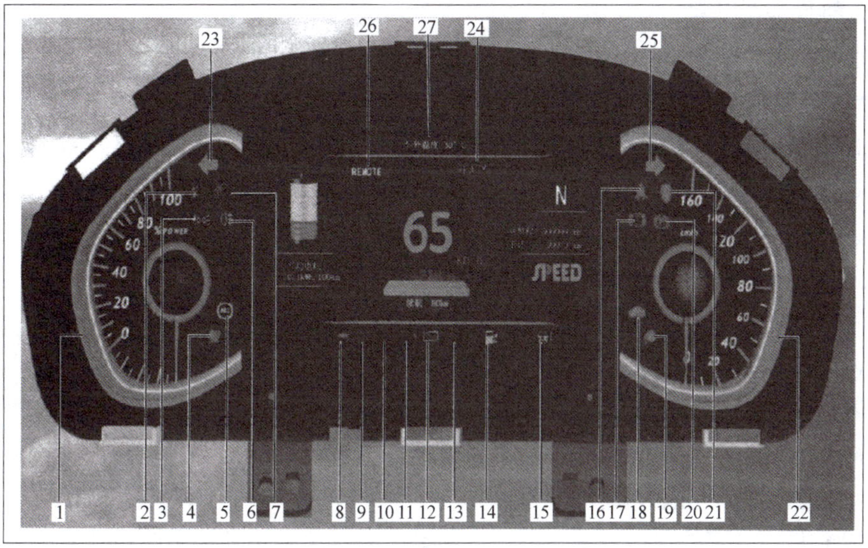

图 8-81　EV200 纯电动汽车动力蓄电池故障在仪表上的显示

1—驱动电机功率表　2—前雾灯　3—示宽灯　4—安全气囊指示灯　5—ABS 指示灯　6—后雾灯
7—远光灯　8—跛行指示灯　9—蓄电池故障指示灯　10—电机及控制器过热指示灯
11—动力蓄电池故障指示灯　12—动力蓄电池断开指示灯　13—系统故障灯　14—充电提醒
15—EPS 故障指示灯　16—安全带未系指示灯　17—制动故障指示灯　18—防盗指示灯
19—充电线连接指示灯　20—驻车制动指示灯　21—门开指示灯　22—车速表
23、25—左、右转向指示灯　24—Ready 指示灯　26—REMOTE 指示灯　27—室外温度提示

动力蓄电池系统的故障显示
图 8-81 所示为北汽 EV200 电动汽车动力蓄电池故障的显示。其中有关动力蓄电池故障只显示了 11、12 两种，请仔细查看其注解。

217

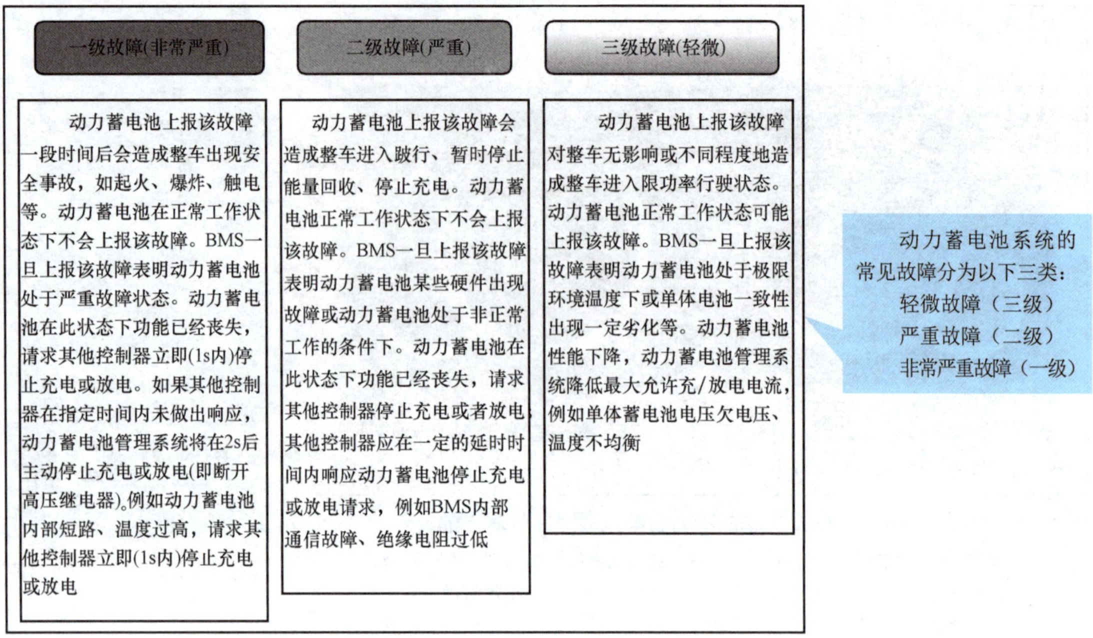

一级故障(非常严重)	二级故障(严重)	三级故障(轻微)
动力蓄电池上报该故障一段时间后会造成整车出现安全事故，如起火、爆炸、触电等。动力蓄电池在正常工作状态下不会上报该故障。BMS一旦上报该故障表明动力蓄电池处于严重故障状态。动力蓄电池在此状态下功能已经丧失，请求其他控制器立即(1s内)停止充电或放电。如果其他控制器在指定时间内未做出响应，动力蓄电池管理系统将在2s后主动停止充电或放电(即断开高压继电器)。例如动力蓄电池内部短路、温度过高，请求其他控制器立即(1s内)停止充电或放电	动力蓄电池上报该故障会造成整车进入跛行、暂时停止能量回收、停止充电。动力蓄电池正常工作状态下不会上报该故障。BMS一旦上报该故障表明动力蓄电池某些硬件出现故障或动力蓄电池处于非正常工作的条件下。动力蓄电池在此状态下功能已经丧失，请求其他控制器停止充电或者放电，其他控制器应在一定的延时时间内响应动力蓄电池停止充电或放电请求，例如BMS内部通信故障、绝缘电阻过低	动力蓄电池上报该故障对整车无影响或不同程度地造成整车进入限功率行驶状态。动力蓄电池正常工作状态可能上报该故障。BMS一旦上报该故障表明动力蓄电池处于极限环境温度下或单体电池一致性出现一定劣化等。动力蓄电池性能下降，动力蓄电池管理系统降低最大允许充/放电流，例如单体电池电压欠电压、温度不均衡

> 动力蓄电池系统的常见故障分为以下三类：
> 轻微故障（三级）
> 严重故障（二级）
> 非常严重故障（一级）

图 8-82　动力蓄电池故障等级的划分

3. 按照故障发生的部位分类

动力蓄电池系统常见故障还可以根据故障发生的部位分为单体蓄电池故障、电池管理系统故障以及线路或连接件故障三类。

（1）单体蓄电池故障　单体蓄电池故障根据其故障及其后果的严重程度也可分为如下三种。

1）第一种故障：电池性能正常，无须更换。

如单体蓄电池的 SOC 偏低和单体蓄电池的 SOC 偏高。如果 SOC 偏低，则该电池在汽车行驶过程中，其电压最先达到放电截止电压，使得整个电池组的实际容量降低，故应对该单体蓄电池单独进行补充充电；如果 SOC 偏高，则该电池在充电末期最先达到截止电压，影响整个电池组的充电容量，故应对该单体蓄电池单独进行补充放电。

2）第二种故障：电池性能衰退严重，应立即更换。

电池性能衰退，如单体蓄电池的容量不足和单体蓄电池的内阻偏大。在电池组中，最小的单体蓄电池的容量也限制了整个电池组的实际容量，会影响车辆行驶里程。又如对于锂离子电池内阻过大，将会严重影响电池的化学性能，使得充放电过程中极化严重、活性物质利用率变低、循环性能变差。故需立即更换。

通常情况下造成前两种故障的原因可能包括两个：其一是动力蓄电池成组时单体蓄电池就存在一致性问题，即单体蓄电池的 SOC、容量、内阻本身就存在较大差异；其二是在使用过程中由于环境差异（如温度、充放电电流等）而造成的一致性差异增加。

3）第三种故障：电池故障影响行车安全。

如单体蓄电池内部短路；单体蓄电池外部短路；单体蓄电池极性装反；在强烈振动下锂离子电池的极耳、极片上的活性物质、接线柱、外部连接和焊点折断或脱落，因而造成单体蓄电池内部短路或外部短路故障。

（2）电池管理系统故障

1）电池管理系统通常对单体蓄电池电压、总电压、总电流、温度等进行实时监控采样，实施电性能管理外，还具有以热管理为主的应用环境管理，实施对电池的加热与冷却。当电池管理系统发生故障时，就失去了对电池的监控，不能估计电池的SOC，故极易造成电池的过充、过放、过载、过热以及不一致问题，严重影响电池的性能、寿命与行驶安全。

2）电池管理系统故障包括CAN通信故障、总电压测量故障、单体蓄电池电压测量故障、温度测量故障、继电器故障、加热器故障以及冷却系统故障等。

（3）线路或连接件故障

1）线路或连接件故障如由于车辆的振动导致电池间的连接螺栓出现松动，电池间的接触电阻增大，因而发生电池间的虚接故障使电池内部能耗增加，造成车辆动力不足与缩短车辆续驶里程。在极端情况下还能引起高温、产生电弧，熔化电池的电极和连接片，甚至造成电池着火等极端安全事故。

2）在汽车运行过程中，单体蓄电池可能发生相对跳动，造成两个电池间的连接片折断。电池箱与汽车电气连接也是故障的高发点，电插接器在经历长时间振动后容易产生虚接、烧蚀、接触不良等故障。

三、动力蓄电池系统故障诊断的基本思路与对外绝缘电阻的要求

1. 动力蓄电池系统故障诊断的基本思路

1）首先用故障诊断仪读取电池组数据，并配合接线板进行实测，通过最终数据判断与区分是属于动力蓄电池故障，还是属于电池管理控制器或其他组件的故障。

2）确定单体蓄电池的电压值是否异常。单体蓄电池电压值过高会导致无法充电（在充电过程中，单体蓄电池最高电压应低于3.8V）；反之，若过低则会导致断电保护（在行车过程中，当单体蓄电池电压值低于2.4V时，系统会报警；低于2.2V时会启动断电保护）。

3）确定单体蓄电池的温度值是否异常。温度过高也会导致无法充电（温度高于65℃会导致充电保护）。

4）确定电池包是否损坏、漏液，并进行漏电检测。

2. 动力蓄电池系统对外绝缘电阻的要求

1）动力蓄电池对外绝缘电阻值的要求：在动力蓄电池的整个寿命期内，根据标准计算方法计算得到的绝缘电阻值应大于100Ω/V。

2）测试前要求：在整个测试过程中，动力蓄电池的开路电压应等于或高于其标称电压值，且动力蓄电池的两级应与动力装置断开。

3）对测试工具要求：采用能够测量直流电压的电压表，其内阻应大于10MΩ。

四、动力蓄电池系统的常见故障

1. 动力蓄电池系统常见九种主要故障

动力蓄电池系统常见九种主要故障的现象描述与排除方法详见表8-8。

表 8-8 动力蓄电池常见的九种主要故障

序号	故障现象	常规解决方法（按照序号进行操作）
1	SOC 异常：如无显示，数值明显不符合逻辑	1）停车或者关闭点火开关后重新起动 2）检查仪表显示其他故障警告指示灯有无点亮，并做好现象记录 3）联系专业售后人员进行复查，维修人员确认无误后正常使用
2	续驶里程低于经验值	联系维护人员，检查充放电过程，检查容量是否衰减、BMS 控制是否正常
3	电池过热报警/保护	1）10s 内减速，停车观察 2）检查报警是否消除，检查是否有其他故障，并做好记录 3）若报警或保护消除，可以继续驾驶；否则，联系售后人员 4）运行中若连续三次以上出现停车后减速故障消除时，联系售后人员
4	SOC 过低报警/保护	1）SOC 低于 30% 报警出现时减速行驶，寻找最近的充电站进行充电 2）停车休息 3～5min 后行驶，检查故障是否能自动消除 3）若故障不能自行解除，且仍未到达充电站的，联系售后人员解决
5	电压/电流明显异常	1）关闭点火开关，迅速下车并保持适当距离 2）联系专业技术人员处理
6	点火开关打开至 ON/START 档后不工作	1）检查并维护低压电源 2）若打开至 ON 档后能工作，检查仪表板上故障显示，并记录 3）若打开至 START 档后仍不能工作，联系专业技术人员
7	不能充电	1）检查 SOC 当前数值 2）检查充电线缆是否按照正确方法连接 3）若环境温度超出使用范围，终止使用 4）联系维修人员
8	运行时高压短时间丢失	检查系统屏蔽层是否有效，检查继电器是否能正常动作，检查主回路是否接触良好
9	电池外箱磨损破坏	联系专业人员维护

2. 动力蓄电池系统的常见故障与排除方法

动力蓄电池系统常见故障原因与排除方法详见表 8-9。

表 8-9 动力蓄电池系统常见故障原因与排除方法参考表

项目	故障现象	故障后果	处理方法
单体蓄电池	单体蓄电池 SOC 偏低	电池组容量降低，电动汽车续驶里程短	对单体蓄电池单独充电
	单体蓄电池 SOC 偏高		对单体蓄电池单独放电
	单体蓄电池容量不足	电池组充电不足、使用寿命减少，电动汽车续驶里程短	更换单体蓄电池
	单体蓄电池内阻偏大	电池组充电不足、使用寿命减少，电动汽车动力不足、续驶里程短	
	单体蓄电池过充电	电池内部短路、电池热失控，严重时会起火、爆炸	检查电池管理系统
	单体蓄电池过放电		
	单体蓄电池内部短路	电池热失控，严重时会起火、爆炸	更换单体蓄电池
	单体蓄电池外部短路		排除短路故障、更换单体蓄电池
	单体蓄电池极性装反		更换单体蓄电池

(续)

项目	故障现象	故障后果	处理方法
电池管理系统	CAN通信故障	无法监控电动汽车	检查CAN网络
	总电压测量故障	无法监控总电压	检查总电压测量模块
	单体蓄电池电压测量故障	无法监控单体蓄电池电压	检查单体蓄电池电压测量模块
	温度测量故障	无法监控电池温度	检查温度测量模块
	电流测量故障	无法监控电池电流	检查电流测量模块
	冷却系统故障	电池温度偏高	检查冷却风扇控制线路
线路或连接杆	电池间虚接	电动汽车动力不足、续驶里程短	紧固电池连接
	电池间断路	电动汽车无法起动	检查电池连接
	快速熔断器断开		检查快速熔断器
	动力电插接器断开		检查动力电插接器
	动力电插接器虚接	插接器易烧蚀，电动汽车动力不足	
	信号电插接器故障	无法监控电动汽车	检查信号电插接器
	正极接触器故障	电动汽车无法起动	检查接触器
	负极接触器故障		
	电池线短路	电池热失控，严重时会起火、爆炸	检查电源线

五、动力蓄电池系统故障诊断实例

以下通过七个实例的详尽分析以期达到初步掌握动力蓄电池系统故障检测诊断基本内容与基本方法。

【动力蓄电池系统故障实例1】绝缘故障的排查方法

（1）国家标准对于电动汽车绝缘要求的有关规定

1）根据国家标准GB/T 3805—2008《特低电压（ELV）限值》的要求，人体的安全电压一般是指不致使人直接致死或致残的电压，在一般环境条件下允许持续接触的安全特低电压是直流36V。电动汽车的动力蓄电池输出电压大都在72～600V范围内甚至更高，故已经远远超过了该安全限值。因此，国标GB/T 18384.3—2015《电动汽车安全要求第3部分：人员触电防护》明确规定，动力系统的测量阶段最小瞬间绝缘电阻为0.5kΩ/V。

2）各电动汽车整车厂则根据各自设定的电压等级来确定动力蓄电池系统绝缘电阻的报警阈值。BMS承担整车所有高压部分的绝缘监测功能。当监测到绝缘电阻低于规定值时，BMS将对应的绝缘故障马上报给整车控制器。整车的组合仪表进行代码显示和故障灯报警。当组合仪表显示了故障码或警告灯时，必须立即进行故障排查。

（2）绝缘故障的排查方法　绝缘故障的排查方法可分为绝缘报警初步排查和高压回路排查两个步骤。

1）绝缘报警初步排查：整车控制器无高压绝缘检测功能，所有高压部分的绝缘均由动力蓄电池控制。当出现绝缘故障时，需要使用绝缘电阻仪检测动力蓄电池的绝缘性能。具体排查步骤如下：

① 若车辆的仪表能够正常显示故障，则表明 BMS 的绝缘监测系统本身是正常的。

② 若车辆的仪表显示绝缘无连接（可使用解码器调取相应故障码），则此时应检查低压控制线路是否正确或连接是否可靠（如低压线束插接器的插针松脱或扭曲而导致连接失效）。

③ 若已经排除了低压线路连接问题，则需要检查和排除 CAN 总线的通信故障，检测终端电阻值是否正常。如正常值为 60Ω，而实测是 40Ω，则表明信号已经被削弱，而导致 CAN 总线通信不正常。

④ 当已经排除了低压线路连接问题并排除了 CAN 总线的通信故障时，而车辆仪表板仍然显示有故障，则表明故障可能发生在高压回路，需要继续进行高压回路排查。

2）高压回路排查：高压回路包括电机系统、高压控制盒、充电系统及其附件、电池包等。需要继续逐个人工排查。操作中应特别注意遵守安全规范。

【动力蓄电池系统故障实例2】动力蓄电池高压断开故障诊断方法

动力蓄电池高压断开故障可分以下两个步骤排查，详见图 8-83 及其注解。

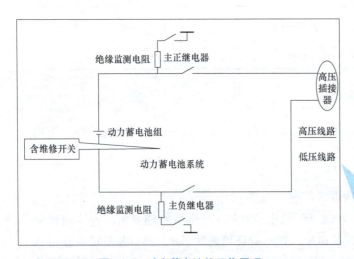

图 8-83　动力蓄电池的工作原理

动力蓄电池高压断开故障排查方法

1）动力蓄电池内部的高压故障排查。从图 8-83 可知，在以下三个部件中，只要其中任何一个发生故障无法闭合，则动力蓄电池均无法对外输电，故需对其进行逐个排查：①主正继电器；②主负继电器；③维修开关。

2）动力蓄电池的低压故障排查。动力蓄电池首先需要被整车控制器唤醒，然后按照整车控制器所提供的逻辑顺序闭合主正、主负继电器，这是动力蓄电池正常提供高压电的前提，因此

① 如果以上步骤1）的检测结果正常，则需分别对动力蓄电池的唤醒信号线和主正、主负继电器的控制信号线进行排查；

② 如果步骤①的排查结果也正常，则需最后排查动力蓄电池低压控制搭铁线是否正常。

【动力蓄电池系统故障实例3】动力蓄电池主控模块（电源管理控制器）的故障诊断方法

电源管理控制器系动力蓄电池的主控模块，其功能是采集动力蓄电池的电池单元电压、温度与电流数据，并控制动力蓄电池处于最佳的充放电水平。此外，它还控制高压配电箱高压继电器的接通与断开，并诊断继电器（接触器）的故障信息。

（1）故障现象

1）当电源管理控制器存在故障时，会导致高压系统内的继电器不能工作，并使车辆失去动力。

2）位于车辆仪表内的动力系统故障指示灯将点亮。

（2）可能的故障原因　电源管理控制器的主要故障原因是电源供电异常，或模块本身搭

第八章 电动汽车的故障诊断

铁不良。

（3）诊断方法

1）读取故障码。用诊断仪读取可能存在的 DTC：例如 P1A58-00（电池管理系统初始化错误）。

2）故障诊断步骤：根据 DTC 提示完成故障检测，包括电源与搭铁的线路检测。具体检测方法详见图 8-84 及其注解。

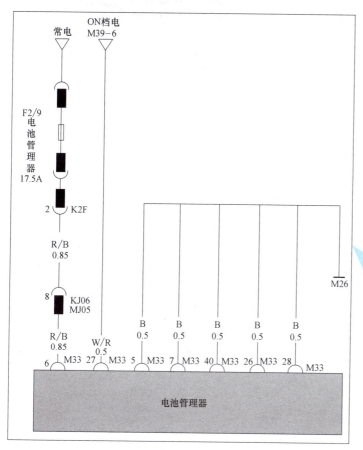

图 8-84 比亚迪 E6 电动汽车电源管理控制器的电源与搭铁电路参考图

（4）电源管理控制器其他故障的诊断

1）典型故障码：使用故障诊断仪读取可能存在的以下 DTC：P1A40-00（单体蓄电池温度传感器故障）。可能的故障范围是温度传感器和线束。

2）DTC 诊断步骤：可参考维修手册制订 DTC 诊断步骤并进行诊断。

3）电源管理控制器的端子定位图与电压正常值分别见图 8-85 和表 8-10。

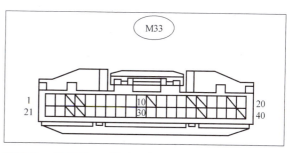

图 8-85 比亚迪 E6 电动汽车电源管理控制器的端子图

4）DTC 诊断参考电路图如图 8-86 所示。

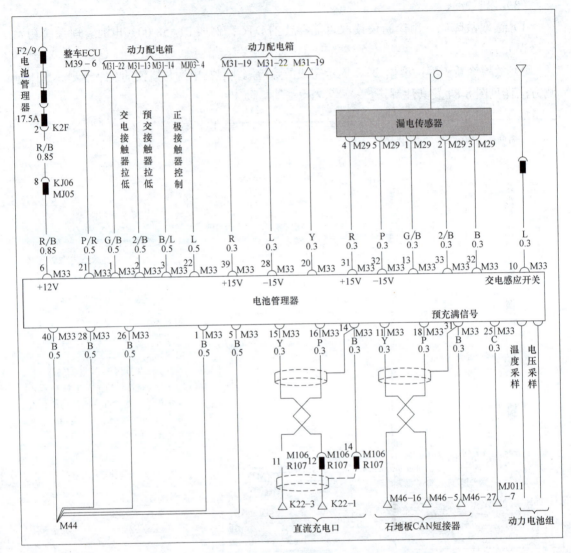

图 8-86　比亚迪 E6 电动汽车电源管理控制器的参考电路

（5）电源管理控制器的更换流程

1）将车辆退电至 OFF 档，拆下后排座椅，断开维修开关并等待 5min。

2）拔掉电源管理控制器上连接的动力蓄电池采样线和整车低压线束的接插件。拔掉整车低压线束在电源管理控制器支架上的供电卡扣。

3）用 10 号套筒扳手拆卸电源管理控制器的固定螺母。

4）更换电源管理控制器，插上动力蓄电池采样线和整车低压线束的接插件，插上维修开关手柄。

5）断开维修开关，用 10 号套筒扳手拧紧电源管理控制器的固定螺母。

6）插上维修开关手柄，电源管理控制器的更换完成。

第八章 电动汽车的故障诊断

表 8-10 电源管理控制器的端子描述、颜色与电压正常值

连接端子	端子描述	线色	条件	正常值
1—车身搭铁	充电接触器控制	绿色/黑色	充电	<1V
2—车身搭铁	预充接触器控制	黄色/黑色	起动	<1V
5—车身搭铁	车身搭铁	黑色	始终	<1V
6—车身搭铁	电源信号	红色/黑色	常电	11～14V
7—车身搭铁	车身搭铁	黑色	始终	<1V
10—车身搭铁	充电感应开关	蓝色	充电	<1V
12—车身搭铁	漏电传感器电源	白色	起动	约 -15V
13—车身搭铁	一般漏电信号	绿色/黄色	一般漏电	<1V
14—车身搭铁	屏蔽地	黑色	始终	<1V
15—车身搭铁	充电通信 CAN L	紫色	充电	1.5～2.5V
16—车身搭铁	充电通信 CAN H	粉色	充电	2.5～3.5V
17—车身搭铁	F-CAN L	紫色	电源 ON 档	1.5～2.5V
18—车身搭铁	F-CAN H	粉色	电源 ON 档	2.5～3.5V
20—车身搭铁	电流霍尔信号	绿色	电流信号	—
21—车身搭铁	正极接触器控制	红色/黄色	起动	<1V
22—车身搭铁	DC 继电器	蓝色	充电或起动	<1V
25—车身搭铁	预充信号	绿色/红色	上 ON 档电后 2s	<1V
26—车身搭铁	车身搭铁	黑色	始终	<1V
27—车身搭铁	电源	白色/红色	电源 ON 档/充电	11～14V
28—车身搭铁	车身搭铁	黑色	始终	<1V
31—车身搭铁	漏电传感器电源	红色	起动	约 +15V
32—车身搭铁	漏电传感器地	黑色	始终	<1V
33—车身搭铁	严重漏电信号	黑色/黄色	严重漏电	<1V
37—车身搭铁	屏蔽地	黑色	始终	<1V
38—车身搭铁	电流霍尔电源	蓝色	起动	约 -15V
39—车身搭铁	电流霍尔电源	红色	起动	约 +15V

【动力蓄电池系统故障实例 4】高压配电箱的故障诊断方法

1. 高压配电箱的功能、结构与预充满回路

比亚迪 E6 高压配电箱的功能、结构与预充满回路详见图 8-87 和图 8-88 及其注解。

2. 高压配电箱的故障诊断

高压配电箱的故障现象、故障可能的原因与诊断步骤如下。

（1）故障现象

当接触器或继电器发生故障时，会导致高压系统内部接触器不能正常工作，并使车辆失去动力。故位于车辆仪表内的动力系统故障指示灯 将会点亮。

（2）故障可能的原因与排除方法

1）故障可能的原因主要是接触器自身线圈损坏，或控制线路接触不良。

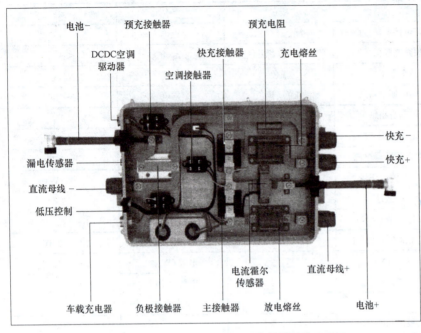

图 8-87 比亚迪 E6 高压配电箱的结构

高压配电箱的功能与结构

1）高压配电箱的功能：高压配电箱是控制电动汽车内部高压电的接通与关闭的执行部件。

2）高压配电箱的结构：高压配电箱内部由多个接触器和继电器组成，它们均由电源管理控制器控制。

3）电源管理控制器也是高压配电箱继电器与接触器的诊断主控模块。它能诊断接触器是否按照预定要求工作以及非正常的吸合。当接触器烧蚀时，它会产生接触器类 DTC。

高压配电箱接触器的工作流程图

电机控制器当检测到母线电压达到电池电压的 2/3 时，电机控制器将会发送充满信号给电源控制器。

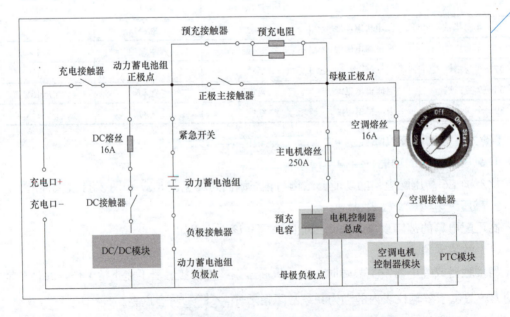

图 8-88 比亚迪 E6 高压配电箱接触器的工作流程（预充满回路）

2）排除方法：检修线路；更换高压配电箱。

（3）故障诊断步骤　故障诊断步骤详见图 8-89 及其注解。

1）读取 DTC：首先用故障诊断仪读取可能存在的以下故障码 P1A5D-00（电机控制器预充未完成）。
2）诊断步骤：首先根据 DTC 提示进行故障检测，其中包括电源与搭铁的线路检测。电源与搭铁诊断参考电路如图 8-89 和图 8-90 所示。
3）配电箱的端子测量方法如下：
①拔下高压配电箱的插接器 M31。
②测量线束端插接器各端子间电压或电阻，并参考配电箱端子图（图 8-91）与插接器各端子间电压或电阻标准值（表 8-11）。

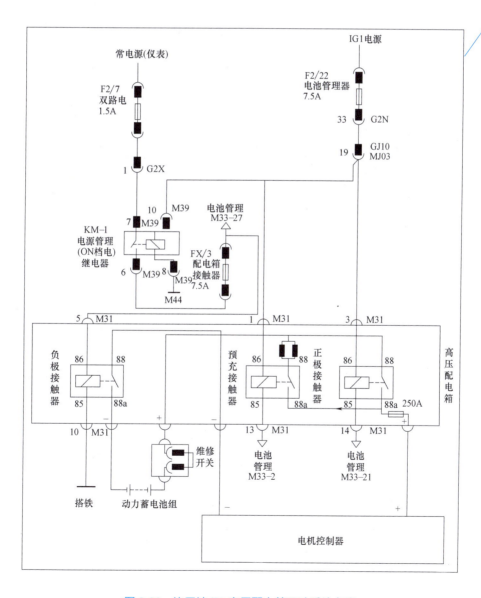

图 8-89　比亚迪 E6 高压配电箱驱动系统电路

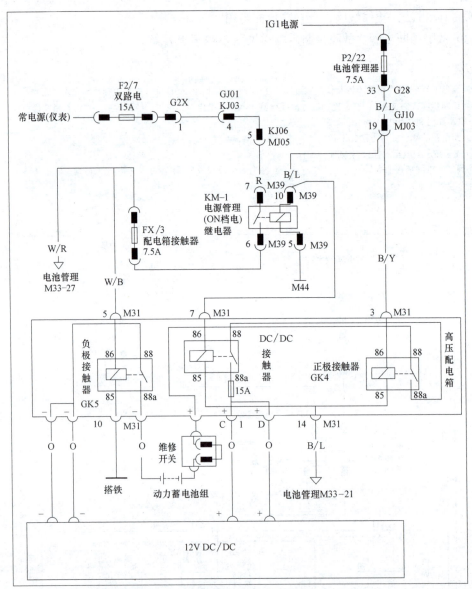

图 8-90 比亚迪 E6 高压配电箱在 DC/DC 系统的高压电路

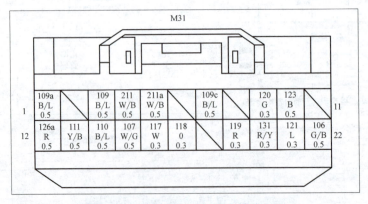

图 8-91 比亚迪 E6 高压配电箱端子图

表 8-11　插接器各端子间电压或电阻标准值

端子	线色	条件	正常值
M31-1—车身搭铁	绿色	电源打到 ON 档	11～14V
M31-3—车身搭铁	黑色/黄色	电源打到 ON 档	11～14V
M31-10—车身搭铁	黑色	始终	<1Ω

【动力蓄电池系统故障实例 5】动力蓄电池的高电压检测

动力蓄电池的高电压检测详见图 8-92～图 8-95 及其注解。

1）拆卸动力蓄电池母线，拉出限位销，拔出动力蓄电池高压母线负极，如图 8-92 所示。

2）拉出限位销，拔出动力蓄电池高压母线正极。

3）安装维修开关，如图 8-93 所示。

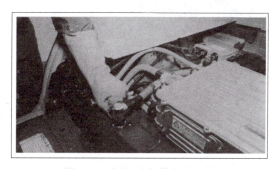

图 8-92　拆卸动力蓄电池母线

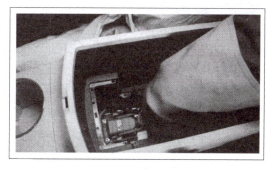

图 8-93　安装维修开关

4）安装低压蓄电池负极，按下电源开关。

5）将万用表旋至直流电压档，如图 8-94 所示。

6）将红黑表笔分别插入动力蓄电池高压正、负极端子，测得动力蓄电池高压接线柱电压 307V，如图 8-95 所示。

图 8-94　将万用表旋至直流电压档

图 8-95　测量动力蓄电池电压

7）拔出表笔，关闭万用表。

8）安装电池母线。拆下蓄电池负极。

9）拆下手动维修开关，等待 5min。

10）对准限位槽，安装动力蓄电池高压母线负极，插入限位销。

11）对准限位槽，安装动力蓄电池高压母线正极，插入限位销。

12）安装低压蓄电池负极。

【动力蓄电池系统故障实例6】高压配电箱的更换

1. 高压配电箱的拆卸

高压配电箱的拆卸步骤如图 8-96～图 8-107 所示。

1）在后座椅上铺翼子板护垫，然后拆下后排座椅坐垫左右两侧的固定螺栓，如图 8-96 所示。

2）掀开后排座椅坐垫前方左右两侧的固定卡钩，取出后排座椅坐垫。

3）取出行李箱盖板，取出随车工具，如图 8-97 所示。

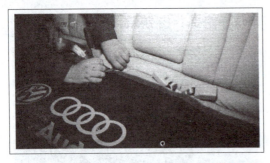

图 8-96　拆下后排座椅坐垫左右两侧的固定螺栓

图 8-97　取出行李箱盖板，取出随车工具

4）拆卸高压配电箱保护盖后部两个固定螺栓，如图 8-98 所示。

5）拆卸高压配电箱保护盖前部两个固定螺栓，如图 8-99 所示。

6）取下左右两侧后排座椅转轴支架护罩，如图 8-100 所示。

7）拉下座椅左右两侧固定导索，如图 8-101 所示。

8）拆下后排座椅转轴支架螺栓，将后排座椅靠垫搬出驾驶舱。

9）挑开与高压配电箱盖板相连接的安全气囊线束，如图 8-102 所示。

图 8-98　拆卸高压配电箱保护盖后部固定螺栓

图 8-99　拆卸高压配电箱保护盖前部固定螺栓

10）掀开高压配电箱盖板，拔下遥控器天线插头，取出高压配电箱盖板。

11）拉出限位销，拔出动力蓄电池高压母线负极；拉出限位销，拔出动力蓄电池高压母线正极，如图 8-103 所示。

第八章　电动汽车的故障诊断

图 8-100　取下左右两侧后排座椅转轴支架护罩

图 8-101　拉下座椅左右两侧固定导索

图 8-102　挑开安全气囊线束

图 8-103　拔出动力蓄电池高压母线

12）拔下电机控制器高压母线正极和负极，如图 8-104 所示。
13）拔下车载充电机电缆，如图 8-105 所示。
14）拔下低压控制线束插头，如图 8-106 所示。
15）拔下漏电传感器高压负极插头。
16）拔下 DC/DC、空调控制器高压插头。
17）拆下高压配电箱的 4 个固定螺栓，取下高压配电箱，如图 8-107 所示。

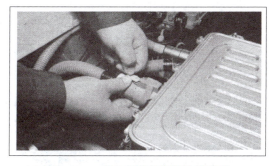

图 8-104　拔下电机控制器高压母线

图 8-105　拔下车载充电机电缆

2. 高压配电箱的安装

高压配电箱的安装步骤如图 8-108～图 8-114 所示。

1）将高压配电箱抬入驾驶舱，并安装到指定位置，安装固定螺栓。

231

图 8-106　拔下低压控制线束插头

图 8-107　取下高压配电箱

2）安装 DC/DC、空调控制器高压插头，如图 8-108 所示。

3）安装漏电传感器高压负极插头，如图 8-109 所示。

图 8-108　安装 DC/DC、空调控制器高压插头

图 8-109　安装漏电传感器高压负极插头

4）安装电机控制器高压母线负极插头，插入限位销，如图 8-110 所示。

5）安装低压控制线束插头，如图 8-111 所示。

6）安装车载充电机电线并锁紧，如图 8-112 所示。

7）安装电机控制器高压母线正极插头，插入限位销。

8）拉出限位销，拔出动力蓄电池高压母线负极；插入限位销；拉出限位销，拔出动力蓄电池高压母线正极，插入限位销。

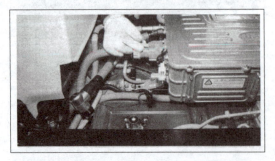

图 8-110　安装电机控制器高压母线负极插头，插入限位销

图 8-111　安装低压控制线束插头

9）安装高压配电箱保护盖，将盖板固定到后排座椅支架下方的两个螺丝杆上。

10）安装保护盖前部螺母，安装遥控器天线插头。紧固保护盖后部螺母。安装安全气囊线束固定卡扣。紧固保护盖前部螺母。将后排座椅坐垫放入车内；整理好安全带，将安全带插头插入后排座椅的孔内；安装后排座椅坐垫，紧固螺钉。将后排座椅靠垫固定在后排座椅支架上。

11）安装后排座椅支架的固定螺栓，如图 8-113 所示。

图 8-112　安装车载充电机电线并锁紧

图 8-113　安装后排座椅支架的固定螺栓

12）用力推后排座椅靠垫，并将后排座椅靠垫固定在支柱上，如图 8-114 所示。

13）安装后排座椅转轴支架护罩。

14）放好随车工具，安装行李箱盖板，关闭行李箱。

15）安装维修开关。

16）安装低压蓄电池负极。

【动力蓄电池系统故障实例 7】动力蓄电池包的更换

如果动力蓄电池出现故障需要维修，目前仅支持整个电池包总成更换的方式，而不支持进行单独的电池单元的维修与更换。因为不同电池的特性不同（不一致），当性能不一致的电池装配在一起时，会影响整个动力蓄电池的使用性能与寿命。电池包总成拆卸与更换步骤详见图 8-115 ～图 8-117 及其注解。

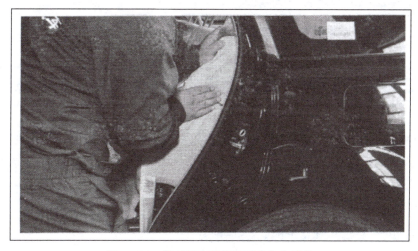

图 8-114　将后排座椅靠垫固定在支柱上

1）将车辆退电至 OFF 档，拆下后排座椅，断开维修开关并等待 5min。

2）用万用表检测电池是否漏电。检测方法：将万用表正极搭在电池的正极引出点，负极搭在车身的搭铁。标准值应为 10V 以下。若电压过大（超过 10V），先不要拆卸电池包，而应寻找与检测产生漏电的部位和原因，并排除问题后，再继续进行以下操作。

3）佩戴好绝缘手套，用套筒扳手依次拆卸掉每一根动力蓄电池串联线、维修开关线束、动力蓄电池包正负极线束固定螺栓，同时取下每一根动力蓄电池串联线、维修开关线束、动力蓄电池包正负极线束。其中，拆卸锁止装置如图 8-115 所示。

4）拆卸插接器，具体方法如图 8-116 所示：用一字槽螺钉旋具撬开动力蓄电池采样线的固定卡扣，拔掉所有动力蓄电池采样线与电池信息采样器相连接的接插件。

图 8-115　拆卸锁止装置

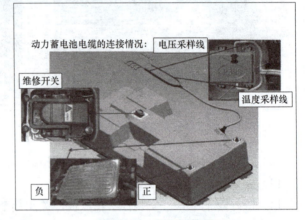

图 8-116　拆卸插接器

图 8-117　安装电池包总成的支撑架

5）安装合适的电池包总成的支撑架，如图 8-117 所示。佩戴绝缘手套，用套筒扳手拆卸动力蓄电池总成的各个螺栓。

6）最后拆下动力蓄电池包总成，并按照与拆卸步骤相反的顺序安装新的动力蓄电池包总成。

第四节　电动汽车驱动电机及其控制系统的故障诊断

驱动电机及其控制系统故障检修是一个比较复杂的"系统工程"。首先需要熟悉驱动电机及其控制系统故障检测的基本步骤、驱动电机系统电路图以及驱动电机低压插件端子和驱动电机控制器低压插件端子接口的定义，然后才开始进行旋转变压器的故障检测，最后进行驱动电机系统的故障检测与排除。

一、驱动电机及其控制系统故障处理方法

驱动电机及其控制系统故障分级与处理方法见表 8-12 及其注解。

表 8-12 驱动电机及其控制系统故障分级与处理方法

等级	名称	故障处理方法
一级	致命故障	电机零转矩，1s 紧急断开高压，系统故障灯亮
二级	严重故障	电机零转矩；电池故障，系统故障灯亮
三级	一般故障	进入跛行工况/降功率，系统故障灯亮
四级	轻微故障	属于维修提示，但整车控制器不对整车进行限制，只仪表显示。四级能量回收故障，仅停止能量回收，行驶不受影响

驱动电机及其控制系统故障检测基本步骤

1）当驱动电机及其控制系统出现故障时，驱动电机控制器将故障信息发送给整车控制器，整车控制器根据电机、动力蓄电池、DC/DC 等部件故障和整车 CAN 网络故障及整车控制器硬件故障进行综合判断，先确定整车的故障等级并进行相应的控制处理。

2）当仪表显示器报出驱动电机系统故障性质（一般情况下不会显示具体故障，只报出"驱动电机故障""驱动电机过热"或者"驱动电机冷却液过热""超速"等）时，首先必须使用故障诊断仪读取由电机控制器报出的具体故障，并进行相应处理。

二、驱动电机系统的低压插件

驱动电机低压插件端子的位置、形状及定义见图 8-118 及表 8-13。

a) 低压插件的位置

b) 低压插件端子的形状

图 8-118 驱动电机低压插件端子的位置和形状

表 8-13 驱动电机低压插件端子的定义

插件型号	编号	信号名称	说明
Amphenol RTOW01419PN03	A	励磁绕组 R_1	电机旋转变压器接口
	B	励磁绕组 R_2	
	C	余弦绕组 S_1	
	D	余弦绕组 S_3	
	E	正弦绕组 S_2	
	F	正弦绕组 S_4	
	G	TH_0	电机温度接口
	H	TL_0	
	L	HVIL1（+L1）	高低压互锁接口
	M	HVIL2（+L2）	

三、驱动电机系统的电路连接

驱动电机系统电路连接详见图 8-119 及其注解。

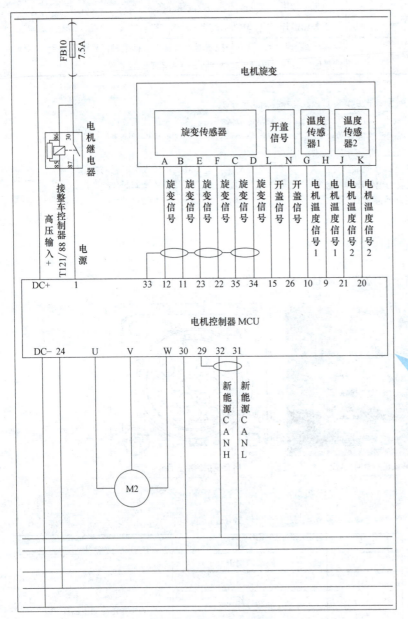

图 8-119 驱动电机系统电路连接

驱动电机系统电路包括：
电源电路
旋变变压器电路
高压电路
驱动电机与整车控制器通信电路

四、驱动电机系统故障诊断的主要步骤

排查驱动电机系统故障的主要步骤如下。
1）首先使用故障诊断仪读取故障码。

第八章 电动汽车的故障诊断

2）然后根据故障码提示分析发生故障可能的原因，并进行线路与电气元件排查。在排查过程中，可以参考表 8-14 驱动电机系统常见故障及其排除方法。

表 8-14 驱动电机系统常见故障及其排除方法

序号	故障名称	故障码	故障可能的原因	解决方法
1	电机控制器直流母线过电压故障	P114017	1）电机系统突然大功率充电 2）高压回路非正常断开	分析整车数据，如果总线电压报文与实际电压不相符，则需要检查高压供电回路、高压主继电器、高压插件有无异常
2	电机控制器相电流过电流故障	P113119 P113519 P113619 P113719	1）负载突然变化、旋变信号故障等导致电流畸变，如动力蓄电池或主继电器频繁通断	检查高压回路
			2）控制器损坏（硬件故障）	更换控制器
			3）控制器采集电压与实际电压不一致	标定电压，刷写控制器程序
3	电机超速故障	P0A4400	1）整车负载突然降低，电机转矩控制失效	如重新供电不复现，不用处理
			2）电机低压信号线插头连接松动或者退针	检查信号线插头
			3）控制器损坏（硬件故障）	更换控制器
4	电机过热故障	P0A2P98	1）电机低压信号线插头连接松动或者退针	检查信号线插头
			2）冷却系统工作异常	检查冷却液是否充足，水泵是否正常工作，冷却管路是否堵塞或堵气
			3）电机本体损坏（长时间过载运行）	更换电机
5	电机控制器 IGBT 过温故障	P117F98 P117098 P117198 P117298	同电机过热	同电机过热
6	电机控制器低压电源欠电压故障	U300316	12V 蓄电池电压过低，或由于 35Pin 线束原因，控制器低压接口电压过低	检查蓄电池电压，给蓄电池充电；检查控制器低压接口，测量 35Pin 插件 24 端子和 1 端子电压是否低于 9V
7	与整车控制器通信丢失故障	U010087	1）未收到整车控制器信号 2）网络干扰严重 3）线束问题	检查 35Pin 线束连接是否正常，检查 CAN 网络通信是否正常，或更换控制器
8	电机系统高压暴露故障	P0AOA94	1）电机控制器电源模块硬件损坏 2）软件与硬件不匹配 3）网络上有部件报出高低压互锁故障引起	刷写程序或更换控制器
9	电机（噪声）异响		1）电磁噪声（高频较尖锐） 2）机械噪声，可能是来自减速器、悬架、电机主体（轴承）	1）电磁噪声属正常 2）排查确定电机本体损坏，更换电机

五、驱动电机控制器故障诊断方法

电机控制器是电机驱动系统的核心执行模块。它接收电池管理器和整车控制单元的信息，控制三相驱动电机的运转，并实现电机转速、方向和转矩的改变。电机控制器工作中，通过接收电机角度传感器的信号作为控制指令的输出反馈，来实现系统的闭环控制。

驱动电机控制器的故障现象、可能的故障原因及诊断步骤如下。

1. 故障现象

1）当电机控制系统发生故障时，会导致电机不能正常运转，并使车辆失去动力。

2）车辆仪表上的动力系统故障指示灯 将会点亮。

3）但若仅电机故障指示灯 点亮，则表明电机温度过高，此时系统将降低电机的输出功率。

2. 可能的故障原因

电机控制系统可能的故障原因如下。

1）控制器模块自身故障。

2）电机角度传感器故障。

3）电源和搭铁故障。

3. 诊断方法

（1）读取 DTC 使用故障仪读取可能的故障码，见表 8-15。

表 8-15　与驱动电机及其系统（MG2 电机控制器模块）相关的故障码

故障码（DTC）	故障描述	可能发生的部位
P1B00-00	IPM 故障	电机控制器
P1B01-00	旋变故障	M2 电机线束，接插件
P1B02-00	欠电压保护故障	电机控制器
P1B03-00	主接触器异常故障	电机控制器 电池管理器 电压配电箱
P1B04-00	过电压保护故障	电机控制器
P1B05-00	IPM 散热器过温故障	电机控制器
P1B06-00	档位故障	档位管理器 电机控制器 / 线束
P1B07-00	节气门异常故障	节气门深度传感器回路
P1B08-00	电机过温故障	制动深度传感器回路
P1B09-00	动力电机过电流故障	M2 电机
P1B0A-00	缺相故障	电机控制器，线束
P1B0B-00	EEPROM	

（2）诊断步骤

1）控制器电源与搭铁的诊断：根据 DTC 提示进行故障检测，包括电源和搭铁检测。电源与搭铁诊断方法及其参考电路详见图 8-120、图 8-121 及其注解。

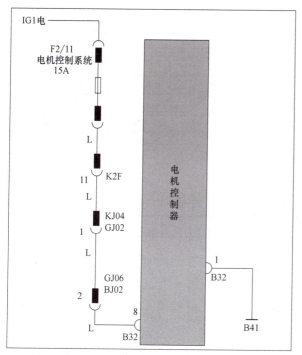

图 8-120　电源与搭铁诊断参考电路

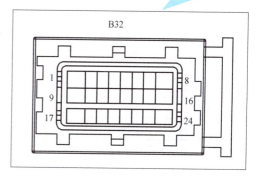

图 8-121　插接器 B32 端子示意图

电源与搭铁诊断方法

1）拔下电机控制器的插接器 B32（外围 24PIN 棕色插接器）。

2）测量线束端插接器各端子间电阻或电压。

3）插接器 B32 端子参数的标准值和端子示意图详见表 8-16 与图 8-121。

表 8-16　插接器 B32 端子规格与电压和电阻参数的标准值

端子	线色	条件	正常值
B32-8—车身搭铁	蓝色	电源打到 ON 档	11～14V
B32-1—车身搭铁	黑色	电源打到 ON 档	＜1Ω

2）电机控制器与电机低压端子线束电阻的检查方法如下。

① 用诊断仪检查电机控制器与电机。

② 参考图 8-122 所示检测插接器 B22、B23 端子之间的电阻值，将检查结果对照表 8-17，如果不符合标准值，则需更换相应的组件。

③ 测量电机控制器高压正、负极输入端与控制器向动力蓄电池输出端的电压值，看是否符合表 8-18 所示标准值。

3）角度传感器的诊断方法如下。

① 当利用诊断仪检测角度传感器时，会产生故障码 DTCP1B01-00（旋变故障）。

② 参考图 8-123 所示检测低压插接器：退电（旋至 OFF 档），拔掉电机控制器的低压插接器 B33。测量 B33-4 与 B33-12 之间的电阻是否为 8～10Ω；测量 B33-5 与 B33-13 之间的电阻是否为 14～18Ω；测量 B33-6 与 B33-14 之间的电阻是否为 14～18Ω。如果所测电压电阻参数正常（符合表 8-19 标准值要求），则检查 B22 插接器是否松动，若未松动，则为动力总成故障，执行下一步。

③ 更换驱动电机控制器与 DC 总成。

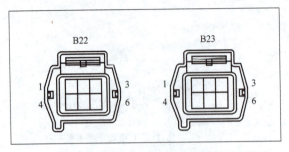

图 8-122 电机控制器插接器 B22、B23 端子规格

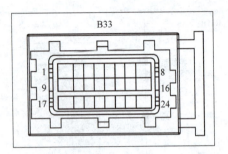

图 8-123 电机控制器插接器 B33 端子规格

表 8-17 插接器 B22、B23 端子规格与电阻标准值

端子	线色	正常值
B33-7—B23-1	橙色	
B33-15—B23-4	浅绿色	
B33-4—B22-1	黄色/蓝色	
B33-5—B22-2	黄色/橙色	$<1\Omega$
B33-6—B22-3	黄色/绿色	
B33-12—B22-4	蓝色/白色	
B33-13—B22-5	蓝色/O	
B33-14—B22-6	灰色	

表 8-18 驱动电机输出端电压标准值

至动力电机输出相位	电压数值（V）正常值在 0.3V 左右	
A 相	与控制器输入正极	
	与控制器输入负极	
B 相	与控制器输入正极	0.3V
	与控制器输入负极	
C 相	与控制器输入正极	
	与控制器输入负极	

表 8-19 电机控制器插接器 B33 端子规格与电压和电阻参数的标准值

端子号	线色	端子描述	条件	正常值
3	绿	MG2 旋变屏蔽地	始终	$<1V$
4	黄	MG2 励磁+	线束端（断线插件）	与励磁-（8.1±2）Ω
5	蓝	MG2 正弦+	线束端（断线插件）	与正弦-（14±4）Ω
6	橙	MG2 余弦+	线束端（断线插件）	与余弦-（14±4）Ω
7	粉	MG2 电机过温	线束端（断线插件）	与 15 号端子有电阻值（<100Ω）
8	灰	运行模式切换信号输入	ON 档	$<1V$ 或 $11\sim14V$
11	紫	CAN 屏蔽地	始终	$<1V$

(续)

端子号	线色	端子描述	条件	正常值
12	绿黑	MG2 励磁 -	线束端（断线插件）	与励磁+（8.1±2）Ω
13	黄黑	MG2 正弦 -	线束端（断线插件）	与正弦+（14±4）Ω
14	蓝黑	MG2 余弦 -	线束端（断线插件）	与余弦+（14±4）Ω
15	绿黄	MG2 电机过温地	线束端（断线插件）	与 7 号端子有电阻值（＜100Ω）
16	黄红	运行模式切换信号输出	ON 档	＜1V 或 11～14V
19	棕	CAN 信号高	始终	2.5～3.5V
20	白	CAN 信号低	始终	1.5～2.5V
21	白黑	驻车制动信号	驻车	＜1V
22	白红	行车制动信号	踩制动踏板	11～14V

4. 驱动电机控制器典型故障诊断

【驱动电机控制器典型故障实例】欠电压保护故障（P1B03）或过电压保护故障（P1B04）诊断方法

1）检查动力蓄电池电量，要求动力蓄电池电量至少要大于其额定电量的 10%。

2）如果电量正常，则可继续检查高压母线，检查方法如下。

① 断开维修开关，并等待 5min 以上。

② 拔掉电机控制器高压插接器端子。

③ 插上维修开关，给整车加上 OK 电。

④ 检测高压母线端部电压值，应符合表 8-20 要求。

表 8-20 高压母线端部电压值要求

名称	电压值要求
端子	正常值
母线正 → 母线负	标准动力蓄电池电压

3）如果高压母线端部电压值不在正常范围内，则需检查高压配电盒以及高压线路。

4）若高压配电盒以及高压线路正常，则需更换驱动电机控制器。

六、驱动电机常见故障诊断与排除方法

当电机控制发生故障时，仪表上的动力系统故障指示灯将会点亮。应首先用故障仪读取故障码，再根据故障码提示的内容进行排查。驱动电机常见故障如下。

1. 电机起动困难或不能起动

解决电机起动困难或不能起动的主要方法如下。

1）解决电源电压过低的方法：调整电压到所需值。

2）解决电机过载的方法：先减轻电机负载后，再起动。

3）解决电机被机械卡住的方法：经全面检查后，先停车解除机械锁止，然后再起动电机。

2. 电机运行温度过高

解决电机运行温度过高的主要方法如下。

1) 负载过大解决方法：减轻整车的负载。

2) 电机扫膛修理方法：主要检查电机的气隙以及转轴和轴承是否正常。

3) 电机绕组故障的修理方法：主要检查绕组是否有搭铁、断路、短路等故障，逐一加以排除。

4) 电机冷却不良的修理方法：主要从检查冷却系统着手加以解决（详见下述驱动电机与控制器冷却系统的故障诊断方法）。

七、驱动电机与控制器冷却系统的故障诊断方法

1. 驱动电机或控制器过热常见故障的排除方法

驱动电机或控制器过热常见故障的排除方法见表 8-21。

表 8-21　驱动电机或控制器过热常见故障的排除方法

故障部位	故障原因	解决方案
冷却液缺少	冷却液缺少，未按维护手册添加冷却液	溢水罐处添加冷却液
冷却液泄漏	环箍破坏，水管接口处冷却液泄漏	更换全新环箍，留存故障件
	水管破损，水管本身冷却液泄漏	更换全新水管，留存故障件
	散热器芯体破坏，芯体处渗漏冷却液	更换散热器芯体，留存故障件
	散热器水室开裂，水室外侧泄漏冷却液	更换散热器芯体，留存故障件
	散热器水室与散热器芯体压装不良，接缝处渗漏冷却液	更换散热器芯体，留存故障件
	散热器防水堵塞丢失，放水孔渗漏冷却液	更换散热器放水堵塞
电动水泵	冷却液杂质，导致电动水泵堵转	更换系统冷却液
	电动水泵破损，泵盖/密封圈/泵轮破坏	更换电动水泵，留存故障件
	整车线束故障，虚接/短路/断路等故障	查找线束故障，依据线束维修手册处理
	水泵控制器熔丝熔断/继电器熔断/插接件端子退针	更换电动水泵，留存故障件
散热器风扇	风扇控制器/继电器/插接件端子退针	更换散热器风扇，留存故障件
	整车线束故障，虚接/短路/断路等故障	查找线束故障，依据线束维修手册处理
	扇叶破损/断裂，扇叶不工作	更换扇叶，留存故障件
	电机/控制器温度传感器故障，风扇不工作	查找电机/控制器故障，依据相应维修手册处理
散热器	芯体老化，芯管堵塞	更换散热器
	散热带倒状，影响进风量	更换散热器
	水室堵塞，影响冷却液循环	更换散热器
前保险杠中网或下格栅	进风口堵塞	查找进风口故障，依据相应维修手册处理

2. 驱动电机系统过热典型故障实例分析

以下以北汽 EV 系列电动汽车为例，通过三个实例来详述驱动电机系统过热故障的诊断

与排除方法。

【驱动电机系统过热典型故障实例 1】电机过热被限速 9km/h

（1）故障现象　当车辆行驶几千米后，出现限速现象（限速 9km/h）。同时仪表显示电机控制器过热。

（2）可能的原因　可能的原因包括冷却液缺少、冷却系统内部堵塞、散热风扇故障以及水泵故障等。

（3）故障诊断与排除方法　首先用故障仪读取数据流，显示电机控制器温度为 75℃。检查散热器风扇，高速旋转，工作正常。检查水泵，工作也正常。检查膨胀水壶的冷却液，也未缺少。但在水泵工作过程中观察膨胀水壶时，发现冷却液循环有不畅现象。故需排查冷却水道的堵塞情况。经用压缩空气对散热器、冷却管路和电机控制器进行疏通检查后发现电机控制器内部阻塞。接着采用高压空气将电机控制器内部的异物吹出。最后将冷却系统管路装复，并加注冷却液后试车，结果电机系统不再出现高温现象，故障排除。

（4）故障小结　电机与电机控制系统采用串联式水冷循环。当电机控制器温度达到 75～85℃时，电机会出现功率降低现象；而当温度超过 85℃后，电机将会立即停止工作。此例中就属于电机控制器的温度达到了 75℃后而被降低功率，因而导致"车辆被限速到 9km/h"的故障现象。

【驱动电机系统过热典型故障实例 2】间歇性地断高压

（1）故障现象　车辆行驶几千米后，会出现"偶尔掉高压"现象。此时仪表板动力蓄电池故障指示灯亮和系统故障灯亮，车辆无法行驶。

（2）可能的原因　可能的原因有动力蓄电池故障与电机控制器温度过高故障。

（3）故障诊断与排除方法

1）用故障仪读出故障码为 P0518，其定义是"电机控制器欠电压故障"。然后用故障仪清除故障码。若故障码无法清除，则说明"存在现行故障"

2）起动空调系统，空调系统能够正常工作。因此可以基本上排除动力蓄电池故障。

3）检测车辆的高压绝缘性能，未发现异常。

4）检查电机控制器的低压电路电源正常，检查插接件也无退针现象。结合故障现象再综合以上检查结果判定为电机控制器故障。更换电机控制器后，故障现象消失。

（4）故障小结　此例故障码 P0518 的定义是"电机控制器欠电压故障"。由于电机控制器属于比较昂贵的部件，故需首先查清与故障相关的其他所有零部件与外围电路，最终确定是属于电机控制器故障时，才进行故障的处理，以避免过早更换电机控制器后故障仍未能解决，因而导致多次维修不能解决问题。

【驱动电机系统过热典型故障实例 3】MCU IGBT 过热故障

（1）故障现象　故障码为 P117098/P117198/P117298。

（2）故障处理方式

1）MCU：当电机的任意一相 IGBT 的温度高于 90℃（IGBT 的温度限值）时，MCU 便会进入零转矩控制模式，同时向 VCU 发送零转矩模式状态标志位。

2）VCU：将控制如下指令的执行。

① VCU 在 IGBT 温度限值的基础上提前 10℃根据温度线性限值转矩，同时使电机温度灯闪烁。

② 上报故障时，仪表上电机温度警告灯点亮。

③ 仪表上故障指示灯（malfunction indicator lamp，MIL）灯点亮，同时警告灯短鸣。

（3）故障原因

1) MCU 处于长期大负荷的运行状态。

2) 冷却系统发生故障。

（4）故障可能造成的影响

1) MCU 降低最大可用转矩。

2) 使整车的动力性降低，甚至不能正常行驶。

（5）处理方法

1) 如果间隔一段时间重新上电后车辆能够恢复正常，则无须派工。但需同时将信息反馈到技术中心电机工程师。

2) 如果间隔一段时间重新上电后车辆故障重复出现，则需按照如下方法处理。

① 优先排查冷却风扇、水泵及其驱动电路的故障。若发现异常，则联系冷却系统派工解决。

② 然后再排查是否缺少冷却液，如是，应及时加以补充。

③ 若不缺少冷却液，则继续排查冷却管路是否有堵塞或漏水，并及时加以解决。

④ 若冷却液与冷却管路系统均无问题，则需要派工。

（6）维修措施

1) 检查运行工况。

2) 检查冷却水泵、冷却管路与冷却液。

八、旋转变压器的故障诊断

1. 旋转变压器故障检测的基本方法

旋转变压器（又称电机解角器）故障将导致电机系统无法起动或转矩输出减小。其故障主要分为旋转变压器本身的故障与控制旋转变压器的电机控制器内部旋变解码电路故障。其故障排查方法如下。

1) 首先排查电机控制器与电机连接的低压线束有无虚接或退针现象，检查电机控制器的低压控制插件的 12V 供电是否正常。

① 检查线路的通断：根据图 8-119 驱动电机系统电路连接，脱开电机控制器插头，测量电机旋变插头 35 的端子与电机控制器端子 19 之间的导线有无短路与断路现象。

② 检查励磁绕组的电压：打开点火开关至 ON 档，测量插件端，应有 3～3.5V 交流电压。

2) 用万用表测量电机旋变传感器的电阻值，正常的线圈电阻值如下。

① 拔下插件，测量传感器正弦绕组端子阻值，应有（60±10）Ω 电阻。

② 拔下插件，测量传感器余弦绕组端子阻值，应有（60±10）Ω 电阻。

③ 拔下插件，测量传感器励磁绕组端子阻值，应有（30±10）Ω 电阻。

3）若以上线圈的阻值超出正常范围，则需更换旋变传感器；若阻值正常，则可能是电机控制器内部旋变解码电路故障，需要更换电机控制器的主控制板。

2. 旋转变压器典型故障诊断实例

【旋转变压器典型故障实例 1】比亚迪 E6 电机旋转变压器的故障诊断

比亚迪 E6 电机旋转变压器的故障诊断全过程可分为以下 4 个阶段。

1）首先，检测电机控制器到传感器的线路连接情况，其操作步骤如图 8-124 ～图 8-129 所示。

① 关闭点火开关至 OFF 档，断开蓄电池的负极。
② 断开电机解角器的插接器，如图 8-124 所示。
③ 断开电机控制器插接器，如图 8-125 所示。

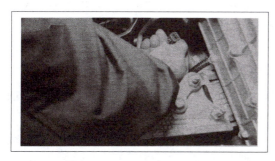
图 8-124　断开解角器插接器

图 8-125　断开电机控制器插接器

④ 安装蓄电池负极。打开点火开关。
⑤ 将万用表负极线夹固定在搭铁处，如图 8-126 所示。
⑥ 打开万用表，调至电阻档，用万用表正极端子针搭铁，检查搭铁是否良好，如图 8-127 所示。

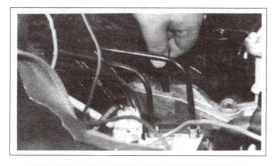
图 8-126　将万用表负极线夹固定在搭铁处

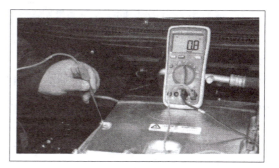
图 8-127　检查搭铁是否良好

⑦ 将万用表旋至直流电压档。
⑧ 将万用表正极端子针插入解角器 1 号端子至 6 号端子，如图 8-128 所示。
⑨ 检查 1 号端子至 6 号端子对地电压，如图 8-129 所示。

2）其次，检测电机控制器插接器端子与旋转变压器插接器端子之间的线束和插接器的导通情况，其操作步骤如下。

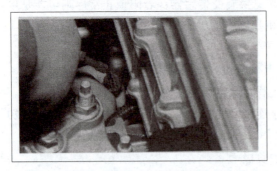

图 8-128　将万用表正极端子针分别插入解角器 1 号端子至 6 号端子

图 8-129　检查 1 号端子至 6 号端子对地电压

① 将万用表旋至蜂鸣档，将负极端子插入解角器插接器 1 号端子，将正极端子插入电机控制器插接器对应端子，测量解角器 1 号端子与控制器对应端子的导通性。

② 将负极端子插入解角器插接器 2 号端子，将正极端子插入电机控制器插接器对应端子，测量解角器 2 号端子与控制器对应端子的导通性。

③ 将负极端子插入解角器插接器 3 号端子，将正极端子插入电机控制器插接器对应端子，测量解角器 3 号端子与控制器对应端子的导通性。

④ 将负极端子插入解角器插接器 4 号端子，将正极端子插入电机控制器插接器对应端子，测量解角器 4 号端子与控制器对应端子的导通性。

⑤ 将负极端子插入解角器插接器 5 号端子，将正极端子插入电机控制器插接器对应端子，测量解角器 5 号端子与控制器对应端子的导通性。

⑥ 将负极端子插入解角器插接器 6 号端子，将正极端子插入电机控制器插接器对应端子，测量解角器 6 号端子与控制器对应端子的导通性。检查完毕后关闭万用表。

3）第三，测量电机控制器插接器端子的搭铁电阻，其操作步骤如下。

① 将万用表负极线夹固定在搭铁处。

② 打开万用表，调至电阻档，用万用表正极端子针搭铁，检查搭铁是否良好。

③ 将万用表正极端子分别插入电机控制器插接器端子第 3 行第 2 号端子、第 2 行第 1 号端子、第 1 行第 1 号端子、第 3 行第 1 号端子、第 2 行第 2 号端子及第 1 行第 2 号端子，测量其有无搭铁短路，如图 8-130 所示。

图 8-130　测量电机控制器端子是否搭铁短路

4）最后，检测旋转变压器电阻，其操作步骤如下。

① 将万用表旋至电阻档，校准万用表。

② 将电机解角器的 1 号端子和 4 号端子接出引线，检查 1 号端子与 4 号端子之间的电阻。

③ 将电机解角器的 2 号端子和 5 号端子接出引线，检查 2 号端子与 5 号端子之间的电阻。

④ 将电机解角器的 3 号端子和 6 号端子接出引线，检查 3 号端子与 6 号端子之间的电阻。

⑤ 关闭万用表。
⑥ 将电机控制器低压插件安装回原位。
⑦ 将电机解角器安装回原位。

【旋转变压器典型故障实例2】电机解角传感器（旋转变压器）波形检测

旋转变压器波形检测的步骤如图8-131～图8-138所示。

1）连接示波器步骤如下。

① 将数据传输线连接到仪器的端口上，如图8-131所示。

② 将负极搭铁线连接在探针头部的插孔内，如图8-132所示。

③ 检测时，需将探针与被测元件的延长线连接。

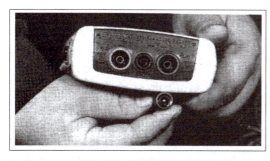

图8-131 将数据传输线连接到仪器的端口上　　图8-132 将负极搭铁线连接在探针头部的插孔内

2）将延长线插入被检测解角器的端子后部，如图8-133所示。

3）插好解角器连接线，将示波器搭铁线搭铁，如图8-134所示。

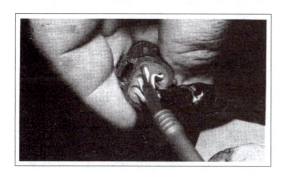

图8-133 将延长线插入被检测解角器的端子后部

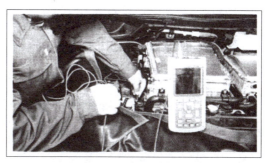

图8-134 将示波器搭铁线搭铁

4）打开点火开关，按下示波器的电源键，打开示波器。

5）此时示波器可能出现杂波，属于正常现象，如图8-135所示。

6）将探针与解角器端子的延长线连接，观察示波器上的波形。此时为车辆无负载时的解角器波形，如图8-136所示。

7）将车辆加速，波形随着电机转速的变

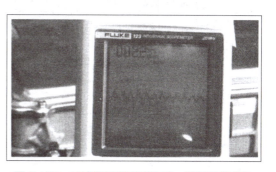

图8-135 示波器可能出现杂波，属于正常现象

化而发生变化,如图 8-137 所示。

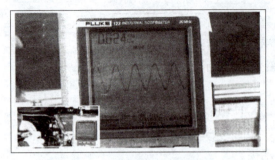

图 8-136 车辆无负载时的解角器波形

图 8-137 波形随着电机转速的变化而发生变化

8)检测完毕后,将仪器与工具归位。

九、电机驱动系统常见故障与排除方法

电机驱动系统故障分为电机故障和电机控制器故障。

1. 电机故障

电机属于典型的机电一体化产品,影响电机产生故障的因素较多,包括电路系统、磁路系统、绝缘系统、机械系统以及通风散热系统等。任何一个系统工作不良或相互之间配合不好均会导致电机故障。此外电机运行还与其负载情况和环境因素相关。

通常将电机故障分为机械故障与电气故障两大类。

机械故障主要包括定子铁心损坏、转子铁心损坏、轴承损坏、转轴损坏等,导致机械损坏的主要原因包括振动、润滑不良、转速过高、载荷过大以及过热等所引起的磨损、压痕、腐蚀、电蚀和开裂等现象。

电气故障主要是定子绕组故障与转子绕组故障,其故障原因包括电机绕组接地、短路、断路、接触不良和笼条断裂等。电机的常见故障与排除方法参考表 8-22。

表 8-22 电机的常见故障与排除方法参考表

序号	故障现象	故障原因	处理方法
1	电机在空载时不能起动	①电源未接通 ②逆变器控制原因 ③定子绕组故障(断路、短路、接地和连接错误等) ④电源电压太低	①检查开关、接触器触点及电机引出线头,查出后修复 ②检查逆变器 ③检查定子绕组,找出故障并修复 ④检查电源电压和每个连接处
2	电机通电后,电机不起动,"嗡嗡"响	①定子、转子绕组断路 ②绕组引出线始末端接错或绕组内部接反 ③电机负载过大或被卡住 ④电源未能全部接通	①查明断路点进行修复 ②定子绕组中通入直流电,检查绕组极性(用指南针);判定绕组首末端是否正确 ③检查设备,排除故障 ④紧固接线柱松动的螺钉,用万用表检查电源线某相断线或假接故障,然后修复

第八章　电动汽车的故障诊断

（续）

序号	故障现象	故障原因	处理方法
3	定子过热	①输电线一相断线或定子绕组一相断路，造成走单相 ②过载 ③绕组匝数不对 ④通风不良	①按序号1中处理方法的①和③进行检查 ②减少负载或增加容量 ③检查绕组电阻 ④检查风机是否正常
4	绝缘电阻低	①绕组受潮或被水淋湿 ②绕组绝缘粘满粉尘、油垢 ③引出线绝缘老化破裂 ④绕组绝缘老化	①进行加热烘干处理 ②清洗绕组油垢，并经干燥、浸漆处理 ③重包引线绝缘 ④经鉴定可以继续使用时，可经清洗干净，重新涂漆处理；若绝缘老化，不能安全运行，需更换绝缘
5	电机振动	①轴承磨损，间隙不合格 ②气隙不均匀 ③转子不平衡 ④笼型转子导条断裂 ⑤定子绕组故障（短路、断路、接地和连接错误等） ⑥转轴弯曲 ⑦铁心变形或松动	①检查轴承间隙，应符合设计要求 ②调整气隙 ③重新校对平衡 ④更换转子 ⑤查出绕组故障点并进行处理 ⑥校直转轴 ⑦校正铁心，或重新叠装铁心
6	电机空载运行时空载电流不平衡，且相差很大	①绕组首端接错 ②电源电压不平衡 ③绕组有故障（匝间短路、某线圈组接反等）	①查明首末端，改正后再起动电机试验 ②测量电源电压，找出原因并消除 ③拆开电机检查绕组极性和故障，并改正和消除故障
7	电机运行时有杂音，不正常	①轴承磨损，有故障 ②定子、转子铁心松动 ③电压不平衡 ④绕组有故障（如短路、接错等） ⑤轴承缺少润滑脂 ⑥气隙不均匀，定子、转子相擦	①检修并更换轴承 ②检查振动原因，重新压装铁心 ③测量电源电压，检查电压不平衡原因并处理 ④检查绕组故障并处理 ⑤清洗轴承，添加规定量的润滑脂 ⑥调整气隙，提高装配质量
8	轴承发热超过规定	①润滑脂过多或过少 ②脂质不好，含有杂质 ③轴承与轴配合过松或过紧 ④轴承与端盖配合过松或过紧 ⑤油封间隙配合太紧 ⑥轴承内盖偏心，与轴相擦 ⑦电机两侧端盖或轴承盖未装平 ⑧轴承有故障，磨损，有杂物等 ⑨轴承间隙过大或过小	①拆开轴承盖，检查油量，按规定增减润滑脂量 ②检查油脂内有无杂质，更换洁净的润滑脂 ③采取措施，使轴承与轴配合符合要求 ④采取措施，使轴承与端盖配合符合要求 ⑤更换或修理油封 ⑥修理轴承内盖，使其与轴的间隙合适 ⑦按正确工艺将端盖或轴承盖装入止口内，然后均匀紧固螺钉 ⑧更换损坏的轴承，对含有杂质的轴承要彻底清洗，换油 ⑨更换新轴承

2. 电机控制器故障

电机控制器故障主要包括以下几类：IGBT 故障、输入电源线与接地线故障、整流二极管短路、直流母线接地错误、直流侧短路、晶闸管短路、温度超限报警、相电流过电流、过电压以及欠电压等高压电气系统故障。主电机控制器的常见故障与排除方法参考表 8-23。

表 8-23 主电机控制器的常见故障与排除方法参考表

故障码	故障说明	排除方法
1	W 相 IGBT 饱和保护	重新启动系统，如不能消除或经常发生，需专业维修
2	U 相 IGBT 饱和保护	重新启动系统，如不能消除或经常发生，需专业维修
3	V 相 IGBT 饱和保护	重新启动系统，如不能消除或经常发生，需专业维修
100	高压欠电压（预充电状态）	表示系统高压未接通，如高压已接通，而长时间没有消除，需专业维修
171	系统上电自检异常	需专业维修
190	高压过压	重新启动系统，如不能消除或经常发生，需专业维修
191	旋变检测异常	检查旋变信号线，重新启动系统，如不能消除或经常发生，需专业维修
192	瞬间超速保护	检查旋变信号线，重新启动系统，如不能消除或经常发生，需专业维修
193	超速保护	检查旋变信号线，重新启动系统，如不能消除或经常发生，需专业维修
194	过流保护	重新启动系统，如不能消除或经常发生，需专业维修
196	24V 瞬间断路	检查供电系统是否断路或接触不良
199	15V 驱动电源工作异常	重新启动系统，如不能消除或经常发生，需专业维修
203	15V 驱动电源启动异常	重新启动系统，如不能消除或经常发生，需专业维修

第五节　混合动力汽车电机及驱动系统的故障诊断

本节以丰田普锐斯为例，介绍混合动力汽车电机及驱动系统的故障诊断。

一、混合动力汽车电机及驱动系统的故障表现形式

混合动力驱动系统故障将导致车辆非正常行驶，其常见故障有：
1）变换器本身故障。
2）变换器温度故障或控制电机温度过高。
3）控制电机解角传感器故障等。

驱动系统故障将导致：
1）混合动力汽车仪表的动力系统故障指示灯点亮。
2）车辆降低运行功率或暂停动力输出。

二、混合动力汽车电机及驱动系统故障码与数据流的具体内容

驱动系统的数据流主要在 HV ECU 内，可以利用故障诊断仪来读取"关于驱动系统的故障码和数据流"。混合动力汽车的数据流内容见表 8-24。

第八章　电动汽车的故障诊断

表 8-24　混合动力汽车的数据流内容

诊断仪显示 （缩写词汇）	测量项目/范围（显示）	参考范围	诊断注解
MIL 发动机运行时间 （MIL On Eng Time）	起动发动机后待时和 CHK ENG 开/最小：0min，最大：65.535min	—	—
MIL 状态 （MIL Status）	CHK ENG 状态/开或关	CHK ENG 开：开	恒定开：依据检测到的 DTC 修理
电机（MG2）转速（MG2 Rev）	MG2 转速/最小：-16.383r/min，最大：16.383r/min	—	—
电机（MG2）转矩（MG2 Torq）	MG2 转矩/最小：-500N·m，最大：500N·m	—	—
G（MG1）转矩执行数值 （MG1 TrqExe Val）	MG1 转矩执行数值/最小：-512N·m，最大：508N·m	发动机自动起动且 READY 灯开 1s 后，发动机停止，空调风扇高速转，前照灯开，P 档位：低于 MG1 TORQ 的 ±20%	—
再生制动转矩 （Regen RqstTorq）	再生制动执行转矩/最小：0N·m，最大：186N·m	—	—
请求再生制动转矩 （Regen RqstTorq）	再生制动要求转矩/最小：0N·m，最大：186N·m	车速：30km/h，主缸液压-200N·m；随制动踏板压力变化	—
变频器温度（MG1） （MG1 Invert Temp）	MG1 变频器温度/最小 -50℃，最大：205℃	1）于 25℃搁置一天：25℃； 2）街道行驶：25～80℃	如果数值是 -50℃：传感器电路 +B 短路如果数值是 205℃：传感器电路开路或 GND 短路
变频器温度（MG2） （MG2 Invert Temp）	MG2 变频器温度/最小 -50℃，最大：205℃	1）于 25℃搁置一天：25℃； 2）街道行驶：25～80℃	如果数值是 -50℃：传感器电路 +B 短路；如果数值是 205℃：传感器电路开路或 GND 短路
2 号电机温度 （Motor2 Temp）	变速驱动桥油温度/最小 -50℃，最大：205℃	1）于 25℃搁置一天：25℃； 2）街道行驶：25～80℃	如果数值是 -50℃：传感器电路 +B 短路；如果数值是 205℃：传感器电路开路或 GND 短路
1 号电机温度 （Motor1 Temp）	MG2 电机温度/最小 -50℃，最大：205℃	1）于 25℃搁置一天：25℃； 2）街道行驶：25～80℃	如果数值是 -50℃：传感器电路 +B 短路；如果数值是 205℃：传感器电路开路或 GND 短路
变换器温度 （Converter Temp）	增压变换器温度/最小 -50℃，最大：205℃	1）于 25℃搁置一天：25℃； 2）街道行驶：25～80℃	如果数值是 -50℃：传感器电路 +B 短路； 如果数值是 205℃：GND 传感器电路开路短路

（续）

诊断仪显示（缩写词汇）	测量项目/范围（显示）	参考范围	诊断注解
加速踏板程度（Accclerator）	加速踏板踩下角度/最小：0%，最大：100%	加速踏板踩下：随加速踏板压力改变	—
要求动力（Power Rqst）	发动机功率输出要求值/最小0W，最大：320000W	—	—
目标发动机转速（Target EngSpd）	目标发动机转速/最小：0r/min，最大：8000r/min	—	—
发动机转速（Engine Spd）	目标发动机转速/最小：0r/min，最大：8000r/min	怠速：950～1050r/min	—
车速（Vehicle Spd）	车速/最小：-256km/h，最大：254km/h	以40km/h的速度行驶，40km/h	—
主缸转矩（Meyl Ctrl Power）	制动转矩相当于主缸液压/最小：-512N·m，最大：508N·m	加速踏板踩下：随加速踏板压力改变	—
充电状态（SOC）	蓄电池充电状态/最小：0%，最大：100%	恒定：0%～100%	—
WOUT控制器电源（WOUT Ctrl Power）	放电控制电源值/最小0W，最大：81600W	21000W或更小	—
WIN控制器电源（WIN Ctrl Power）	充电控制电源值/最小：-40800W，最大：0W	-25000W或更大	—
请求放电至SOC（DehgRqst SOC）	请求放电调整SOC/最小：-20480W，最大：20320W	1）统一车上充电：-4400W；2）一般0W	—
电源VB（PWr Resource VB）	蓄电池电压/最低：0V，最高510V	READY灯打开和P挡：150～300V	—
电源IB（PWr Resource IB）	蓄电池电流/最小：-256V，最大254A	—	—
VL电压上升前（VL）	增压前的高压/最低0V，最高：510V	电源开关开（READY）：实际上和HV蓄电池电压一致	如果数值是0V：传感器电路开路或GND短路；如果数值是510V：传感器电路+B短路
VH电压上升后（VH）	增压后的高压/最低0V，最高：765V	P档位发动机加快转速：HV蓄电池电压与500V	如果数值是0V：传感器电路开路或GND短路；如果数值是765V：传感器电路+B短路
压力上升比（RaisPresRatio）	增压比/最小：0%，最大：100%	增压前电压和增压后电压一致：0%～100%	—
行驶条件ID（Drive Conditon）	行驶条件ID/最小：0，最大：6	1）发动机停止：0；2）发动机将要停止：1；3）发动机将要起动：2；4）发动机工作：3；5）装载运行：4；6）P档位加速转速：6	—

三、混合动力汽车电机及驱动系统典型故障的诊断方法

混合动力汽车电机及驱动系统典型故障主要包括以下三类。

1. 驱动电机温度传感器异常故障

（1）故障现象　仪表提示驱动电机温度过高，系统功率降低。

（2）故障原因分析　变频器模块会通过电机内的温度传感器和供给的电流计算电机的温度，当温度异常时，系统将降低电机的输出功率，让电机尽快冷却。

采集电机温度的传感器是热敏电阻传感器。热敏电阻的阻值和电机温度传感器相关，它根据电机温度的变化而变化。电机温度越低，热敏电阻的阻值越大。相反，电机温度越高，热敏电阻的阻值越小。电机温度传感器与 HV 控制 ECU 连接。由 HV 控制 ECU 的 MMT 端子提供的 5V 的电源电压经过电阻 R 到达电机温度传感器。

为了防止电机过热，HV 控制 ECU 根据这种信号限制负载。另外，HV 控制 ECU 检查电机温度传感器是否出现线路故障和传感器故障。

以发电电机温度传感器为例，其相关线路以及连接端子如图 8-138 所示。

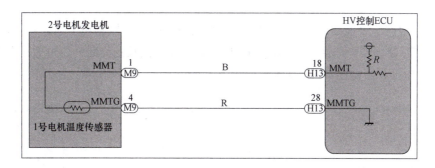

图 8-138　电机温度传感器线路

（3）诊断关键步骤及其参数

1）使用诊断仪读取电机温度传感器数据。

进入专用诊断仪的下列菜单：powertrain/HybirdContro/Data list。

读取专用诊断仪上显示的 MG1 发电电机的温度值，详见表 8-25。

表 8-25　MG1 发电电机的温度值显示

温度显示	温度显示	温度显示
-50℃（-58°F）	205℃（401°F）	-49～204℃（-57～400°F）

2）显示的温度不在正常范围（-49～204℃），需要检查温度传感器与模块之间的连接线路以及温度传感器本身技术状态。

2. 驱动电机解角传感器异常故障

（1）故障现象　仪表显示驱动系统故障，车辆不能正常驱动（MG2 解角器故障）；或发动机不能被正常起动（MG1 解角器故障）。

（2）故障原因分析　如图 8-139 所示，电机解角传感器是一种检测转子磁极位置的

传感器，它对保证 MG1 和 MG2 的高效控制是必需的。解角传感器的定子包括一个励磁线圈和两个检测线圈。因为转子是椭圆形状的，定子和转子间的间隙随着转子转动而变化。预定频率的交流电流过励磁线圈和检测线圈 S 和 C 并且根据传感器转子的位置输出交流电。

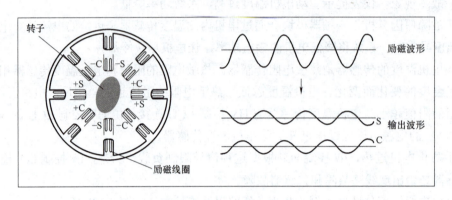

图 8-139　电机解角传感器工作原理图

HV ECU 根据检测线圈 S 和 C 的相位及它们的波形高度来检测转子的绝对位置。此外，为了把解角传感器用作一个速度传感器，CPU 计算出在一段预定的时间内位置的变化次数。

以 MG2 电机解角器控制电路为例，其控制电路图如图 8-140 所示。

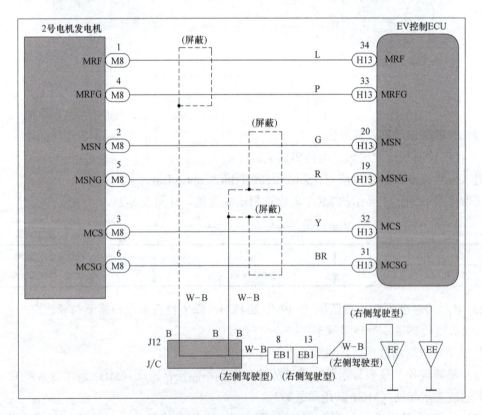

图 8-140　电机解角传感器电路图

（3）诊断关键步骤及参数

1）使用诊断仪读取相关故障码。

2）使用诊断仪读取对应故障码所指电机的数据流。

标准值：数据流应该显示出电机的转动角度。

3）检查线束与插接器（控制 ECU- 传感器电路），如图 8-141 所示。

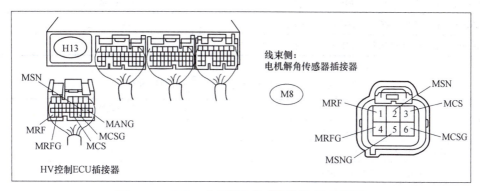

图 8-141　ECU- 电机解角传感器的线束与插接器

① 断开 H13 HV ECU 插接器和解角传感器插接器。

② 打开点火开关。

③ 测量 HV ECU 插接器端子与车身搭铁之间的电压，其标准值详见表 8-26。

表 8-26　HV ECU 插接器端子与车身搭铁之间的电压

万用表连接	标准值	万用表连接	标准值
MRF（H13-34）—车身搭铁	<1V	MSNG（H13-19）—车身搭铁	<1V
MRFG（H13-33）—车身搭铁	<1V	MCS（H13-32）—车身搭铁	<1V
MSN（H13-20）—车身搭铁	<1V	MCSG（H13-31）—车身搭铁	<1V

④ 关闭点火开关。

⑤ 检查线束侧插接器之间的电阻。

线路开路检查标准值详见表 8-27。

表 8-27　HV ECU 插接器线束的开路检查标准值

万用表连接	标准值	万用表连接	标准值
MRF（H13-34）—MRF（M8-1）	<1Ω	MSNG（H13-19）—MSNG（M8-5）	<1Ω
MRFG（H13-33）—MRFG（M8-4）	<1Ω	MCS（H13-32）—MCS（M8-3）	<1Ω
MSN（H13-20）—MSN（M8-2）	<1Ω	MCSG（H13-31）—MCSG（M8-6）	<1Ω

短路检查的标准值详见表 8-28。

4）检查电机解角传感器本身的电阻。

① 测量电机解角传感器端子间的电阻，其标准值见表 8-29。

② 用绝缘电阻表检查电机解角传感器端子间的绝缘电阻，其标准值详见表 8-30。

表 8-28　HV ECU 插接器线束的短路检查标准值

万用表连接	标准值
MRF（H13-34）—MRF（M8-1）—车身搭铁	10kΩ 或更大
MRFG（H13-33）—MRFG（M8-4）—车身搭铁	10kΩ 或更大
MSN（H13-20）—MSN（M8-2）—车身搭铁	10kΩ 或更大
MSNG（H13-19）—MSNG（M8-5）—车身搭铁	10kΩ 或更大
MCS（H13-32）—MCS（M8-3）—车身搭铁	10kΩ 或更大
MCSG（H13-31）—MCSG（M8-6）—车身搭铁	10kΩ 或更大

表 8-29　电机解角传感器端子间的电阻标准值

万用表连接	标准值
MRF（M8-1）—MRFG（M8-4）	7.65～10.2Ω
MSN（M8-2）—MSNG（M8-5）	12.6～16.8Ω
MCS（M8-3）—MCSG（M8-6）	12.6～16.8Ω

表 8-30　电机解角传感器端子间的绝缘电阻标准值

万用表连接	标准值	万用表连接	标准值
MRF（H13-34）—MRF（M8-1）	10MΩ 或更大	MSNG（H13-19）—MSNG（M8-5）	10MΩ 或更大
MRFG（H13-33）—MRFG（M8-4）	10MΩ 或更大	MCS（H13-32）—MCS（M8-3）	10MΩ 或更大
MSN（H13-20）—MSN（M8-2）	10MΩ 或更大	MCSG（H13-31）—MCSG（M8-6）	10MΩ 或更大

3. 逆变器性能的故障

（1）故障现象　仪表显示驱动系统失效，使用诊断仪检查存在逆变器性能故障码。

（2）故障原因分析　逆变器为 MG1/MG2 将 HV 蓄电池高压直流电转换成交流电。逆变器内包含一个三相桥电路，它由 6 个功率晶体管组成，每个对应于 MG1 和 MG2，用来转换直流电和三相交流电。HV 控制 ECU 控制功率晶体管的激活。逆变器将控制所必需的信息，例如安培数和电压传送到 HV 控制 ECU。

HV ECU 使用电压传感器，它内置于逆变器中，用来检测升压后的高压并进行升压控制。

逆变器电压传感器根据高压的不同输出一个值在 0～5V 之间的电压。高压越高，输出电压越高。高压越低，输出电压越低。

HV 控制 ECU 监控逆变器电压并检测故障。逆变器电路如图 8-142 所示。

如果逆变器出现电路故障、内部短路或过热，则逆变器会通过电机变换器故障信号线路将此信息送到 HV ECU 的 MFIV 端子。

警告：在诊断前，至少需要用 5min 时间对逆变器内部的高压电容器进行放电。

（3）诊断关键步骤及参数

1）使用专用诊断仪按以下菜单 Powertrain/HybridControl/DTC 读取 DTC。

2）检查混合动力控制 HV ECU 连接情况，是否存在松动；检查逆变器连接情况，是否存在松动或连接不良。

第八章　电动汽车的故障诊断

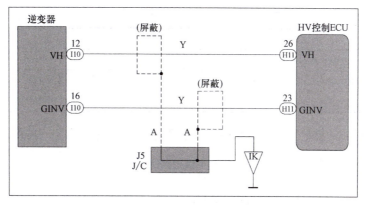

图 8-142　逆变器电路

3）检查混合动力汽车电机线圈电阻，如图 8-143 所示。

① 检查检修塞与逆变器盖是否已经拆下。

② 检查三相电机电缆螺栓是否按标准力矩拧紧，标准力矩为 8N·m。

③ 从逆变器断开混合动力汽车电机的三相交流电电缆。

④ 用万用表测量混合动力汽车电机三相交流电缆端子电阻，标准值见表 8-31。

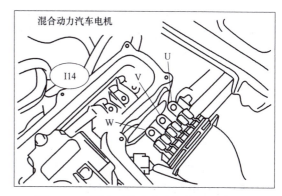

图 8-143　混合动力汽车电机线圈的端子图

表 8-31　混合动力汽车电机的三相交流电缆端子电阻

万用表连接	标准值
U（114-1）—V（114-2）	20℃时小于 135MΩ
V（114-2）—W（114-3）	20℃时小于 135MΩ
W（114-3）—U（114-1）	20℃时小于 135MΩ

⑤ 计算 U—V/U—W/W—U 端子的最大和最小电阻之间的差，其标准值应小于 2MΩ。

⑥ 用万用表测量混合动力汽车三相交流电缆端子与车身搭铁之间的绝缘电阻，其标准值详见表 8-32。

表 8-32　混合动力汽车三相交流电缆端子与车身搭铁之间的绝缘电阻

万用表连接	标准值
U（114-1）—车身搭铁	10MΩ 或更大
V（114-2）—车身搭铁	10MΩ 或更大
W（114-3）—车身搭铁	10MΩ 或更大

4）使用专用诊断仪，进入以下菜单：Powertrain/HybirdControl/Activetest。

当逆变器驱动强制停止时，测量逆变器插接器端子之间的电压，其标准值详见表 8-33。

表 8-33 逆变器插接器端子之间的电压

万用表连接	标准值
MUU（110-9）—GINV（110-16）	12～16V
MVU（110-10）—GINV（110-16）	12～16V
MWU（110-11）—GINV（110-16）	12～16V

若以上各项测试结果均在标准值范围内，则表明逆变器本身存在故障，需要更换逆变器总成。

四、混合动力汽车电机及驱动系统典型故障的诊断实例

在进行检查前需做好下列各项准备工作。

1）防护准备：绝缘防护准备。
2）车辆、台架、总成：丰田普锐斯混合动力汽车或同类混合动力汽车台架。
3）专用工具与设备：普锐斯故障诊断仪、万用表。
4）手工工具：组合工具。

【混合动力汽车电机及驱动系统典型故障实例 1】驱动系统前轮转动检查

1）断开电机解角器的插接器。打开电源开关至 IG 档。
2）踩下制动踏板，将变速杆置于 N 档位。
3）举升车辆。
4）手动转动曲轴带轮检查前轮是否旋转。
5）打开电源开关至 READY 档。
6）举升车辆离地 20cm。
7）踩下制动踏板，将变速杆拨到 D 档位，然后松开制动踏板，起动车辆。
8）检查前轮是否旋转。

【混合动力汽车电机及驱动系统典型故障实例 2】驱动系统在旋转过程中阻力增加的原因检查

1）分别检查发动机和变速驱动桥润滑系统。
2）检查发动机冷却液和变速驱动桥冷却液。
3）举升车辆，分别检查发动机和变速驱动桥是否有任何故障。
4）放下车辆，还原工具。

第六节　电动汽车充电、冷却、空调及其他电气辅助系统的故障诊断

一、电动汽车充电系统常见故障与处理方法

1. 快充系统常见故障的排除方法

（1）常见故障

1）快充桩与车辆无法通信：其主要原因有唤醒线路熔丝损坏；搭铁点搭铁不良，快充

第八章 电动汽车的故障诊断

枪、快充口、快充线束、低压电器盒、整车控制器、动力蓄电池低压控制插件等部件的低压辅助电源端子、连接确认端子、快充 CAN 端子等损坏，退针、烧蚀、锈蚀，动力蓄电池与数据采集终端快充 CAN 总线间的电阻不符合标准等。

2）快充桩与车辆通信正常但无充电电流：其主要原因有高压控制盒快充继电器线路熔丝损坏、主熔丝损坏、低压电器盒损坏、高压控制盒损坏、快充线束损坏、动力蓄电池 BMS 快充唤醒失常等。

（2）故障排查思路

1）排除快充桩与车辆无法通信故障思路：首先检查线路连接情况，然后检查快充系统各部件的低压辅助电源、连接确认信号、快充 CAN 线路等的端子情况以及电压、电阻是否符合要求。

2）排除快充桩与车辆通信正常但无充电电流故障思路：此时显然无低压通信问题，主要检查高压供电线路的熔丝、线束和继电器等有无问题。检查动力蓄电池与高压控制盒插接器的电压。检查动力蓄电池 BMS 快充唤醒信号是否正常。检查高压控制盒快充连接端子电压是否正常。若有电压，则联系动力蓄电池厂家售后对动力蓄电池检测；否则，则需更换高压控制盒。

【实例1】快充桩无法与车辆通信故障的诊断

以某电动汽车为例，根据图 5-7（快充口与相关部件之间连接关系的电路图）来诊断快充桩无法与车辆通信故障的基本思路如下。

1）检查快充桩与快充口连接是否良好：检查车辆快充口各连接端子有无损坏；快充口和快充枪有无烧蚀和锈蚀现象；快充口 PE 端与车身搭铁是否导通（标准电阻值为 0.5Ω 以下）；快充口 CC_1 与 PE 之间的阻值是否符合要求（应为 10000Ω±50Ω）。

2）检测充电唤醒信号是否正常：若未唤醒，其可能的原因是唤醒线路熔丝 FB27 损坏、快充口及快充线束损坏、低压电器盒损坏，应逐步检查熔丝电阻、熔丝电压（应为 12V）；快充口 A+ 与快充线束 A+、低压电器盒 A5 是否导通。如未导通，则需更换或维修。

3）检查车辆端连接确认信号是否正常，步骤如下。

① 如快充唤醒信号及相关线束都正常，但车辆仍然不能通信连接，则应对车辆连接确认信号进行检测，可能是快充口及快充线束损坏、整车控制器端子损坏、动力蓄电池低压控制插件损坏。

② 应逐步检查快充口 CC_2 与快充线束 CC_2、整车控制器插件 17 是否导通，检查快充口 S- 与快充线束整车低压线束插件 S- 是否导通。检查快充口 S+ 与快充线束整车低压线束插件 S+ 是否导通。若未导通，应更换或维修。

③ 检查快充线束 S+ 与 S- 之间的电阻（应为 60Ω±5Ω）。

④ 检查快充线束整车低压线束插件 S- 与动力蓄电池低压插件 T 针及数据采集终端插件 2 针是否导通（阻值应小于 0.5Ω）。

⑤ 检查快充线束整车低压线束插件 S+ 与动力蓄电池低压插件 S 针及数据采集终端插件 1 针是否导通（阻值应小于 0.5Ω）。

⑥ 断开快充线束与数据终端和动力蓄电池低压插件，检查快充线束整车低压线束插件 S+ 与 S- 之间的电阻（应为无穷大）。

⑦ 分别检查动力蓄电池与数据采集终端快充 CAN 总线间电阻（应为 120Ω）。若不是，则应更换或维修。

⑧ 检查快充线束整车低压线束插件 A- 与车身搭铁是否导通，若未导通，则应更换或维修。

2. 慢充系统常见故障的排除方法

（1）慢充系统常见故障现象和原因

1）充电桩显示车辆未连接：其主要原因有充电枪安装不到位，车辆与充电桩两端枪接反。

2）动力蓄电池继电器未闭合：其主要原因有插接器未正常连接，以及车载充电机输出唤醒不正常。

3）动力蓄电池继电器闭合正常，但充电机无输出电流：其主要原因有车端充电枪连接不到位，高压熔丝熔断，以及高压插接器及电缆连接不正确等。

（2）故障排查思路

1）首先检查线路连接情况：检查慢充桩、慢充口、慢充线束、车载充电机、高压控制盒、动力蓄电池之间的线路连接是否良好。

2）其次检查低压供电及唤醒信号是否正常。①检查车载充电机指示灯状况，若三个指示灯都不亮表示无电源输入。可分别检查线路熔丝、充电线、慢充口、慢充线束是否正常。若上述部件均正常，则需更换车载充电机。②检查车载充电机的 12V 电源及慢充唤醒信号是否正常。③检查高压控制盒内的车载充电机熔断器是否损坏。④检查动力蓄电池 12V 唤醒信号是否正常。⑤检查整车控制器、动力蓄电池等部件的新能源 CAN 总线是否正常。⑥检查动力蓄电池低压控制端搭铁及整车控制器控制搭铁是否正常等。

3）然后检查高压电路是否正常：若低压电路检查均正常而仍然无法充电，则需逐步检查充电线、慢充线束、车载充电机、高压控制盒以及动力蓄电池之间的高压电是否正常，判断是线路故障还是部件故障。

4）利用故障仪诊断：用诊断仪分别检测动力蓄电池及车载充电机的工作状态，对数据进行分析，查找故障原因。

【实例 2】车载充电机与充电桩连接故障的诊断方法

车载充电机与充电桩连接故障的诊断步骤如下。

1）检查慢充桩与慢充口连接是否良好：检查车载充电机发现三个指示灯都不亮。然后分别测量充电桩端充电枪的 N、L、PE、CP、CC 端子与车辆端的相应 N、L、PE、CP、CC 端子是否导通。若未导通，则需检查充电线总成，测量充电线车辆端充电枪的 CC 端子和 PE 端子的阻值：16A 充电线的阻值应为 680×(1±3%)Ω；32A 充电线的阻值应为 220×(1±3%)Ω。若阻值与标准值不符，则需更换充电线总成。

2）检查慢充口与车载充电机连接是否良好：当排除慢充桩-充电线问题后，开始启动充电。若车载充电机的指示灯仍旧不亮，则需检查慢充线束及车载充电机。

3）继续检查慢充线束及车载充电机：检查其插件端子有无烧蚀、锈蚀与虚接现象；分别测量充电口的 L、N、PE、CC、CP 端子与充电线束的充电机插件的 1、1、3、5、6 是否导通。

如未导通，则更换慢充线束总成。待充电线束检查完毕后，恢复好并进行充电测试。若车载充电机的指示灯还都不亮，则需更换车载充电机。

4）当更换车载充电机后，充电正常，故障排除。

故障小结：车载充电机与充电桩连接故障的主要原因是车载充电机损坏。

3. 高低压转换系统常见故障的排除方法

（1）常见故障 车辆行驶中报蓄电池故障的主要原因有：①插接器连接不正常；②高压熔丝损坏；③使能信号输入不正常；④DC/DC本体故障。

（2）DC/DC变换器的电路原理、工作条件与故障诊断方法

1）DC/DC变换器的基本工作条件如下。

① 高压输入范围：DC 290～420V。

② 低压使能输入范围：DC 9～14V。

2）DC/DC变换器的电路原理与故障排查基本思路详见图8-144及其注解。

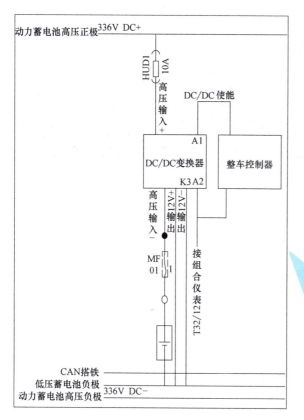

图8-144 DC/DC变换器的工作电路

3）DC/DC变换器技术状况的判断方法如下。

① 将点火开关置于OFF档，断开所有用电器并拔出钥匙。

② 按压低压蓄电池的锁压件，打开盖板并裸露出蓄电池正极。

③ 用专用万用表的电压档测量蓄电池电压，并记录。

④ 将点火开关置于 ON 档。

⑤ 用专用万用表的电压档测量蓄电池电压，此电压是 DC/DC 变换器输出电压。在关闭车上用电设备的情况下，若在 13.8～14V 范围内，则判断 DC/DC 变换器处于工作状态。

⑥ 若低于上述范围，则可能存在以下故障：车上用电设备未关闭、专用万用表的测量值有误差、DC/DC 变换器有故障、蓄电池严重亏电。

【实例 3】DC/DC 变换器的检测程序

DC/DC 变换器的检测程序分为如下 7 个步骤。

1）打开点火开关至 ON 档位。

2）分别拆下 DC/DC 两个低压正极输出端口 1 和 2，如图 8-145 所示。

3）打开万用表，调至直流电压档位。

4）将万用表负极搭铁，正极的表笔分别测量 DC/DC 两个低压正极输出端口 1 和 2 的电压值，该值应大于 13V，如图 8-146 所示。

图 8-145　拆下 DC/DC 两个低压正极输出端口

图 8-146　测量 DC/DC 低压正极输出端口电压

5）若该电压值不符合规定值，则需更换 DC/DC 变换器。

6）关闭万用表。

7）最后将两个低压输出端口 1 和 2 安装归位。

【实例 4】仪表报警蓄电池故障的诊断方法

车辆行驶中报蓄电池故障的诊断方法如下。

1）DC/DC 高压系统的检测：检查高压控制盒 DC/DC 熔断器是否正常，检查高压控制盒、高压附件线束、DC/DC 变换器之间的高压输入电路是否正常。

2）DC/DC 低压系统检测：检查 DC/DC 低压搭铁、熔丝、使能信号、故障信号线路及其部件是否正常。

3）通过诊断仪检测：连接诊断仪，读取数据流，选择供电电压，进行路试，开启全部用电设备，原地测试 10min，若电压为 13.5V 则正常。挂档行车路试，当车速提高，供电电压波动也随之增大，波动量最高时超过 2V，最低电压达到 11.6V。而整车报警值是 12V。分析该故障与驱动系统干扰有关。更换驱动电机后继续路试，输出电压正常，基本稳定在 13.6V。故最终判定系驱动电机本身故障。

【实例 5】更换车载充电机的操作方法

车载充电机的更换操作方法详见图 8-147～图 8-149 及其注解。

第八章 电动汽车的故障诊断

图 8-147 断开蓄电池的负极线束

车载充电机的更换操作步骤

1）操作前的准备工作：戴好安全帽、防护眼镜、绝缘手套，穿好绝缘鞋。在拔下线束插头前确保高压电已经断开。
2）将点火开关拨至 OFF 档。
3）断开蓄电池的负极线束（图 8-149）。
4）拔下车载充电机上的高低压线束插头（图 8-150）。
5）拆卸车载充电机的六角固定螺栓（图 8-151）。
6）按照与拆卸相反的顺序装复车载充电机。
7）接上蓄电池负极线束。
8）将点火开关拨至 ON 档。若更换操作正确，仪表板会显示"Ready"。

图 8-148 拔下车载充电机上的高低压线束插头

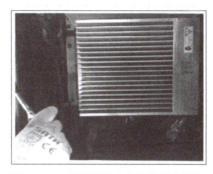

图 8-149 拆卸车载充电机的固定螺栓

【实例 6】更换 DC/DC 变换器的操作方法

更换 DC/DC 变换器的步骤详见图 8-150 及其注解。

图 8-150 DC/DC 变换器的高低压线束

更换 DC/DC 变换器的步骤

1）戴好安全帽、防护眼镜和绝缘手套，穿好绝缘鞋。
2）将点火开关拨至 OFF 档。
3）断开蓄电池负极线束。
4）拔下 DC/DC 变换器上的高压和低压线束插头（拔下线束插头前确保高压电断开，如图 8-152 所示）。
5）拧下 DC/DC 变换器的固定螺栓。
6）按与拆卸相反的顺序装复 DC/DC 变换器。
7）接上蓄电池负极线束。
8）将点火开关拨至 ON 档，仪表板会显示"Ready"。

二、电动汽车冷却系统常见故障诊断

1. 电动汽车冷却系统常见故障现象、原因与解决方案

电动汽车冷却系统常见故障现象、原因与解决方案参考表 8-34。

表 8-34 电动汽车冷却系统常见故障现象、原因与解决方案

故障现象	故障部位	故障原因	解决方案
电动水泵异响	电动水泵	冷却液杂质，导致电动水泵堵转	更换系统冷却液
		泵轮破坏，造成电动水泵异响	更换电动水泵，留存故障件
		冷却液缺失，电动水泵空转	补充冷却液
		冷却液排空不彻底，电动水泵气蚀	冷却液排空气处理
		电动水泵高速运行，控制器或线束故障	更换控制器或查找整车线束故障
散热器风扇异响	散热器风扇	扇叶破损/断裂，扇叶异响	更换扇叶，留存故障件
		护风圈与扇叶摩擦，扇叶异响	更换风扇总成，留存故障件
		护风圈进入杂质，扇叶异响	排除杂质，确认风扇无异常
		冷却液温度过高，风扇高速运行	根据电机过热排除故障
电机或控制器过热	冷却液缺少	冷却液缺少，未按维护手册添加冷却液	溢水罐处添加冷却液
	冷却液泄漏	环箍破坏，水管接口处冷却液泄漏	更换全新环箍，留存故障件
		水管破损，水管本身冷却液泄漏	更换全新水管，留存故障件
		散热器芯体破坏，芯体处渗漏冷却液	更换散热器芯体，留存故障件
		散热器水室开裂，水室外侧泄漏冷却液	更换散热器芯体，留存故障件
		散热器水室与芯体压装不良，接缝处渗漏	更换散热器芯体，留存故障件
		散热器放水堵塞丢失，放水孔处渗漏	更换散热器放水堵塞
	电动水泵	冷却液杂质，导致电动水泵堵转	更换系统冷却液
		电动水泵破损，泵盖/密封圈/泵轮破坏	更换电动水泵，留存故障件
		整车线束故障，虚接/短路/断路等故障	查找线束故障，依据线束维修手册处理
		更换电动水泵，留存故障件	控制器熔丝熔断/继电器熔断/插接件脚退针
	散热器风扇	风扇控制器/继电器/插接件针脚退针	更换散热器风扇，留存故障件
		整车线束故障，虚接/短路/断路等故障	查找线束故障，依据线束维修手册处理

（续）

故障现象	故障部位	故障原因	解决方案
电机或控制器过热	散热器风扇	扇叶破损/断裂，扇叶不工作	更换扇叶，留存故障件
		电机/控制器温度传感器故障，风扇不工作	查找电机/控制器故障，依据维修手册处理
	散热器	芯体老化，芯管堵塞	更换散热器
		散热带倒伏，影响进风量	更换散热器
		水室堵塞，影响冷却液循环	更换散热器
	前杠中网或下格栅	进风口堵塞	查找进风口故障，依据相应维修手册处理

2. 典型故障诊断

【电动汽车冷却系统实例7】电动汽车冷却系统故障综合诊断方法

（1）故障现象　某 EV200 电动汽车客户反馈：该电动汽车在行驶中仪表显示电机过热故障，车辆行驶几千米后出现限速 9km/h 现象，且仪表显示电机控制器过热。当出现此种故障后，关闭点火开关，故障现象会短暂消除，但行驶一段时间后，故障又重复出现。

（2）故障的可能原因　根据以上故障现象，分析其可能原因包括：冷却液缺少、电动水泵故障、散热器风扇故障、冷却循环管路堵塞以及电机温度传感器故障等。

（3）故障诊断的基本步骤与方法　详见图 8-151 及其注解。

三、电动汽车灯光设备和组合仪表常见故障与处理方法

1. 灯光设备

汽车灯光设备常见故障包括灯不亮、灯光暗淡、灯光忽明忽亮以及熔断器发响等。造成上述故障的原因有灯丝烧断、导线松脱、接地不良、断路或短路，充电电压调整过高以及各种开关失效等。一般采取试灯法、试火法和电源短接法检测。照明系统的常见故障与排除方法参考表 8-35。

2. 组合仪表

汽车组合仪表的故障诊断除了通过车载电脑的自诊断系统处理外，还可用专门的检测设备进行检测诊断。检测时，应首先将传感器电路断开或拆下，用检测设备逐个进行检查。汽车电子仪表显示系统的故障通常出现在传感器、针状插接器和导线以及个别仪表和显示器上。

（1）里程表不工作　可能的原因包括组合仪表故障、里程表传感器损坏以及相关线路故障。

排查方法：首先检查仪表本身，再检测里程表传感器，若判断是传感器损坏，则需更换传感器。

（2）仪表板指示灯不亮，而电机运转正常　可能的原因如下：

① 仪表板正负极引线间无电压。由于插接器接触不良或引线断路，需重新插接或换线。

② 发光管损坏，需更换或修复发光管。

③ 仪表板的线路板有断路，更换或修复仪表板的线路板。

诊断基本步骤与方法

1）首先目视检查冷却液是否缺少以及冷却管路有无泄漏现象。

2）其次，若无1）中所述现象，连接诊断仪，选择相应的车型和系统，进入整车控制器的数据流界面，选择所需的数据选项，读取"电机和电机控制器温度的变化"，根据温度的变化情况判断具体故障原因。

3）结合冷却系统部分电路图（图8-153）逐一检查水泵、风扇、膨胀水箱等。具体过程如下：

① 检查水泵工作是否正常：检查其MB02熔丝有无损坏，若熔丝损坏，立即更换；检查水泵继电器工作是否正常；检查水泵本体工作是否正常。

② 若①项检查内容均无问题，继续检查风扇是否正常：检查风扇熔丝SB02和SB03是否损坏，若熔丝损坏，立即更换；检查风扇继电器1-高速和风扇继电器2-低速是否工作正常；检查风扇温度传感器工作是否正常；检查风扇本体工作是否正常。

③ 若②项检查内容均无问题，继续检查膨胀水箱以及冷却管路系统：观察膨胀水箱是否存在冷却液循环不畅的现象；进一步进行水道堵塞排查，采用压缩空气对散热器、管路和电机控制器进行疏通检查，若发现堵塞，仔细找到堵塞点，并用高压空气将电机控制器内部的异物吹出。

④ 恢复还原管路系统，加注冷却液，进行试车。

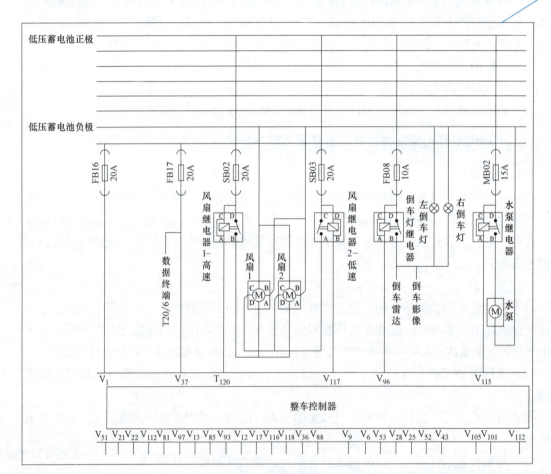

图 8-151 冷却系统部分电路图

（3）主控制器虽然正常，但其他所有控制器工作均不正常　检查方法：首先将系统断电，然后用万用表测量CAN总线是否存在短路或断路。

表 8-35　照明系统的常见故障与排除方法参考表

故障原因	处理方法
线路断路或插头松动	检修线路或接好插头
接触不良	检查、调整
灯泡不良	更换
开关触点烧蚀	清除烧蚀物或更换
熔丝烧断	更换
继电器工作不良或损坏	检修或更换
闪光器工作不良或损坏	检修或更换
变光器工作不良或损坏	检修或更换

四、空调系统常见故障诊断基本方法

1. 空调系统维修的安全注意事项

1）严格遵守高电压部件的安全操作规程。
2）压缩机的绝缘电阻值为 20MΩ。
3）解体后要及时密封各管路开口，以防水或潮湿空气与杂物进入管路系统。
4）压缩机润滑油（冷冻机油）牌号为 P0E68，千万不要与传统汽车的 PAG 冷冻机油混用。
5）连接与安装各管路接口时，应注意管口清洁，O 形圈须涂抹牌号为 P0E68 冷冻机油。
6）制冷剂加注的量应严格按照使用说明书要求。
7）当遇到制冷剂喷出时要注意个人防护，避免接触，防止冻伤、吸入与误入眼睛。

2. 空调系统故障诊断原理

空调系统故障包括 CAN 通信故障、欠电压故障、过电压故障、过热报警以及过电流保护。

（1）CAN 通信故障　空调压缩机在运行过程中要不断地接收来自 CAN 总线的控制指令。若它在 5s 内未收到有效的 CAN 指令，则判定 CAN 通信故障，压缩机将执行停机操作。

（2）欠电压故障　当空调控制器输入电压低于 DC220V 时，便进入欠电压故障。此时控制器将通过 CAN 信息将故障信息上报。

（3）过电压故障　当空调控制器输入电压高于 DC420V 时，便进入过电压故障。此时控制器将通过 CAN 信息将故障信息上报。

（4）过热报警　控制器通过内部传感器实时监测 IGBT 的工作温度。当 IGBT 的工作温度大于 90℃时，控制器将给出停机指令，停止压缩机工作并将过热报警信息通过 CAN 总线上传。

（5）过电流保护　控制器在运行过程中若载荷超过系统最大承载能力或出现较大扰动，会造成系统输出相电流变大，而当相电流达到硬件设定值时，会触发硬件过电流保护功能，控制器立即停止运行，并通过 CAN 通信上报故障信息。

3. 制冷系统故障诊断基本流程

（1）压缩机故障

1）首先确认操作正常。

2）检查系统压力是否正常。

3）检查空调系统电路是否存在短路、断路，插接器不良等现象。

4）若以上各项均正常，可怀疑空调控制面板或整车控制器。检查电动压缩机控制信号是否正常。

5）当无法查出外围故障时，可认定为压缩机本体故障。

（2）PTC 控制器故障

1）首先确认操作正常。

2）检查系统连接是否正常。

3）检查高压熔丝（即高压输入 PTC 控制器）是否正常。

4）建议通过故障诊断仪进行故障提示。

4. 电动空调压缩机的故障诊断

【实例 8】空调运行中消耗功率过高故障

（1）故障描述

1）车辆处于静止状态，上 OK 档，起动空调，将空调的温度调至最低、风速最大。当空调运行 5min 后，仪表显示屏显示功率消耗超过 5kW。

2）在行驶过程中踩制动踏板，正常情况下仪表板会显示"制动能量回收"，但却未出现"制动能量回收"的显示，反而显示"还有功率输出"，且此时行驶里程相对减少。

（2）故障原因分析　故障原因分析详见图 8-152～图 8-155 及其注解。

1）诊断仪诊断：用诊断仪测试动力蓄电池的总电流为 10.4A（图 8-152）。

2）测量电池包输出电流：用钳形电流表测试电池包正极与负极的电流为 1.3A（图 8-153）。

3）初步判断：由于诊断仪显示动力蓄电池消耗的总电流为 10.4A，且实际电流输出为 1.3A，故可排除仪表模块的故障。

4）根据动力蓄电池系统运行图（图 8-154）进行下列换件检查：

① 调换 DC/DC 部件，调换后，故障现象仍未消失，异常数据重现。

② 更换高压配电箱后，故障现象消失，参数正常（图 8-155）。

图 8-152　用诊断仪测试动力蓄电池总电流

图 8-153　用钳形电流表测试电池包正极与负极电流

第八章　电动汽车的故障诊断

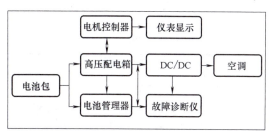

图 8-154　动力蓄电池系统运行图

图 8-155　更换高压配电箱

5. 电动空调压缩机常见故障分析

电动空调压缩机系空调系统的核心部件，关于电动空调压缩机常见故障的分析参考表 8-36。

表 8-36　电动空调压缩机常见故障分析表

故障	现象	原因及判断	检测及排除措施
驱动控制器不工作，压缩机不工作	压缩机无起动声音，电源电流无变化	① DC 12V 控制电源未通入驱动控制器 ②控制电源电压不足或超压 ③插接器端子接触不良或松脱	①检查驱动控制器控制电源插头端子是否松脱 ②检查控制电源到驱动控制器之间的导线是否有断路 ③测量控制电源电压是否达到要求（对 DC 12V 控制电源驱动控制器，控制电源至少大于 DC 9V，不得高于 DC 15V）
驱动控制器工作正常，压缩机工作不正常	压缩机发出异常声音	①电机缺相 ②冷凝器风机未正常工作，系统压差过大，电机负载过大	①检查驱动控制器与电机连接的三相插头及相关导线，保证其接触良好及导通 ②保证冷凝器风机正常工作，待系统压力平衡后再次起动
	压缩机无起动声音，电源电流无变化，各端口电压正常	驱动控制器未接收到空调系统的 A/C 开关信号	①检查 A/C 开关是否有故障 ②检查与 A/C 开关相连的导线是否断路 ③ A/C 开关连接方式是否正确
	压缩机无起动声音，电源电流无变化，高压端口电压不足或无供电	欠电压保护起动	关闭整车主电源 ①检查驱动控制器主电源输入接口处的插接器端子是否有松脱 ②主电源到驱动控制器之间的导线是否断路 ③控制主电源输入的继电器是否正常动作
驱动控制器自检正常，压缩机不工作	压缩机起动时有轻微抖动，电源电流有变化随后降为 0	①冷凝器风机未正常工作，系统压差过大，电机负载过大导致的过电流保护起动 ②电机缺相导致的过电流保护起动	①保证冷凝器风机正常工作，待系统压力平衡后再次起动 ②检查驱动控制器与电机连接的三相插头及相关导线，保证其接触良好及导通

6. 空调 PTC 控制器加热器常见故障现象及排除方法

空调 PTC 控制器加热器常见故障现象及排除方法详见表 8-37。

表 8-37　空调 PTC 控制器加热器常见故障现象及排除方法

故障	现象	原因及判断	检测及排除措施
PTC 控制器不工作	起动功能设置后风仍为凉风	①冷暖模式设置不正确 ②PTC 控制器本体断路 ③PTC 控制器控制回路断路 ④内部短路烧毁高压熔丝	①检查冷暖设置是否选择较暖方向 ②断开高压插件后测量高压正负电阻是否正常 ③断开低压插件后测量两极间是否导通 ④更换 PTC 控制器及高压熔丝
PTC 控制器过热	出风温度异常升高或从空调出风口嗅到塑料焦煳气味	PTC 控制器控制模块损坏粘连不能正常断开	关闭制热功能，断电检查 PTC 控制器加热器及 PTC 控制器控制模块

7. 空调系统常见故障与排除方法

空调系统出现故障时，需首先检查冷却系统、压缩机、风扇、冷凝器、冷凝器散热片、空调真空管以及真空电机等的工作情况。冷却系统的工作状况可使用歧管压力表来检测其高、低压侧的压力。

空调系统常见故障与排除方法参考表 8-38。

表 8-38　空调系统常见故障与排除方法

故障现象	故障原因	检查方法	排除措施
风量小	风机电机反转	检查风机转向	调换相线
	蒸发器结霜或结冰	检查（目视）	送风运转化冰、霜
	蒸发器翅片脏堵	检查（目视）	清洗
	风道处泄漏	检查	修理
	空气过滤网堵塞	检查过滤网	清除网眼堵塞物
振动噪声大	通风机电机球轴承异常	检查风机的平衡性	修理风机
	通风机不平衡	检查风机的平衡性	修理风机
	紧固部位松弛	检查各紧固部位	拧紧
	涡旋压缩机反转	检查压缩机	调换相序
冷量不足	蒸发器、冷凝器积满脏物	检查	清扫
	蒸发器结冰	检查（目视）	送风化冰
	设定温度过高或温度传感器接线接触不良	检查	调整或修理
	少量制冷剂泄漏	测定运转电流进行判定	修理制冷系统
	制冷剂充注过多	电流过大	少量排出制冷剂
	风量不足	见"风量小"项	见"风量小"项
	单循环运行不良	测定运转电流	修理不良循环
不出风	离心风机的配线 插接器断开线	查看电路接通情况	修理
	离心风机的配线 配线螺钉松动	查看电路接通情况	拧紧

第八章　电动汽车的故障诊断

（续）

故障现象	故障原因		检查方法	排除措施
不出风	电机烧损或断路		测量线圈电阻是否平衡及是否断线	更换电机
	控制线路及电器故障		检查电路及电器元件	修理或更换
不冷	压缩机不转	电机断线、普烧损	测定线圈电阻	更换压缩机
		高压压力开关故障	检查冷凝风机是否正常	修理
		低压压力开关故障	检查制冷剂是否泄漏	更换制冷剂
		温度开关故障	查看接通情况	修理
		接线端子固定螺钉松动	检查	拧紧
	电气控制元件不良	过、欠电压继电器故障	电源电压过高或过低	调整供电电压
		接触器、中间继电器线圈烧毁或触点故障	检查元件	修理或更换
		压缩机故障	检查压缩机	修理或更换
		冷凝风机电动机的热继电器故障	检查电机电流	修理或更换
	压缩机运转故障	制冷剂泄漏	①室内吸入和排出空气温度相同 ②蒸发器回气管温度过高 ③压缩机电流小	修理制冷系统
		涡旋压缩机反转	压缩机声音异常	调换相序
低压压力过低	制冷剂泄漏		压缩机电流小	修理制冷系统
	吸入空气温度太低		蒸发器结霜	充入制冷剂
	风量不足		见"风量小"项	见"风量小"项
	低压管路堵塞		检查	排除
	蒸发器翅片积满灰尘		检查	清扫
高压压力过高	冷凝器脏		检查冷凝器	清扫
	制冷剂充注过多		电流过大	少量排放制冷剂
	冷凝风机反转		检查	调整相序
	排气管段堵塞		检查	排除
	冷凝风机不转	电机烧损	检查	更换电机
		电机的球轴承损伤	测定线圈电阻	更换电机球轴承
	空气或不凝性气体混入系统中		检查	排除
漏水	回风口漏水	排水口堵塞	检查	清扫
		安装不良导致风口密封垫处渗水	检查	正确安装
		机组顶部密封胶条破损或保温材料破损	检查	更换易损件
	出风口漏水		滴水盘脏堵	清洗蒸发器及滴盘水道，排清积水
	风道内凝露形成水珠，从出风口吹出		检查	清扫

参考文献

[1] 余志生.汽车理论[M].5版.北京：机械工业出版社，2009.
[2] 陈家瑞.汽车构造[M].5版.北京：人民交通出版社，2006.
[3] 黄费智.汽车评估与鉴定[M].2版.北京：机械工业出版社，2018.
[4] 黄费智.汽车发动机电控技术图解教程[M].北京：机械工业出版社，2013.
[5] 黄费智.汽车底盘和车身电控技术图解教程[M].北京：机械工业出版社，2013.
[6] 张建俊.汽车检测技术[M].北京：高等教育出版社，2003.
[7] 秦会斌.汽车检测与修理技术[M].北京：机械工业出版社，2008.
[8] 崔选盟.汽车故障诊断技术[M].北京：人民交通出版社，2005.
[9] 李建秋，赵六奇，韩晓东.汽车电子学教程[M].北京：清华大学出版社，2006.
[10] 舒华，姚国平.汽车电子控制技术[M].北京：人民交通出版社，2008.
[11] 谢剑.汽车修理工技师鉴定培训教材[M].北京：机械工业出版社，2009.
[12] 屠卫星.车辆技术评估检测员必读[M].南京：江苏科学技术出版社，2008.
[13] 杨清德，尤宜村.轿车电子电器维修[M].北京：电子工业出版社，2007.
[14] 赵立军，佟钦智.电动汽车结构与原理[M].北京：北京大学出版社，2016.
[15] 赵立军.电动汽车测试与评价[M].北京：北京大学出版社，2012.
[16] 姜久春.电动汽车相关标准[M].北京：北京交通大学出版社，2016.
[17] 敖东光，宫英伟.电动汽车结构原理与检修[M].北京：机械工业出版社，2017.
[18] 宁德发.电动汽车结构原理检测维修[M].北京：化学工业出版社，2017.
[19] 包科杰.新能源汽车维护与故障诊断[M].北京：人民交通出版社，2017.
[20] 钟利兰.汽车故障诊断方法及应用实例[M].北京：化学工业出版社，2016.
[21] 杨意品.汽车电控发动机故障诊断与检修[M].北京：人民交通出版社，2017.
[22] 赵航.混合动力电动汽车技术[M].北京：机械工业出版社，2017.
[23] 陈全世，朱家琏.先进电动汽车技术[M].北京：化学工业出版社，2018.